高职高专多媒体系列教材

物流管理学

杜学森　　编　著

朱海彤　　制　作

南　开　大　学　出　版　社
南开大学电子音像出版社

天　津

名　　称：《物流管理学》
标准书号：ISBN 7—900667—11—3 / F・11
出版发行：南 开 大 学 出 版 社
南开大学电子音像出版社
地　　址：天津市南开区卫津路94号　邮编：300071
营销部电话：（022）23508339　23500755　23508542（传真）
邮购部电话：（022）23502200
技术支持：（022）23504636　83310422
网　　址：www.adultedu.tj.cn
出 版 人：肖占鹏　　总体策划：张蓓
光盘责编：尹建国　　图书责编：李正明
封面制作：大勇
图书承印：天津市蓟县宏图印务有限公司印刷
光盘刻制：天津民族文化光盘有限责任公司
经　　销：全国各地新华书店、软件连锁店
版　　次：2005年1月第1版
印　　次：2011年2月第3次印刷
开本规格：787×1092　1/16
印　　张：13.5
字　　数：345千
定　　价：25.00元

序

情钟职成教育　躬耕教学改革

计算机网络正在引发教育史上的革命，其速度之快、影响之大、范围之广，大家有目共睹。而与网络紧密联系的现代教育技术，以无限的容量、广阔的覆盖面、灵活交互的特色，迅速渗透到职成教育诸多领域。课件技术的支持、互联网平台的建立、多媒体的综合运用都为职成教育创造了全新的发展条件。天津市教育委员会在快速启动教学改革，全面提升职成教育水平，构建终身教育的“知识网络”中，做出了创新的实践。

在计算机多媒体课程的建设和教育改革的实践中，天津职成高校的教师们立足于应用现代教育技术，改造原有的教学模式，开拓了新的教育手段，使多媒体教学这一新模式，在教学改革的实践中迅速普及并受到广泛欢迎。南开大学出版社出版的《高职高专多媒体系列教材》，以其严谨的学风、科学的体系、先进的技术、崭新的形式，成为培养经济建设中复合应用型人才的代表性教材。对研究职成教育改革的探索者来说，其欣慰之情是毋庸赘述的。在促进经济发展、社会进步的历程中，再一次留下了职成教育工作者的探索足迹。相信这套教材的出版，将进一步推进职成高等教育的课程体系改革，同时对构建高标准职教体系具有积极的借鉴意义。谨向老师们致谢。

龙德毅

高职高专多媒体系列教材

前　言

随着经济全球化和信息技术的进一步发展，社会生产、物资流通、商品交易及其管理方式正在发生深刻的变革。现代物流业已成为全球经济发展的一个重要热点和新的经济增长点，由此也产生了对物流专业人才的巨大需求。

物流理论与实践对社会经济和企业经营具有强大的影响力，已引起了经济界和企业界的高度重视，被称为经济领域“未开发的黑暗大陆”、企业的“第三利润源泉”和“企业脚下的金矿”。但人们对物流的认识以及物流管理的认识还很不够。向物流管理要效益是工商管理人员的普遍呼声。

本书以培养学生的应用能力为主旨，在基本理论适度、够用的基础上着重提高学生运用基本理论、基本方法解决实际问题的能力和水平，使之更加符合物流管理的实践要求和高等职业教育的教学要求。全书主要包括物流概述、运输管理、物流配送管理、仓储管理、库存管理、流通加工、包装与装卸搬运、企业生产物流管理、企业购销物流管理、第三方物流、供应链物流管理、现代物流信息技术、国际物流管理等内容。本书理论与实务并重，注重案例的引用与运用，并使物流管理的思想及其发展动态在“物流窗口”中得以体现，以拓展学生的思维和能力。

本书可作为高等职业技术院校、成人高等院校的物流管理专业及相关专业的教材，也可作为相关企业单位管理人员参考用书。

在编写过程中，参考、吸收、采用了国内外众多学者的研究成果，在此表示衷心的感谢！

由于编者水平有限，书中难免有不当之处，恳请广大读者批评指正。

编者

2004.9

作者简介

杜学森

教授，天津财经大学 MBA。长期从事工商管理课程的教学工作和成人教育、高等职业教育的教学研究和管理工作，主编、参编教材 9 部，发表论文 20 多篇。近年来从事物流管理专业的教学和研究工作。

朱海彤

网络管理员，曾制作《国际商法》、《网络营销与策划》、《邓小平理论》等多媒体课件。

目 录

第一章 物流与物流管理概述 …… 1

第一节 物流概述 …… 1

第二节 物流管理概述 …… 8

物流窗口 物流管理的有关理论 …… 9

案例分析之一 某企业一次不成功的促销活动 …… 11

案例分析之二 神龙公司物流系统 …… 11

思考题与习题 …… 12

第二章 运输管理 …… 13

第一节 运输与运输系统 …… 14

第二节 运输方式 …… 17

第三节 物流运输优化方法 …… 25

物流窗口 几个有关运输的概念 …… 35

案例分析之一 花王公司运输体系的优化手段 …… 36

案例分析之二 韩国三星公司的物流运输合理化改革措施 …… 37

思考题与习题 …… 38

第三章 物流配送管理 …… 40

第一节 配送概述 …… 41

第二节 配送模式与配送作业流程 …… 46

第三节 配送合理化 …… 50

第四节 配送中心 …… 52

物流窗口 配送与一般送货业务的区别 …… 55

案例分析之一 梅林正广和配送系统 …… 56

案例分析之二 美国连锁店配送中心的类型 …… 57

思考题与习题 …… 58

第四章 仓储管理 …… 59

第一节 仓储业务概述 …… 59

第二节 仓库规划与设计 …… 63

第三节 仓储管理作业流程 …… 68

第四节 储存合理化 …… 71

物流窗口 仓库管理系统 WMS …… 73

案例分析之一 从英迈公司中国物流运作得到的启示 …… 74

案例分析之二 海尔“革”了仓库的“命” ……76
思考题与习题……79

第五章 库存管理……80

第一节 概述……81
第二节 库存品种数量管理……83
第三节 库存业务管理……86
第四节 库存控制管理……87
物流窗口 CVA 管理法……93
案例分析 “零库存管理”的典型——丰田看板方式……94
思考题与习题……96

第六章 流通加工、包装与装卸搬运……97

第一节 流通加工……98
第二节 包装……100
第三节 装卸搬运……106
物流窗口 “六不改善法”……109
案例分析 包装与流通加工的创新……110
思考题与习题……110

第七章 企业生产物流管理……111

第一节 企业生产物流系统……112
第二节 企业生产物流组织……113
第三节 生产物流计划与控制……116
物流窗口 精益物流……125
案例分析 海尔“五定送料”物流配送管理模式……126
思考题与习题……127

第八章 企业购销物流管理……128

第一节 采购管理概述……129
第二节 销售物流管理……133
第三节 分销需求计划 DRP……135
物流窗口 LRP 技术……137
案例分析 国美电器的物流体系……138
思考题与习题……140

第九章 第三方物流……141

第一节 第三方物流概述……142
第二节 第四方物流概述……146

物流窗口 第四方物流的运作模型……148
案例分析 第三方物流在中国的成功应用……149
思考题与习题……151

第十章 供应链物流管理……152

第一节 概述……152
第二节 供应链物流管理……156
案例分析 英国航空公司的餐饮供应链……160
思考题与习题……161

第十一章 现代物流信息技术……162

第一节 物流信息概述……163
第二节 现代物流信息技术……166
案例分析 P&G 公司与零售商的高效补货系统……179
思考题与习题……180

第十二章 国际物流管理……181

第一节 国际物流概述……182
第二节 国际物流业务……184
第三节 国际物流系统……196
第四节 国际物流中心……198
案例分析 UPS 如何运作……203
思考题与习题……205

参考文献……206

第一章　物流与物流管理概述

【引导案例】某企业物流开展的工作现状

在街头的一家零售店里，某饮料企业的一位理货员来给店里送货，以下是他和零售店老板之间的对话：

企业理货员："张老板，我来给您送货。"

零售店店主："你们公司送货怎么这么慢呢？我订的货应该在昨天就送到的！可现在你才来，你看，我的客户都跑掉了！"

企业理货员："对不起，我们公司那边有点问题。"

（零售店店主清点货物）

零售店店主："怎么你们送来的货与我的订单内容不一样啊？"

企业理货员："是吗？"

零售店店主："这个产品不对，我要的是 150mL 的饮料，你送的 500mL 的；这个产品也不对，我要 30 瓶，你们只拿了 20 瓶！真是乱七八糟的！像你们这样送货，客户全都得跑光了。产品不对！时间不对！我要退货，真是受不了！我不会再和你们打交道了！"

请问：这个案例说明了什么？物流管理的目标是什么？

第一节　物流概述

一、物流的基本概念

（一）物流现象

在人们的日常工作和生活中普遍存在着物的流动现象。在港口，工人们正在利用装载机械把出口物品装上船只；在工厂，刚被运来的原材料正从汽车上卸下来被堆放到仓库里，流水线上的产品正顺序地通过各个工作地按工艺顺序进行加工；在商店，售货员正在包装顾客购买的商品；在居民区，搬家公司正在搬运着家具，送水公司把罐装水送到住户……这些都是物流现象。我们生活在物流的海洋里，没有物流，工厂就不能生产，商店就不能营业，人们就不能生活。

（二）流通、商流与物流

现代社会经济活动是一个庞大、复杂的系统，由生产、流通、消费三大活动所组成。流通具有极其重要的地位。第一，流通是联结生产和消费的纽带。人类为了满足生活和生产的需要，不断地消费着各式各样的物质资料，同时生产制造系统不断地生产制造人类所需要的物质。消费者如果不能得到所需要的物资，社会经济将会发生紊乱。生产者只有将产品转移给消费者才能实现产品的使用价值，同时可以获得效益，使劳动者的各种劳动消耗得到补偿，并且才能有条件组织再生产。在生产和流通之间必须建立通畅的渠道，这就是流通的任务。第二，流通对生产具有反作用。生产决定流通，生产的发展水平决定流通的规模与方式。生产是流通的物质基础，没有生产就没有供应给市场的商品，当然，也就没有流通。反之，流通对生产有反作用，流通的状况制约着生产的规模、范围和发展速度。一方面，生产者的产品只有通过流通领域到达消费者手中，产品才能实现其使用价值；另一方面，生产的原材料要通过流通领域从市场获得，流通渠道不畅，原材料不能及时送达，生产就会陷入困境。如果流通费用过大，使原材料价格上涨，产品成本随之升高，生产者会发生经营上的困难。第三，流通是国民经济现代化的支柱。国民经济现代化的标志就是发展生产力，使产品极大地丰富，充分满足人民日益增长的、多样化的需求。随着社会产品数量和品种的增多，如何将众多的产品及时送到用户手中，这对流通领域的要求越来越高。没有现代化的流通，国民经济的现代化就是一句空话。

流通过程要解决两方面问题：一是产成品从生产者所有转变为用户所有，解决所有权的转移问题；二是要解决对象物从生产地转移到使用地以实现其使用价值，也就是实现物的流转过程。前者称为商流，后者称为物流。

商流是对象物所有权转移的活动。商品通过交易活动由供应方按价值规律转让给需求方，因此商流活动一般称为贸易或交易。商流的研究内容是商品交换的全过程，具体包括市场需求预测、计划分配与供应、货源组织、订货、采购调拨、销售等。

物流是指实物从供应方向需求方的转移，这种转移既要通过运输来解决空间位置的变化，又要通过储存来调节双方在时间节奏方面的差别。

商流和物流都是流通的组成部分，二者结合才能有效地实现商品由供方向需方的转移。商流和物流关系密切，相辅相成。

当然，实现流通过程离不开信息的流动和资金的流动。因此，现代流通过程应是商流、物流、信息流和资金流的统一。

（三）物流的概念

国内外对物流概念的表述是多种多样的，并随着对物流认识的不同而有所区别。美国物流协会（Council of Logistics Management）的最新定义是：物流是供应链活动的一部分，是为满足顾客需要对商品、服务及相关信息从产地到消费地高效、低成本流动和储存而进行的规划、实施和控制过程。我国学者把物流表述为：物流是指物资的物质实体由供应者向需求者的流动，包括物资空间位置的变动、时间位置的变动和形状性质的变动。具体地说，物流包括运输、保管、装卸搬运、配送、包装、流通加工和信息处理等功能活动。

物流最基本的构成要素是流体、载体、流向、流量、流程和流速。

（1）流体，即物流中的“物”，也就是物质实体。流体具有自然属性和社会属性。自然属性是指其物理、化学、生物属性。物流管理的任务之一就是要保护好流体，使其自然属性不受损坏，因而需要对流体进行检验、养护，在物流过程中需要根据物质实体的自然属性合理安排运输、保管、装卸等物流作业。社会属性是指流体所体现的价值属性，以及生产者、采购者、物流作业者与销售者之间的各种关系。

（2）载体，是流体借以流动的设施和设备。它分为两类：第一类载体指基础设施。如公路、铁路、水路、港口、车站、机场等基础设施，它们大多是固定的。第二类载体指设备。即以第一类载体为基础，直接承载并运送流体的设备，如车辆、船舶、飞机、装卸搬运设备等。它们大多是可以移动的。物流学科研究物流载体的结构、规模，尤其要研究物流载体的网络结构、技术进步等。比如要研究物流中心或者配送中心的选址、载体的定位和跟踪、载体运行速度的提高、载体的配套等问题。

（3）流向，是指流体从起点到终点的流动方向。物流的流向有四种：一是自然流向，指根据产销关系所确定的商品的流向，这表明一种客观需要，即商品要从产地流向销地；二是计划流向，指根据流体经营者的商品经营计划而形成的商品流向，即商品从供应地流向需要地；三是市场流向，指根据市场供求规律由市场决定的商品流向；四是实际流向，指物流过程中实际发生的流向。对某种商品而言，可能会同时存在以上几种流向。物流科学通过流向研究准确掌握流向的变化规律，达到合理配置物流资源、合理规划物流流向，从而降低物流成本、加速物流速度的目的。

（4）流量，即通过载体的流体在一定流向上的数量表现。根据流量本身的特点，可以将流量具体分为实际流量和理论流量。实际流量即实际发生的物流流量，它又可分为五种：一是按照流体统计的流量；二是按照载体统计的流量；三是按照流向统计的流量；四是按照发运人统计的流量；五是按照承运人统计的流量。理论流量是从物流系统合理化角度来看应该发生的物流流量。从物流管理的角度看，理想状态的物流应该是在所有流向上的流量都均匀分布。这样，物流资源利用率最高，组织管理最容易。

（5）流程，即通过载体的流体在一定流向上行驶路径的数量表现。流程可以分为理论流程与实际流程。理论流程往往是可行路径中的最短路径，路径越长，物流运输成本越高。要降低运输成本，一般应设法缩短运输里程。

（6）流速，即通过载体的流体在一定流程上的速度表现。流速与流向、流量、流程一起构成了物流向量的四个数字特征，是衡量物流效率和效益的重要指标。一般来说，流速快，物流时间短，意味着物流成本的减少，物流价值的提高。

以上物流的各要素间有极强的内在联系。进行物流活动要注意处理好六要素之间的关系，否则就会使物流成本升高、服务恶化、效率下降、效益减少。物流学科是以此为研究对象和研究内容的。

二、物流概念的产生及其发展过程

物流概念最早起源于20世纪初的美国，直至今天，物流概念的产生和发展经历了三个阶段：

（一）第一阶段：物流概念的孕育阶段

从20世纪初到50年代，这个阶段是物流概念的孕育和提出阶段。这一阶段的特点是：第一是局部范围的，主要是在美国。第二是少数人提出来的。第三是意见不统一，主要有两种意见或两个提法：

1. 营销学派 physical distribution 的概念。美国市场学者阿奇·萧于1915年提出的物流概念叫做 physical distribution。他是从市场分销的角度提出这一概念的。他指出，在市场分销中存在两类活动，一类叫做创造需求，一类叫做物资实体分配（physical

distribution of goods)，两者互相平衡、互相依赖。

2. 军事后勤学派的Logistics概念。它是美国少校琼西·贝克于1905年在其所著的《军队和军需品运输》一书中提出的物流概念。Logistics，关心的是军备物资的运输、储存和供应问题。

（二）第二阶段：分销物流学（Physical Distribution，PD）阶段

时间是20世纪50年代中期至20世纪80年代中期。这一阶段的特点是分销物流概念得到发展而占据了统治地位，从美国走向了全世界，形成了一个比较统一的物流概念，形成和发展了物流管理学，并且形成了物流学派、物流产业和物流领域。主要表现在：

1. PD概念继续在美国得到发展和完善，基本形成了比较完善的物流管理学。

2. PD概念从美国走向世界，成为世界公认的物流概念，在世界范围内形成了物流管理学理论体系。分销物流主要是把物流看成运输、储存、包装、加工、物流信息等各种物流活动的总和。在分销物流学中，主要研究这些物流活动在分销领域的优化问题，产生了系统理论、运输理论、配送理论、仓储理论、库存理论、包装理论、网点布局理论、信息化理论以及它们的应用技术。

3. 在分销领域物流理论竞相发展的同时，企业内部物流理论异军突起。物料需求计划MRP、分销需求计划DRP、企业资源计划ERP、准时制生产JIT等理论相继产生。

企业内部另一个重要的物流领域是设施规划与工厂设计，包括工厂选址、厂区布局、生产线布置、物流搬运系统设计等。企业内部物流理论和技术的强劲发展，使原有的分销物流的概念已不适应。特别是到了80年代中期，随着物流活动进一步集成化、一体化、信息化的发展，改换物流概念的想法更加强烈了。

（三）第三阶段：现代物流学（Logistics）阶段

这一阶段是从80年代中期开始一直到现在，叫做现代物流学（logistics）阶段。这个阶段的特点是，随着物流业的发展，物流已经不仅仅限于分销领域，而已经涉及包括企业物资供应、企业生产、企业分销以及企业废弃物再生等全范围和全领域。人们意识到分销物流学（Physical Distribution）概念已经不适应这种形势，认为用Logistics作为新时期的物流概念比较合适。Logistics原意是后勤学，包括了企业产、供、销的全范围的物资管理和物流问题。当然，这一阶段的Logistics不能译为后勤学或军事后勤学，而应当译为现代物流学。它是一种适应新时期所有企业包括军队、学校、事业单位的集成化、信息化、一体化的物流学。这一阶段的主要事实是：

1. 20世纪80年代中期以来，企业内部的集成化物流：MRPⅡ把生产管理与生产能力管理、仓储管理、车间管理、采购管理、成本管理等集成起来；DRP把分销计划、客户管理、运输管理、配送管理、车辆管理、仓储管理、成本管理等集成起来；ERP是把MRPⅡ与人事管理、设备管理、行政办公等系统集成起来等。

2. 物流外包和第三方物流的产生，进一步导致物流专业化、技术化和集成化，实现了生产和物流的分工合作，提高了各自的核心竞争力。

3. 90年代供应链理论的诞生、供应链管理系统的形成进一步导致物流管理的联合化、共同化、集约化和协调化。

PD与Logistics的比较 见表1.1。

表 1.1 PD 与 Logistics 的比较

项目	Physical Distribution	Logistics
概念最先出现的时间	1915 年阿奇·萧出版的著作《市场流通中的若干问题》	1905 年美国少校琼西·贝克出版的著作《军队和军需品运输》
最先使用的领域	流通领域	军事领域
目前使用的领域	流通领域	整个供应链（包含生产、流通、消费、军事等各个领域）
概念的外延关系	包含在 Logistics 中	包含 Physical Distribution
概念的内涵	物流管理是为了计划、执行和控制原材料在制品及产成品从供应地到消费地的有效率的流动而进行的两种或多种活动的集成。这些活动可能包括： 客户服务、需求预测、交通、库存控制、物料搬运、订货处理、服务支持、工厂及仓库选址、采购、包装、退货处理、废弃物回收、运输、仓储管理	物流是对货物、服务及相关信息从供应地到消费地的有效率、有效益的流动和储存进行计划、执行和控制，以满足客户需求的过程。该过程包括内向、外向、内部移动以及以环境保护为目的的物品回收
美国物流管理协会使用的名词	从 1963 年成立到 1985 年下半年使用 Physical Distribution	1985 年下半年以后用 Logistics 取代 Physical Distribution

三、物流的分类

（一）按作用分

1．供应物流。生产企业、流通企业或消费者购入原材料、零部件或商品的物流过程称为供应物流。对于生产企业而言，是指生产活动所需要的原材料、备品备件等物资的采购、供应活动所产生的物流；对于流通领域而言，是指交易活动中从买方角度出发的交易行为所产生的物流。供应物流的严格管理对企业的成本有重要影响。

2．销售物流。生产企业、流通企业出售商品时，物品在供方与需方之间的实体流动。通过销售物流，企业得以回收资金，进行再生产活动。销售物流的效果关系到企业的存在价值是否被社会承认，销售物流的成本在商品的最终价值中占有一定的比例，因此，为增强企业的竞争力，必须重视销售物流的合理化。

3．生产物流。生产过程中，原材料、在制品、半成品、产成品等在企业内部的实体流动。生产物流和生产流程同步，是从原材料购进开始直到产成品发送为止的全过程的物流活动。原材料、半成品等按照工艺流程在各个加工点之间不停地移动，形成了生产物流。生产物流的合理化对工厂的生产秩序和生产成本有很大影响。

4．回收物流。不合格物品的返修、退货以及周转使用的包装容器从需方返回到供方所形成的物品实体流动。回收某些资材可以再用或加工后再使用，有利于物资的节约和充分利用。

5．废弃物流。将经济活动中失去原有使用价值的物品，根据实际需要进行收集、分类、加工、处理，并分送到专门处理场所时所形成的物品实体流动。

废弃物流没有经济效益，但具有不可忽视的社会效益。为了减少资金消耗，更好地保护生态环境，废弃物流的研究很有必要。

（二）按照物流活动的空间范围分

1. 地区物流。地区物流有不同的划分原则，可按行政区域划分，也可按经济圈划分，还可按地理位置划分。研究地区物流要根据地区特点，从本地区的利益出发组织好物流活动。如某城市建设一个大型物流中心，既要考虑经济效益，也要考虑社会效益，还要从城市建设规划、地区开发计划出发统筹安排。

2. 国内物流。它是一个国家范围内的物流活动。物流作为国民经济的一个重要方面，应该纳入国家总体规划的内容。全国物流系统的发展必须从全局着眼，对于部门分割、地区分割所造成的物流障碍应该清除。国家整体系统物流化的推进，必须发挥政府的行政作用，具体有以下几个方面：

（1）物流基础设施的建设，如公路、高速公路、港口、机场、铁路的建设，以及大型物流基地的配置等。

（2）制定各种交通政策法规，例如铁路运输、卡车运输、海运、空运的价格规定，税收标准等。

（3）与物流活动有关的各种设施、装置、机械的标准化。

（4）物流新技术的开发、引进和物流技术专门人才的培养。

3. 国际物流。国际物流是跨越国界的物流活动，是国际间贸易的支持系统，各国之间的相互贸易最终通过国际物流来实现。随着国际贸易、全球化作业的发展，因更长的供应链、较少的确定性和更多的物流单证而使物流需求不断增长；物流经营者面临着“4D”壁垒，即距离(Distance)、需求(Demand)、多样性(Diversity)和单证(Document)四个方面的壁垒。国际物流的目的就在于让企业在获取全球营销和全球化作业的同时，保证服务与成本的有效性。

(三)按照物流系统性质分

1. 社会物流。社会物流一般指流通领域所发生的物流，是全社会物流的整体，也称之为大物流或宏观物流。企业内部物流属于微观物流，一般不伴随有商流发生；而社会物流属于宏观物流，一般都伴随有商流发生。社会物资流通网络是国民经济的命脉，流通网络的合理性对国民经济发展至关重要。

2. 行业物流。即同一行业间的物流活动。同一行业中的企业是市场上的竞争对手，但在物流领域中常常互相协作，共同促进行业物流系统的合理化，例如日本的建设机械行业。行业物流系统化的具体内容有：各种运输手段的有效利用；建设共同的零部件仓库，实行共同集配送；建立新旧设备及零部件的共同流通中心；建立技术中心，共同培养操作人员和维修人员；统一建设机械的规格等。行业物流系统化的结果使参与的各个企业都得到相应的利益。各个行业的协会或学会应该把行业物流作为重要的研究课题之一。

3. 企业物流。在企业经营范围内有生产或服务活动所形成的物流系统称为企业物流。企业物流可分为四个部分：供应物流、生产物流、销售物流、回收与废弃物流。

四、现代物流及其特征

（一）现代物流的概念

一般地，传统物流指的是物品的储存与运输及其附属业务而形成的物流活动模式。现代物流是应用高科技的计算机技术与信息技术整合运输、包装、装卸、搬运、分拨、发货、仓储、流通加工、配送、回收加工及物流信息处理等各种功能而形成的综合性物流活动模式。

（二）现代物流的特征

现代物流的基本特征表现为：

1. 信息化特征。物流信息化表现为物流信息的商品化、物流信息收集的数据库化和代码化、物流信息处理的电子化和计算机化、物流信息传递的标准化和实时化，因此，条码技术、数据库技术、电子订货系统、电子数据交换、快速反应及有效客户反应、企业资源计划等技术会得到普遍应用。信息化特征使电子商务技术和现代化的信息处理技术得以发展，这使得传统的物流业发生了实质性的革命。

2. 自动化特征。就是利用先进的自动化设施实现无人操作，如自动识别、自动分拣、自动存取等。自动化特征为智能技术、计算机控制技术、传感技术等创造了良好的应用空间。

3. 网络化特征。网络化表现为两个方面，一是物流实体网络，通过内部的组织网络，实现物资的有效配送；二是物流系统的计算机通信网络，打造物流信息化平台，实现物流信息的采集、传递、分析、运用的快速反应。网络是物流的神经系统。实体网络与虚拟网络的“无缝链接”是物流行业的发展方向。

4. 智能化特征。物流运作过程中物流筹划、决策支持、预测控制等都需要大量的知识才能解决。这要求掌握现代科技知识和管理知识的专业化、复合型人才能够投身到这一领域中来。

5. 柔性化特征。这是一种“以顾客为中心”理念的体现，即根据消费者需求的变化来调节生产，安排物流活动。

现代物流与传统物流的比较见表 1.2。

表 1.2 现代物流与传统物流的比较

特征	传统物流	现代物流
物流服务特点	各种物流功能相对孤立；无物流中心；不能控制整个物流链；限于地区物流服务；短期和约	广泛的物流服务项目；第三方物流被普遍接受和采用；采用物流中心；供应链的全面管理；提供国际物流服务；与全球性客户的长期合作
物流服务侧重	追求单一环节成本最低；价格竞争；提供标准服务	以降低总物流成本为目标；增值物流服务；满足顾客个性化需求
物流信息技术	无实时信息系统；有限或无 EDI 联系；无全球卫星定位系统	有实时信息系统；有 EDI 联系；全球卫星定位系统；存货管理系统
物流管理	有限或无现代管理	全面质量管理；战略管理；业务过程管理

五、物流学

（一）物流学的概念

物流学，就是关于物流的科学，即研究物资实体流动的概念、理论、规律、技术和方法的科学。现在物流学已经包括了很丰富的内容，从物流管理到物流技术，从物流理论到物流应用，从综合研究到类别研究，形成了一个庞大的体系。

（二）物流学的内容体系

为了拓宽读者的视野，我们将物流学按不同的标志进行分类，以便读者学习和研究时参考。见表 1.3。

表 1.3 物流学内容体系

按业务内容分类体系	物流管理学	企业物流管理、现代物流管理、第三方物流管理、供应链管理、仓储管理、运输管理、生产物流管理等
	物流技术学	物流规划与设计、库存控制技术、电子商务技术、现代物流技术、仓储技术、物流信息技术等
按学术性质分类体系	理论物流学	物流经济学、物流管理学、物流系统论、物流控制论、物流运筹学等
	应用物流学	物资编码技术、条形码技术、采购订货技术、物资保管技术、运输技术、仓储技术、物流信息技术、包装技术、装卸技术、配送技术等
按业务领域分类体系	分销物流学	运输物流学、仓储物流学、库存控制技术、流通加工、包装和装卸、社会流通理论
	现代物流学	物流规划与设计、企业物流学、电子商务物流学、第三方物流学、供应链管理、现代物流技术

第二节 物流管理概述

一、物流管理

（一）物流管理的概念

物流管理指的是为了以最低的物流成本达到客户所满意的服务水平，对物流活动进行的计划、组织、协调与控制。换句话说，物流管理是对原材料、半成品和成品等物料在企业内外流动的全过程所进行的计划、实施和控制活动。这个全过程是指物料经过运输、包装、装卸搬运、储存、流通加工、配送、信息处理等物流运动的全过程。

（二）物流管理的内容

物流管理的内容主要体现在三个方面：一是对物流活动诸要素的管理，包括运输、储存、装卸搬运、包装、配送、流通加工、信息处理等环节的管理；二是对物流系统诸要素的管理，即对其中人、财、物、设备、方法和信息等六大要素的管理；三是对物流活动中具体职能的管理，主要包括物流计划、质量、技术、经济等职能的管理。

现代物流管理是建立在系统论、信息论和控制论的科学基础上的。从系统论的角度出发，要求物流系统能及时地提供完整、准确、必要的信息，通过对这些信息的处理，了解掌握物流状况，进而控制物流。计算机的应用是现代物流系统信息获取、传递和储存的基础。

（三）物流管理的目标

物流管理的目标可以概括为“3S1L－7R”。即在于以速度（Speed）、安全（Safety）、可靠(Surely)、低费用(Low)的原则，实现“7R”的目标。即将合适的产品或服务(Right Product or Service）在合适的时间（Right Time）、合适的地点（Right Place），以合适的数量（Right Quantity)、合适的质量(Right Quality)、合适的成本(Right Cost)交付到合适的顾客(Right Customer）的手中。

二、物流管理学

1．物流管理学的概念和任务

物流管理学是专门研究物流管理的科学。物流管理最根本的任务，就是对物流活动进行规划和策划，组织和实施，协调、指挥和控制，保证物流活动正常有效的进行。因此，物流管理学的根本任务，就是专门研究如何对物流活动进行管理，即研究对物流活动进行计划、组织、指挥、协调、控制的理论、技术和方法。

2．物流管理学的特点

（1）系统性。即以系统的观点来研究各种物流活动，以物流系统的整体优化为目标去选择方案、制定政策。

（2）综合性。它是由多个学科综合而形成的一门学科，既要应用经济学的理论与方法，又要运用企业管理的理论和方法，还要用到计算机科学、信息技术、自动化技术等工程学的理论和方法。

（3）工程性。物流管理学一方面要运用系统工程的思想、观点、技术和方法，即系统的开发、设计、制造、改造和运行、调试、控制等一整套工程方法；另一方面，物流管理学还直接研究大量工业工程系统，例如生产系统、运输系统、仓储系统、搬运系统等，利用计算机进行工程计算和进行软件的编制。

（4）应用性。物流管理学的另一个特点，就是结合具体的应用对象来讨论问题和解决问题，具有可操作性。

物流窗口 物流管理的有关理论

自物流及物流管理的概念产生以来，有许多管理专家对物流管理的理论进行了多方面的研究。

1．“黑大陆”理论。1962年，美国管理学权威德鲁克在《财富》上发表《经济的黑暗大陆》一文，指出“流通是经济领域里的黑暗大陆”，流通领域中物流活动的模糊性尤为突出，它是流通领域中人们更加认识不清的领域，物流就像“黑大陆”，在这个领域中未知的东西还很多。

2.“物流冰山”理论。冰山的特点是大部分沉在水面之下，而露出水面的仅是冰山的一角。日本早稻田大学西泽修教授在专门研究物流成本时发现，现行的财务会计制度和会计核算方法都不可能掌握物流费用的实际情况，因而人们对物流费用的了解是一片空白，甚至有很大的虚假性。他把这种情况比做“物流冰山”，即物流是一座冰山，其中沉在水面以下的是我们看不到的黑色区域，而我们看到的不过是物流的一小部分。

3.“第三利润源”理论。“第三利润源”，是对物流潜力及效益的描述。第一源是降低资源消耗。起初是廉价原材料、燃料的掠夺或获得，其后则是依靠科技进步、节约消耗、节约代用、综合利用、回收利用乃至大量人工合成资源而获取高额利润。第二源是降低人力资源消耗，提高劳动生产率。最初依靠廉价劳动，其后则是依靠科技进步提高劳动生产率，降低人力消耗或采用机械化、自动化来降低劳动耗用从而降低成本，增加利润。在前两个利润源潜力越来越小、利润开拓越来越困难的情况下，物流领域的潜力开始为人们所重视，被称为“第三利润源”。物流作为第三利润源，就是合理组织产供销环节，将货物按必要的数量以必要的方式，在要求的时间内送到必要的地点，就是让每一个要素、每一个环节都做到最好。

4.“效益背反”理论。效益背反指的是物流的若干功能要素之间存在着损益的矛盾，即某一个功能要素的优化和利益发生的同时，必然会存在另一个或另几个功能要素的利益损失。这是一种此长彼消、此盈彼亏的现象，往往导致整个物流系统效率的低下，最终会损害物流系统的功能要素的利益。如包装问题，在产品销售市场和销售价格皆不变的前提下，假定其他成本因素也不变，那么包装方面每少花一分钱，这一分钱就必然转到收益上来，包装越省，利润越高。但是，一旦商品进入流通之后，如果简省的包装降低了产品的防护效果，造成了大量损失，就会造成储存、装卸、运输功能要素的工作劣化和效益大减。显然，包装活动的效益是以其他的损失为代价的。我国流通领域每年因包装不善出现的上百亿的商品损失，就是这种效益背反理论的实证。

5.“成本中心”理论。成本中心是指物流在整个企业战略中，只对企业营销活动的成本发生影响，物流是企业成本的重要的产生点，因而，解决物流的问题，主要是通过物流管理和物流的一系列活动降低成本。有资料表明，随着生产技术的发展，产品制造成本要低于总成本的10%，产品的加工时间只占储存、运输、销售、包装时间之和的1/20，而全社会物流费用支出占国民生产总值的 20%。可见，物流成本在产品生产和销售的过程中所占的比重是较大的。“物流是降低成本的宝库”，“向物流要效益”等说法是对这种认识的形象表述。

6.“服务中心”理论。这种理论认为，物流活动最大的作用，并不在于为企业减少了消耗，降低了成本或增加了利润，而是在于提高了企业对用户的服务水平，进而提高了企业的竞争能力。因此，在使用描述物流的词汇上选择了“logistics”（原义后勤）一词，特别强调其服务保障的职能。通过物流的服务保障，企业以其整体能力来压缩成本，增加利润。

7.“战略”理论。学术界和产业界越来越多的人逐渐认识到，物流更具有战略性，是企业发展的战略而不是一项具体操作性任务。应该说，这种看法把物流放在了很高的位置。企业战略是生存和发展。物流会影响企业总体的生存和发展，而不是在哪个环节搞得合理一些，省了几个钱。将物流与企业的生存和发展直接联系起来，这对促进物流理论的发展有重要意义。企业不是追求物流的一时一事的效益，而是着眼于总体，着眼于长远，如制定战略性的规划、进行战略性的投资和战略性的技术开发。

8. “供应链管理”理论。进入20世纪90年代以来，物流环境发生了一系列变化，如顾客需求不断升级，订货周期逐渐缩短，快速反应系统的推广应用，市场竞争日趋加剧，营销方式不断更新，以及经济全球化的到来，等等。为适应这些变化，供应链管理逐渐受到重视。一般认为，供应链管理是对供应链中的商流、物流、信息流、资金流以及对工作流进行计划、组织、协调与控制。它是一种从供应商开始，经由制造商、分销商、零售商直到最终客户的全要素、全过程的集成化管理模式。其目标是从整体的观点出发，寻求建立产、供、销企业以及客户间的战略合作伙伴关系，最大限度地减少内耗与浪费，实现供应链整体效率的最优化。

案例分析　之一　某企业一次不成功的促销活动

某食品公司的营销人员策划了一次大规模的促销活劫。规定客户如果一次购买新上市的果汁饮料25箱，将会得到企业给予的价格折扣。但是该公司物流上作业中的运输环节是采用托盘作业的，一次作业只能装卸24箱，25箱需要进行两次托盘作业，这次促销活动给企业带来的直接影响首先是物流费用的大幅度增加。活动结束后，经过整体效益测算，这次促销活动非但没有取得计划收益，反而造成了亏损。由于没有与物流部门及时沟通，因而造成了一次失败的促销活动。

此案例给我们的启示是什么？

案例分析　之二　神龙公司物流系统

神龙公司是东风汽车公司和法国雪铁龙汽车公司合资兴建的大型轿车生产企业。1992年5月18日，神龙公司在武汉市成立。神龙公司下设生产装备部、产品工程部、制造工程部、质量管理部、采购部、市场营销部、财务部、组织系统部、人事部、公共关系部等十个职能部门和武汉、襄樊两个工厂，现有职工4 789人。截至1999年底，完成投资100.58亿元，四大生产工艺、八个生产分厂全部建成投产，目前已经具备了年产15万辆整车和20万台发动机的生产能力。

神龙富康轿车的总装配线在武汉，但是，装配所需要的部件和零件则来自襄樊、武汉以及全国各地供应商，也包括法国。例如装配所需要的车桥、发动机、变速箱等是从襄樊运过来的，再加上在武汉生产的车身、车厢，以及从法国购进的一些进口零部件分别上线进行装配，最后装成一台完整的汽车。

生产出来的神龙轿车又要分销到全国各个地方。神龙公司在全国设立了 20 个商务代表处，构成了全国的分销网络。神龙公司制定了售后服务的12条承诺。

像神龙公司这样，一车涉及全国甚至整个世界，是一种典型的物流系统，而且是一种典型的大物流系统。

首先，从职能上看，它是由大范围的购进物流系统、企业内部的生产物流系统以及末端产品（汽车）在全国范围内的分销物流系统构成的。其中每个系统可以成为神龙公司大物流系统的子系统。每个子系统往下又可以分成更小的子系统。例如，购进子系统按空间又可以分成襄樊购进子系统、武汉购进子系统、国内其他地区购进子系统以及法国购进子系统等，每个子系统再往下又可以按功能分成更小的子系统，例如包装、装卸、运输、储存、加工、信息处理子系统等。这些功能子系统还可以按时间、按作业班组等往下再分……这样最后一直可以分到最基本单元（作业班组、人、车、机械、工序）为止。这样构成一个既相互区别又相互联系、共同协调合作的一个等级层次结构，一个能圆满地完成整个物流任务的有机结合体，这个有机结合体就是一个物流系统。

有一种观点说，现代物流是组织网络和信息网络的无缝链接，通过此案例说说你的看法。

思考题与习题

1. 物流的含义是什么？
2. 物流在社会经济中有哪些作用？
3. 现代物流及其特征是什么？
4. 物流管理的含义是什么？
5. 用“用户第一”的观念理解现代物流的柔性特征。
6. 物流管理的目标与任务是什么？
7. 请写一篇你对物流认识体会的文章。

第二章　运输管理

【引导案例】海尔储运事业部：用时间消灭空间

随着社会经济的高速增长和科技进步，商品质量日趋均等化，商品垄断价格等级差缩小，企业单纯以提高产品质量、降低产品价格为促销手段，已不适应市场需求个性化的发展趋势。企业竞争力的增强，已在相当程度上取决于商品供应效率和服务水平的提高。

在社会需求进入多品种、少批量的情况下，客户不仅要求产品质量和价格，同时更注重产品的服务，特别是物流服务。企业全面系统地管理好销售货物的装卸、搬运、保管、配送等物流环节，将产品经济、无损、按时、按量地送达指定目的地，减少直接及间接的损失，并在每一环节记录和传达给客户有关资料，使客户能够灵活地调整生产及采购数量，节省物流系统总成本，尽量实现零库存，是制造和销售企业的产品营销关键之所在。

海尔储运事业部就是把从生产线下来的成品统一仓储，统一配送到全国各地，甚至配送到用户手中。海尔现在正在进行成品配送的改革。海尔以往的成品配送方式是找一些运输公司竞价、报信、发送。这种方式成本并不低，质量得不到保证，货物也不能及时送到用户手中。怎样使总成本降到最低？海尔把各个事业部的小车队整合起来，按照物流一体化的策略构建储运事业部。现在的运输方式各种形式都有了，关键是怎样才能使总成本最低，怎样才能使效果最好，并及时送到用户手中。

海尔现在已形成了各种各样的运输方式，空运、海运、汽车运输、铁路运输等等。储运事业部建好以后效果也是很明显的，因为原来都是各个事业部各自送各自的东西，比如送电脑、彩电，放在车里的高度就不够；像冰箱放一层上面空间还有，放两层就超高了。整合起来以后，就可以把各种产品搭配，在一车允许的范围内，能够比较合理地、保证质量地搭配起来，这也是降低成本的一个方面。

举一个很明显的例子。原来的海尔广告事业部委托中铁快运发送广告品，一年的费用就是 1 200 万元。现在事业部建立起来以后，广告品随着运成品的车搭配出去就行了，也不需要找中铁快运了。中铁快运的降价就很厉害，原来是 6 元一件，现在提出是 3 元一件，3 元一件海尔也不做，因为自己很简单就做了。所以这 1 200 万元一下子就省下来了。这是一个比较典型的降低成本的例子。

储运事业部主要是为零距离销售提供物流配送的保证。因此，物流推进本部基本上涵盖了海尔物流供应链的全过程。从采购开始，一直到成品配送到用户手中，甚至不良品的返回、废品回收物流等等，整个过程基本上是供应链的全过程。除了车间制造的（即生产线上的流动的）部分由各个制造事业部来承担以外，其他的都由物流本部承担，因此基本上形成了完整的供应链。

海尔集团的物流网随着产品销售网络的扩大而不断延伸，从城市到农村，从沿海到内地，哪里有海尔产品的用户，海尔物流的触角就得延伸到哪里，物流服务就得跟进到哪里。经过17 年的发展，海尔集团已拥有全国网络化的配送体系，目前在全国已建立了 42 个物流配送中心，覆盖全国所有区域，拥有三百多万平方米仓储资源，与三百多家运输公司建立了紧密的合作关系；青岛总部物流中心有运输车辆八百余辆，全国可调配车辆达 1.6 万辆，车型有箱式车和敞篷车两种，吨位从 3 吨、5 吨至 12 吨，车型齐全，而且所有箱式车均采用国际上最先进的多门设计，可从不同方位装卸货物。

海尔物流拥有完善的成品分拨物流体系、返回物流体系和备件配送体系，目前可以做到物流中心城市 6～8 小时配送到位，区域配送 24 小时到位，全国主干线分拨配送平均 3.5 天，形成了全国最大的分拨物流体系。此外，海尔青岛物流中心还可代理铁路运输、航空运输、远洋运输等业务，具备综合物流服务能力，大规模、全方位的服务可使海尔物流的成本远远低于市场运输价格。特别是铁路运输方面，海尔物流与铁路部门有长期合作的良好关系，拥有优先发货权。

从国际方面来说，海尔集团目前已在海外发展了 62 个海尔经销商，销售网点可辐射三万多个，产品出售到一百多个国家和地区。1999 年，海尔在迪拜和德国汉堡港设立了物流中心。通过汉堡港物流分拨中心，海尔向欧洲客户供货的时间缩短了一半以上。

为了使海尔成品在搬运、储存、保管、交付整个流程的职责、分工明确，确保各环节受控，海尔制定了严格的工作流程，各部门的具体职责分工如下：

（1）产品事业部负责组织生产及下线产品的接收入库。（2）物流储运部计划处负责订单计划发运计划的安排。（3）仓储处负责周转仓库的管理考核及账务处理。（4）外运处负责运输车辆的安排调度及运送至目的地。（5）周转仓库负责产品的储存、保管、发货。（6）海尔物流配送仓库负责产品的接收及运输质量反馈。

问：物流运输怎样做到用时间消灭空间呢？

第一节　运输与运输系统

一、运输概述

在所有物流的功能中，运输是一个最基本的功能，是物流的核心。人们提到物流，首先想到的便是运输。

（一）运输的概念

运输是用设备和工具将物品从一地点向另一地点运送的物流活动，其中包括集货、分配、搬运、中转、装入、卸下、分散等一系列操作。

运输是人和物的载运和输送，有时专指物的载运和输送。它是在不同地域范围内以改变物品的空间位置为目的的活动，对物品进行空间位移。运输和搬运的区别在于，运输是较大空间范围的活动，而搬运是在同一地域之内的活动。

（二）运输的功能

在物流管理过程中，运输主要提供产品转移和产品储存两大功能。

1．产品转移。运输的目的就是以最短的时间、最低的成本将产品转移到规定的地点。因此运输的主要功能就是产品在价值链中实现位移，从而产生空间效用和时间效用。

2．产品储存。运输的另一大功能就是在运输期间进行临时储存，也就是将运输工具（车辆、船舶、飞机、管道等）作为临时的储存设施，而且这种储存是免费储存、自然储存。

（三）运输的地位

运输是社会物质生产的必要条件之一，是国民经济的基础，是生产过程的继续。运输活动和一般生产活动不同，它不创造新的物质产品，不增加社会产品数量，不赋予产品以新的使用价值，而只变动其所在的空间位置。但这一变动能使生产继续下去，使社会再生产不断推进，并且是一个价值不断增值的过程。所以马克思将运输称为“第四个物质生产部门”。运输是“第三个利润”的主要源泉。首先，运输承担大跨度空间转移的任务，活动的时间长、距离远、消耗大。消耗的绝对数量大，其节约的潜力也就大。其次，从运费来看，它在物流成本中占据最大的比例，一般综合分析计算社会物流费用，运输费在其中占近 50%的比例。有些产品运费高于其生产成本，所以，节约的潜力大。

（四）运输原理

指导运输管理和营运的两条基本原理分别是规模经济和距离经济。规模经济是指随装运规模的增长，每单位重量的运输成本下降。如整车装运的单位成本要低于零担装运。这是因为转移一票货物有关的固定费用可以按整票货物的重量分摊，一票货物越重，每单位重量的成本就越低。这里的固定费用包括接受运输订单的行政管理费用、定位运输工具装卸的时间、开票以及设备费用等。距离经济的特点是指每单位距离的运输成本随距离的增加而减少。运输距离也可分摊固定成本，距离越长，平均每公里支付的总费用越低。这两条原理是在评估各种运输方案时应加以考虑的。

二、运输系统

（一）运输系统及其特征

1．运输系统的概念

运输系统作为物流系统的最基本的系统，是指由与运输活动相关的各种因素（如运输方式及其组合）组成的一个整体。它包括生产领域的运输系统和流通领域的运输系统。生产领域的运输系统，一般是在生产企业内部进行，因而称为厂内运输。流通领域的运输系统，则是作为流通领域里的一个环节，是生产过程在流通领域的继续。

2．运输系统的特征

（1）运输服务可通过多种运输方式实现，不同的运输方式与其技术性相适应，决定了各自不同的运输服务质量。如汽车、铁路、航空等有不同的运输单位、运输时间、运输成本以及运输质量等。

（2）运输服务可分为自营型和营业型两种形态。自营型运输是指企业自己拥有运输工具，并且自己承担运输责任从事货物的运输活动。营业型运输是以运输服务作为经营对象，为他人提供运输服务。

（3）运输业者不仅在各自的行业内开展相互的竞争，而且还与运输方式相异的其他运输行业企业开展竞争。

（4）在运输服务中存在着实际运输和利用运输两种形式。实际运输是实际利用运输手段进行运输。利用运输是自己不直接从事商品运输，而是把运输服务再委托给实际运输商进行。也就是说，运输业者就是自己不拥有运输工具也能开展运输业务。这种利用运输业的代表就是代理型物流业者。

（二）运输系统现代化

运输系统的现代化，是采用当代先进适用的科学技术和运输设备、设施，运用现代管理科学成就，组织、协调运输系统各组成要素之间的关系，达到充分发挥物流运输的功能。运输系统现代化的主要内容包括：

1．联合运输

联合运输被称为“第三次运输革命”。第三次运输革命不是由新的运输工具带来的，而是把各种运输手段结合在一起，以建立新的运输系统为重点内容的革命。它以各种运输工具的联合体制，即“联运”形式的出现为标志，按照迅速、准确、安全、经济的要求，通过技术革新为物流活动提供多样化的运输方式，如汽车——铁路——汽车、船舶——火车——汽车等联运方式。

2．专用运输体系

主要指适用于矿石、石油、肥料、水泥、煤炭等大宗货物运输的运输方式。

3．包装、装卸、运输一体化

就是将物流系统中的包装合理化、装卸合理化、运输合理化作为一个整体来考虑，即实行包装——装卸——运输托盘化和集装箱化。

4．新交通系统

随着经济的发展，物流量的增大，现有铁路、公路、水路交通压力日益严重，越来越满足不了日益增长的物流量。为了解决交通拥挤、道路阻塞、能源紧张等问题，一些发达国家已着手开发新交通系统来予以解决。新交通系统大致有以下几种类型：

（1）铁路传送带运输机械。它是指在铁路上用传送带运输 5 吨集装箱那样的大型设备，而不用机车牵引运输，以节约机车牵引所耗费的能源。

（2）筒状容器管道系统。这是把装在筒状容器中的货物，利用管道中的压缩空气进行运输的一种系统。它又可以进一步发展为用管道中的直线发动机进行运输。

（3）城市中无人操纵收发货物系统。它是根据城市条件并考虑到噪音问题，使用尼龙链索，把装货的台车吊在管道中的轨道上，再用特殊尼龙制作的绳索牵引传送。其特点是：代替汽车的机能把货物送到用户。这种形式速度慢，时速 10 公里左右，适用于重量为 200 公斤左右的小批货物运输，可在批发站和中转站之间使用。

（三）自营运输系统

自营运输系统是指货主自己搞运输，即自备车辆运输，并且自己承担运输责任，从事货物的输送活动。自营型运输多限于货车运输。其特色为：一是以汽车为主要运输工具，其在总运量中所占比重较大，如日本 1993 年和 1994 年各种运输手段及体系的统计数据表明，大约有 50%的运输吨数是由自营运输体系完成的。二是以单程 100 公里以下的近距离小批量货物运输为主。其货物主要是食品、杂货、文具、纤维、鞋类批发业运往零售业的货物，以及从零售业分送居民家庭的个人货物。三是以普通车辆运输货物。在自营运输中，除了碎石、沙石等货物外，还有许多利用普通汽车运输的其他种类货物。例如，从制造业的工厂运往批发业的配送中心、仓库，或从这些配送中心、仓库运往零售业店铺等处的货物，其品种主要有金属、机械工业品、化学工业品。

（四）营业运输系统

营业运输系统是运输业的发展方向，是以运输服务作为经营对象，为他人提供货物运输服务，并收取运输费用的一种体系。它可在公路、铁路、水路、航空等运输业中广泛开展。其特色为：

（1）专线运输的特色：专线运输一般称为“路线运输”或“定期运输”，是一种用在批准的固定线路上定期运行的汽车，把多数货主的小批量货物进行混装运输的营业运输业种。

（2）包车运输的特色：包车运输又称为“本地运输”，这种运输方式是包租一辆汽车，运输本区域（经批准的运输区域）内的货物，即本区域内的发站、到站货物。

（3）“宅急便”运输的特色：“宅急便”是在全国范围内构筑运输网络的基础上，以小型货车为工具的一种从事迅速、便利的高效运输服务。

（五）公共运输系统

公共运输系统是指由政府投资或主导经营的各种运输工具，如飞机、火车等，以及相关的基础设施，如公路、铁路、港口、机场、信息系统等组成的统一的体系。由于其涉及因素相当多，因此又称为综合运输体系。

（六）第三方物流运输系统

在现代物流运输体系中，“第三方”作为一种事业形态，逐渐得到了确认和广泛的应用。第三方物流类似于外协或契约物流，它独立于供方和需方，以第三方的身份出现，是一种货主与运输业者之间的中介组织在特定时间段内按照特定的价格向使用者提供个性化的物流运输服务。同时，这种服务是建立在现代电子信息技术基础之上的，如EDI技术、EFT技术等。

第三方物流运输的特点表现为：以高度集成化的信息技术为基础；以合同为导向的服务；个性化的服务；联盟关系的服务等。

第二节 运输方式

不同运输方式的服务质量、技术性能、方便程度、管理水平，会影响不同层次物流系统对运输方式的选择。因此，物流管理者必须了解各种运输方式及其特点，才能作出正确的选择。

一、基本运输方式及特点

（一）公路运输

公路运输在所有的运输方式中是影响面最为广泛的一种运输方式，其优势在于：

（1）全运程速度快。公路运输可以实现“门到门”运输，可以减少旅客转换运输工具所需要的等待时间与步行时间，对于限时运送货物，或为适应市场临时急需货物，公路运输服务优于其他运输方式。特别是短途、高价值产品运输，其整个运输过程较任何其他运输工具都更为迅速、方便。

（2）运用灵活。公路运输富于灵活性，可随时调拨，不受时间限制，可到处停靠，富于弹性及适应性，故运用灵活。

（3）受地形气候限制小。汽车在路上行驶，可以逢山过山，不受地形限制。遇恶劣气候，较飞机、船舶受影响小。

但是，公路运输也存在劣势，其表现主要有：

（1）载运量小。

（2）安全性差。

因此，公路运输适合于短距离、小批量的运输。

（二）铁路运输

铁路运输具有一些其他运输方式不能取代的优点。主要有：

（1）运量大、运价低廉且运距长。铁路运输采用大功率机车牵引列车运行，可承担长距离、大运输量的运输服务，而且由于列车运行阻力小，能源消耗量低，所以系统价格低廉。

（2）行驶具有自动控制性。铁路运输具有专用路权，在列车行驶上具有高度导向性，可以采用列车自动控制方式控制列车运行，以达到车辆自动驾驶的目的。目前最先进的列车已经可以通过高科技电脑的控制，使列车的运行达到全面自动化，甚至无人驾驶，从而大大提高运输安全并减轻司机劳动强度。

（3）有效使用土地。铁路运输以客、货车组成的列车为基本单元，可以在有限的土地上进行大量的运输，因此，较之公路可以节省大量的土地，使土地资源得到最有效的利用。

（4）污染性较低。铁路运输的污染性较公路运输低。如在噪音方面，铁路运输所带来的噪音污染，不仅比公路运输低，而且是间断性的，而城市道路运输则是持续性的高噪声污染。

（5）受气候限制小。铁路运输具有高度的导向性，只要行车设施无损坏，在任何气候条件下，如下雨、冰雪，列车均可安全行驶，受气候因素限制很小，所以铁路运输是营运最可靠的运输方式。

但是铁路运输系统也有其缺点，如资本密集、固定资产庞大、设备不易维修，且战时容易遭破坏等。对于物流管理来说，其缺点主要表现在以下方面：

（1）货损较高。铁路运输可能因为列车行驶时的震动与货物装卸不当，容易造成所承载货物的损坏，而且运输过程需要经多次中转，也容易导致货物损坏、遗失。铁路运输的货损比例远高于公路运输，所以一些货主不敢将高价值的货物交由铁路承运。

（2）营运缺乏弹性。公路运输灵活，可以随货源或客源所在地而变更营运路线，但铁路运输不行，所以容易产生空车回送现象，从而造成营运成本的增加。

（三）水路运输

水路运输，即利用船舶航行于水域，完成旅客与货物运送的经济活动。在各种运输方式中，水路运输是最便宜的运输方式，但运输速度最慢。其具体特征如下：

（1）运输量大。船舶货舱的比例比其他运输工具都大。因此，可以供货物运输的舱位及其载重量比空运或陆运都大。

（2）能源消耗低。据测量，运输1吨货物至同样距离，水运所消耗的能源最小。

（3）单位运输成本低。水运的运输成本约为铁路运输的1／25至1／20，约为公路运输的1／100。因此，水运（尤其是海运）是最低廉的运输方式，适于运输费用负担能力较弱的原材料及大宗物资的运输。

（4）续航能力大。商船出航，所携带的燃料、粮食及淡水可历时数十日，绝非其他运输方式可比，而且商船具有独立生活的种种设备，如发电、制造淡水、储藏大量粮食的粮仓、油槽等，能独立生活。

但是，水路运输受气候和商港限制，可及性低。商船航行于海上，遇暴风雨需及时躲避；遇大雾需按避碰章程办理，以防损害，这些都是气候对水路运输的限制。另外，商船到达商港，会因港湾水深问题或装卸设备的缺乏，而限制商船的入港与作业。再者，水路运输的可及性不高，往往需要地面运输系统的配合才能完成客、货运输过程。

（四）航空运输

民航运输的特征主要表现在以下几个方面：

（1）速度快。这是民航运输的最大优势。现代喷气式客机，巡航时速为800～900公里，比汽车、货车快5～10倍，比轮船快20～30倍，而且距离越长，航空运输所能节约的时间越多，快速的特点也越显著。

（2）不受地形限制，机动性大。飞机在空中飞行，受陆地地形因素限制很少，受航线条件限制的程度也远比汽车运输、铁路运输和水运小得多。它可以将地面上任何距离的两个地方连接起来，可以定期或不定期飞行。尤其执行对灾区的救援、供应，对边远地区的急救等紧急任务，航空运输已成为必不可少的手段。

（3）舒适、安全。喷气式客机的巡航高度在10 000米左右，飞行不受低空气流的影响，平稳舒适。现代民航客机的客舱宽敞，噪声小，机内有供膳、视听等设施，旅客乘坐的舒适程度较高。由于科学技术的进步和民航客机适航性严格的要求，航空运输的安全性比以往已大大提高。

（4）适用范围广泛、用途广。飞机，尤其是直升机，不但可供客货运输，而且还可以用于邮政、农业、渔业、林业、救济、工程、警务、气象、旅游观光和军事。因此，航空运输用途十分广泛。

（5）基本建设周期短、投资少。要发展航空运输，从设备条件上讲，只要添置飞机和修建机场就可基本满足。这与修建铁路和公路相比，建设周期短、占地少、投资省、收效快。据计算，在相距1 000公里的两个城市间建立交通线，若载客能力相同，修建铁路的投资是开辟航线的1.6倍。铁路修建周期为5～7年，而开辟航线只需2年。

同时，航空运输也有其不利的方面：

（1）航空运输具有国际性。航空事业属于环球多国籍的运输行业，具有跨国服务的特性，故需考虑国际化服务与合作。例如，天空开放和代码共享的出现。

（2）航空运输载运量小、成本高。由于受飞机机舱容积制约，航空运输载运量小，运载成本和运价比地面运输高。

（3）受气象条件限制。航空运输工具空中飞行，受气象条件限制较大，常影响飞机的航期和安全，且噪声污染比较严重。

由于航空运输具有快速、机动的特点，可以为旅客节省大量时间，为货主加速资金周转，所以，在客运和进出口贸易中，尤其是在运输贵重物品、精密仪器、鲜活物资等方面起着越来越大的作用。

（五）管道运输

管道运输是使用管道输送流体货物的一种运输方式，所输送的货物主要有油品（原油和成品油）、天然气（包括油田伴生气）、煤浆以及其他矿浆。管道运输是随着石油开发而兴起的，并随着石油、天然气等流体燃料需求量的增长而发展。

管道运输不同于用车、船舶、飞机等运输货物，因为管道是静止的，它通过输送设备（如泵、压缩机等）驱动货物，使之通过管道流向目的地。因此，管道的运输特性是：

（1）运量大。一条管径720毫米的管道，可年输易凝高黏原油2 000万吨以上，相当于一条铁路的运量；一条管径1 220毫米的管道，年输量可达1亿吨以上。

（2）永久性占用土地少，易选取捷径缩短运距。管道多埋于地下，埋入地下部分一般占管道总长度的95%以上，永久占用土地少，管道可以从河流、湖泊乃至海洋的水下穿过，也可以翻越高山，横越沙漠，允许敷设坡度较铁路、公路大，易选取捷径缩短运距。

（3）可长期稳定运行。由于受恶劣气候条件的影响较小，因此可以长期连续不断地稳定运行。

（4）便于管理。便于运输管理，易于远程监控，维修量小，劳动生产率高。

（5）损耗少，安全可靠。易燃的油、气密闭于管道中，既可减少挥发损耗，又较其他运输方式安全，且系统机械故障率低。

（6）耗能低、运输费用低。输送每吨公里轻质原油的能耗只有铁路的1/17至1/2。成品油运费仅为铁路的1/6至1/3，接近于海运，且无需装卸、包装，无空车回程问题。

（7）沿途无噪声、漏失污染少。

但是管道运输不如其他运输方式灵活，承运的货物比较单一，货源减少时不能改变路线，当运输量降低较多并超出其合理运行范围时，优越性就难以发挥。因此只适于定点、量大、单向的流体运输。

以上五种运输方式的特点是物流企业在选择运输方式时的参考指标。一般来讲，运输方式的选择受运输物品的种类、运输量、运输距离、运输时间、运输成本等五个方面因素影响。当然，这些条件不是相互独立的，而是紧密相连、互为决定的。对我国物流企业来说，在选择运输服务方式时最关注的就是运输成本问题，而各种运输方式中对运输成本影响显著的营运特性主要是运价、运输时间（速度）、货物的灭损情况（安全可靠性）以及运输方式的可得性（运输方式服务于任何给定的两个地点间的能力）。

二、新兴运输方式及特点

（一）成组运输

成组运输（Unitized Transport）是采用一定的办法，把分散的单件货物组合在一起，成为一个规格化、标准化的大运输单位进行运输。成组运输便于进行机械化、自动化操作，提高运输、装卸效率，减少货损货差，降低运输和搬运成本，使运输速度大幅度提高。货主亦可从中得到好处，譬如享受对成组运输货物的特别优惠运费等。

1. 成组运输的优势

与普通散件运输相比，成组运输在操作、搬运过程中的优势包括：

（1）减少了所需的人工。

（2）可使用机械化装卸工具。

（3）降低了车辆的周转时间。

（4）方便了装卸和积载。

（5）操作更为安全。

（6）运输过程中的破损和盗失的可能性大为降低。

（7）简化了托运标记和标签的使用。

成组运输的突出优点使其成为物流运输过程中货物搬运和运输的重要形式和未来方向。

2. 成组运输的主要形式

（1）托盘运输

托盘是为了使物品能有效地装卸、运输、保管，将其按一定数量组合放置于一定形状的台面上，这种台面有供叉车从下部叉入并将台板托起的叉入口。以这种结构为基本结构的平板台板和各种在这种基本结构基础上所形成的各种形式的集装器具都可统称为托盘。

托盘是一种重要的集装器具，是在物流领域中适应装卸机械化而发展起来的一种集装器具。托盘的发展可以说是与叉车同步。叉车与托盘的共同使用，所形成的有效装卸系统大大地促进了装卸活动的发展，使装卸机械化水平大幅度提高，使长期以来在运输过程中的装卸瓶颈得以解决或改善。所以，托盘的出现有效地促进了全物流过程水平的提高。

托盘的出现也促进了集装箱和其他集装方式的形成和发展。现在，托盘已是和集装箱一样重要的集装方式，它们成了集装系统的两大支柱。

因而往往难以利用集装箱的地方可利用托盘，托盘难以完成的工作则由集装箱完成。

托盘的主要优点有：

① 自重量小。因而用于装卸、运输托盘本身所消耗的劳动较少，无效运输及装卸相比较集装箱为少。

② 返空容易，返空时占用运力很少。由于托盘造价不高，又很容易互相代用，互以对方托盘抵补，所以无须像集装箱那样必有固定归属者，也无须像集装箱那样返空。即使返运，也比集装箱容易。

③ 装盘容易。不必像集装箱那样深入到箱体内部，装盘后可采用捆扎、紧包等技术处理，使用时简便。

④ 装载量虽较集装箱小，但也能集中一定数量，比一般包装的组合量大得多。

托盘的主要缺点是：保护性比集装箱差，露天存放困难，需要有仓库等配套设施。

（2）集装箱运输

国际标准化组织（International Standards Organization，ISO）对集装箱进行了详细的定义。他们将货运集装箱描述为一种运输设备，它应满足以下要求：① 具有足够强度，能长期反复使用；② 中途转运无须移动箱内货物，可直接换装；③ 可进行快速装卸，并可从一种运输工具方便地换装到另一种运输工具；④ 便于货物的装满或卸空；⑤ 内容积达到 $1m^3$ 或 $1m^3$ 以上。

集装箱运输被称为国际运输业的一次革命。其优点是：

① 提高运输质量，减少货损货差，损耗率可由原来的25%～30%降到4%以下。

② 节省各项费用，降低货运成本。

③ 提高了装卸效率，加速了运输工具的周转。比如，在铁路运输中用人力装一节车皮需要2小时，采用集装箱运输只需要20分钟，提高工效6倍。

④ 简化货运手续，便利了货物的运输。

⑤ 集装箱运输方式把传统的单一运输串连成为连续的成组运输，从而促进了多式联运的发展。

（二）国际多式联运

国际多式联运，是在集装箱运输的基础上产生发展起来的现代运输方式。它是按照多式联运合同，以至少两种不同的运输方式，由多式联运经营人将货物从一国境内接管货物的地点运至另一国境内指定交付货物的地点。在经济全球化的当今时代，多式联运在国际贸易运输中发挥着举足轻重的作用。

1. 多式联运的优势

（1）降低了传统分段运输的时间损失以及破损、盗失风险；

（2）减少了分段运输的有关单证和手续的复杂性；

（3）降低了全程运输的各种相关费用；

（4）货主只需与多式联运经营人一方联系，多式联运经营人对托运人的货物负全程责任；

（5）多式联运经营人提供的全程运费更便于货主就运价与买方达成协议；

（6）运输成本的降低有助于产品总物流成本的降低，从而提高产品的市场竞争力。

2. 多式联运的方式

国际货物运输中几种比较重要的联合运输方式包括：

（1）海—空（Sea-Air）联运

这种联合方式兼有海运的经济性和空运的速度，在远东—欧洲的国际贸易中运用越来越广泛，适用于电器、电子产品、计算机和照相器材等高价值商品以及玩具、时装等季节性需求较强的商品。

（2）海—铁（Sea-Train）联运

这是一种铁路和海运联合的运输方式，最初产生于美国。它类似于滚装运输系统，所不同的是滚装的工具是火车车厢，这种方式将不同大陆的铁路系统通过海上运输工具连接起来，适于重型货物的运输。

（3）航空—公路（Air-Road）联合

长途运输（尤其是国际长途运输）中，航空与公路的联合十分常见，行包运输和杂货运输就常使用该种联合方式。在欧洲和美国，很多航空货物由卡车经长途运输到达各大航空公司的基地，再由飞机运往目的地。欧洲的许多大型航空公司为此建立了卡车运输枢纽作为公路运输经营的据点。

（4）铁路 / 公路—内河（Rail/Road-Inland）与海上—内河（Sea-Inland）

在内河运输较方便的地区，使用内河运输方式与公路铁路运输方式联合可以利用内河运输廉价的特点。例如，我国的北煤南运就常使用该种联运方式。

公路—内河联运的方式是一些内河运输网发达的国家或地区（例如，欧洲莱茵河流域、北美五大湖区）在国际物流运作时使用的联运方式。通常，出口货物首先使用内河运输方式从内陆地区运到出口港口，通过海运方式再由港口运输到目的国。目前，欧洲已有一些国家使用一种河海两用的船舶，使得货物无须经过海港中转就可直接从内河港口运到海上，出口各国。

（5）微型陆桥（Mini-Land bridge）

微型陆桥系统实际是一种国际铁路或公路/海运联运的形式。

它由海运承运人签发全程提单，货主的集装箱货物先由船舶从一国海港运到另一国海港，再由铁路承运人将货物运至内陆目的地。常见于美国／远东、美国／欧洲、美国／澳大利亚等地间的国际贸易运输线路。

（6）陆桥（Land-bridge）

陆桥系统是通过海—陆或海—陆—海路线运输集装箱跨越大陆。这里，铁路运费也是由签发全程提单的海运承运人按集装箱支付的。

（7）驮背运输（Piggyback）

驮背运输是一种公路和铁路联合的运输方式，在北美和欧洲已经十分普遍。它既有铁路在长距离运输中的速度与可靠性，又具有公路运输在货物集散中的门到门的灵活优势，因此是高效物流运作的最佳运输备选方案之一。

三、影响运输方式选择的因素

物流企业可以根据所需运输服务的要求，参考不同运输方式的不同营运特性，进行最优选择，使所获得的运输服务成本最低。当然，有时单靠一种运输方式无法实现最低成本，往往需要几种运输方式的组合才能实现。因此，为了选择正确的运输方式，降低运输成本，必须考虑以下几个因素：

（1）价格：运输服务价格就是运输货物的在途运费加上提供额外服务的所有附加费或运输端点费用。如果是使用受雇运输，运输服务的总成本就是货物在两点间运输收取的运费加上所有附加费，如保险费、装卸费、终点的送货费等。如果是自用运输，运输服务成本就是分摊到该次运输中的相关成本，如燃油成本、人工成本、维修成本、设备折旧和管理成本等费用。

不同的运输方式，其运输成本相差很大。航空运输是最昂贵的，管道运输和水上运输则是最便宜的，而公路运输又比铁路运输贵。但是这种成本比较，是使用运费收入除以所运货物的总吨数得到的比值，并不能确切地反映各种运输方式的综合效益。在实际运营中，必须根据实际运费、运输时间、货物的性质以及运输安全等进行综合比较。

（2）运输时间：运输时间通常指货物从起点运输到终点所耗费的平均时间。这个时间的长短，从两方面影响运输的费用：①货物价值由于其适用期有限可能造成的损失，如水果、蔬菜等；或因为其时间价值的适用期有限而造成的损失，如报纸、时装等。②货物在运输中由其价值表现的资本占用费用，对高价值货物或货运量很大的货物，这可能占成本的很大部分。因此，平均运输时间是一个重要的运输服务指标。在考虑运输时间时，还要注意一个问题，即运输时间的变化。运输时间的变化指各种运输方式下多次运输间出现的时间变化。它是衡量运输服务的不确定性的指标。起止点相同、使用同样运输方式的每一次运输的在途时间不一定相同，因为天气、交通拥挤状况、中途暂停次数、合并运输所费的时间不同等都会影响在途时间。一般来说，运输时间的变化率的排序与运输时间的顺序大致相同。也就是说，铁路的运输时间变化最大，航空运输最小，公路运输介于二者之间。但要注意的是，如果从变化率与平均运输时间的比值来看，则航空运输最不可靠，而公路运输是最可靠的。

（3）安全性：货物在运输过程中会出现灭失或损坏。因为各承运人安全运输货物的能力不同，所以运输中灭失或损坏的记录就成为选择承运人的重要因素。承运人有义务合理速遣货物，并以恰当的审慎避免货物的灭失和损坏。但如果由于自然原因、托运人过失或承运人无法控制的其他原因造成货物的灭失和损坏，承运人可以免除责任。虽然在托运人准确陈述事实的情况下，承运人会承担给托运人造成的直接损失，但托运人应该在选择承运人之前认识到会有一定的转嫁成本。托运人承受的最严重的潜在损失是客户服务。运输延迟或运到的货物不能使用意味着给客户带来不便，或者会导致库存成本上升，会造成缺货或延期交货的增多。托运人如果要进行索赔，需要花时间搜集相关证据，费周折准备适当的索赔单据，在索赔处理过程中还要占用资金。如果索赔只能通过法庭解决，可能还涉及很高的费用。显然，对承运人的索赔越少，用户对服务越满意。对可能发生的货物破损，托运人的普遍做法是增加保护性包装，而这些费用最终也一定由用户承担。

由此可见，价格、运输时间、安全性，直接或间接地影响着物流运输成本。因此，在选择运输方式时，上述三个因素是物流管理首要考虑的基本因素。

四、决定物流运输合理化的主要因素

要实现物流工作中的运输合理化，起决定作用的主要有五大因素：

1．运输距离。这是决定运输合理与否的一个最基本的因素，企业应尽可能就近运输，避免舍近求远。

2．运输环节。物流部门应尽量减少装卸、搬运、转运等中间环节，尽可能组织直达、直拨运输，使货物不进入中转仓库，而由产地直达运销地或客户，减少运输环节。

3．运输工具。要根据不同货物的特点，分别利用铁路、水路或公路运输。选择最佳的运输路线，并积极改进车船的装载方法、提高技术装载量、使用最少的运力来运输更多的货物、提高运输生产效率。

4．运输时间。尽量减少客户等待时间是物流工作及时满足客户需要、赢得客户满意的一个重要因素。所以物流经理要想方设法加快货物运输，尽量压缩待运期，使大批货物不要长期徘徊、停留在运输过程中。

5．运输费用。运输费用占物流成本比重很大，是衡量运输经济效益的一项重要指标，也是组织合理运输的主要目的之一。运输费用的高低，不仅关系到物流部门的经济核算，而且也影响货物销售成本，为此，应积极节约运输成本。

五、运输合理化的有效措施

1．提高运输工具实载率。实载率是指一定时期内车船实际完成的货物周转量（以吨公里计）占车船载重吨位与行驶公里之乘积的百分比。提高实载率的意义在于：充分利用运输工具的额定能力，减少车船空驶和不满载行驶的时间，减少浪费，从而求得运输的合理化。我国曾在铁路运输上提倡“满载超轴”，其中“满载”的含义就是充分利用货车的容积和载重量，多载货，不空驶；“超轴”的含义就是在机车能力允许情况下，多加挂车皮。我国在客运紧张时，也采取适当加长列车、多挂车皮的办法，在不增加机车情况下增加运输量。

2．采取减少动力投入、增加运输能力的有效措施求得合理化。这种合理化措施的要点是，少投入、多产出，走高效益之路。如“满载超轴”、水运拖排和拖带法（竹、木等物资的运输，利用竹、木本身浮力，不用运输工具载运，采取拖带法运输，可省去运输工具本身的动力消耗从而求得合理）、汽车挂车等。

3．发展社会化的运输体系。运输社会化的含义是发展运输的大生产优势，实行专业分工，打破一家一户自成运输体系的状况。一家一户的运输小生产，车辆自有，自我服务，不能形成规模，且一家一户运量需求有限，难于自我调剂，因而经常容易出现空驶、运力选择不当（因为运输工具有限，选择范围太窄）、不能满载等浪费现象，且配套的接、发货设施，装卸搬运设施也很难有效地运行，所以浪费颇大。实行运输社会化，可以统一按排运输工具，避免对流、倒流、空驶、运力不当等多种不合理形式，不但可以获得组织效益，而且可以获得规模效益，所以发展社会化的运输体系是运输合理化非常重要的措施。

社会化运输体系中，各种联运体系是其中水平较高的方式。联运方式充分利用面向社会的各种运输系统，通过协议进行一票到底的运输，有效打破了一家一户的小生产方式，受到了欢迎。

4．开展中短距离铁路公路分流，“以公代铁”的运输。这一措施的要点，是在公路运输经济里程范围内（或者经过论证，超出通常平均经济里程范围），也尽量利用公路。这种运输合理化的表现主要有两点：一是对于比较紧张的铁路运输，用公路分流后，可以得到一定程度的缓解，从而加大这一区段的运输通过能力；二是充分利用公路从门到门和在中途运输中速度快且灵活机动的优势，实现铁路运输服务难以达到的水平。

5．尽量发展直达运输。直达运输是追求运输合理化的重要形式，其对合理化的追求要点是通过减少中转过载换载，从而提高运输速度，省却装卸费用，降低中转货损。

6．搞好配载运输。它是充分利用运输工具载重量和容积，合理安排装载的货物及载运方法以求得合理化的一种运输方式。配载运输也是提高运输工具实载率的一种有效形式。

7．开展“四就”直拨运输。这种方式是指在组织货物调运的过程中，对当地生产或由外地到达的货物不运进批发站仓库，而采取直拨的办法，把货物直接分拨给基层批发、零售中间环节。这种方式可以减少一道中间环节，在时间与成本方面收到双重的经济效益。

在实际的物流工作中，可以根据不同的情况，采取就厂直拨、就车站直拨、就仓库直拨、就车船过载等具体的运作方式。

8．发展特殊运输技术和运输工具。依靠科技进步是运输合理化的重要途径。例如，专用散装及罐车解决了粉状、液状物运输损耗大，安全性差等问题，“滚装船”解决了车载货的运输问题，集装箱船比一般船能容纳更多的箱体，集装箱高速直达车船加快了运输速度等，都是通过采用先进的科学技术实现合理化。

9．通过流通加工，使运输合理化。有不少产品，由于产品本身形态及特性问题，很难实现运输的合理化，如果进行适当加工，就能够有效解决合理运输问题。

第三节　物流运输优化方法

一、物流运输不合理的表现

1．对流运输

对流运输是指同一种货物或可以相互代用的货物在同一条运输路线或平等运输路线上做相对方向的不合理运输方式。主要有以下两种方式：一是种明显的对流运输，即在同一运输路线上的对流，这种方式如图 2.1 所示。

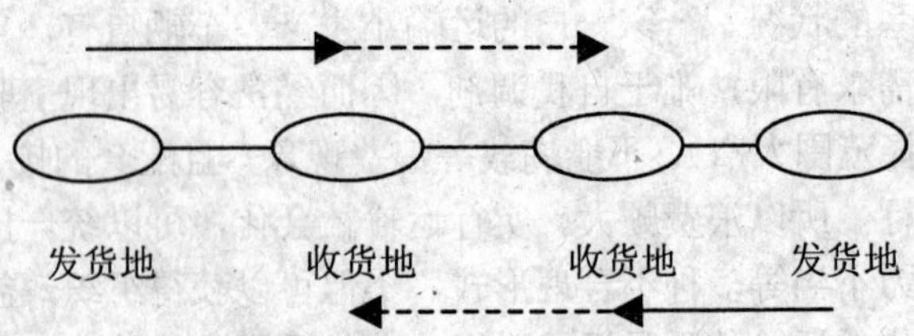

图 2.1 明显对流运输示意图

图中，实箭线为正确运输路线，虚箭线为不合理运输路线，下同。

另一种是隐含的对流运输，即违反近产近销原则、在平行线路上朝着相对方向的运输。如图 2.2 所示。

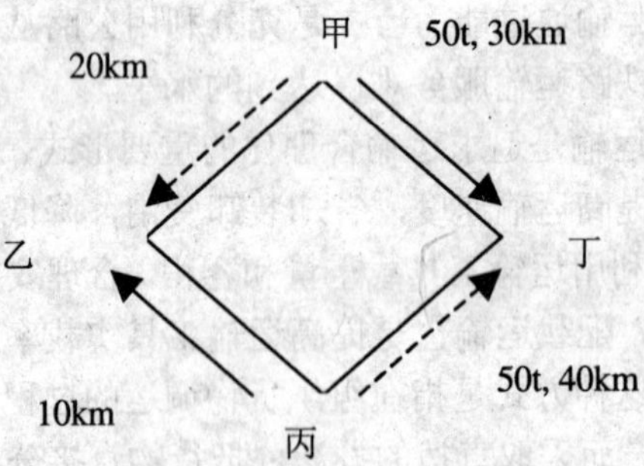

图 2.2 隐含对流运输示意图

上图中不合理运输是甲发 50 吨货物至乙，丙发 50 吨货物至丁，总运输量是 3 000 吨公里；正确运输应是甲发 50 吨至丁，丙发 50 吨至乙，总运输量是 2 000 吨公里，隐含运输浪费 1 000 吨公里。对流运输是最突出的不合理运输，会造成运输能力的巨大浪费。

2．迂回运输

是指货物经多余的路线绕道运行的不合理运输方式。由于增加了运输路线、延长了货物在途时间，因此造成了运力的浪费。见图 2.3 所示。

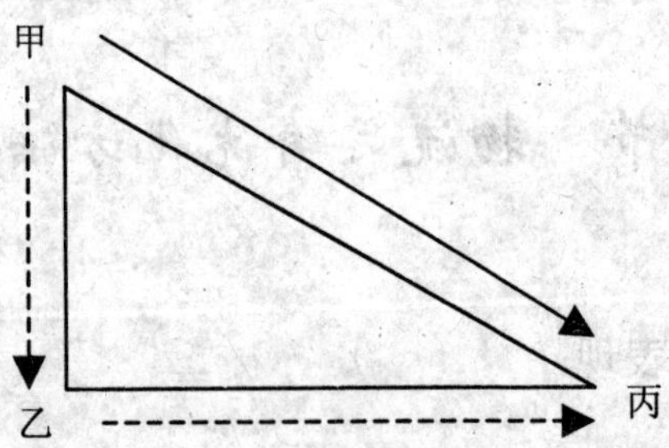

图 2.3 迂回运输方式

3．倒流运输

指货物从销地向产地或其他地点向产地倒流的不合理运输方式。倒流运输导致运力浪费、增加运费开支等。见图 2.4。

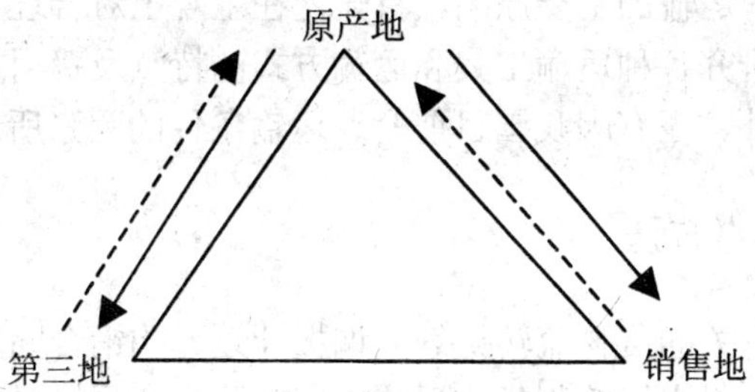

图 2.4 倒流运输方式

4. 重复运输

是指一种货物本可直达目的地，但因物流仓库设置不当或计划不周使其在中途卸下，导致增加运输环节、浪费运输设备和装卸搬运能力、延长了运输时间的不合理运输方式。见图 2.5。

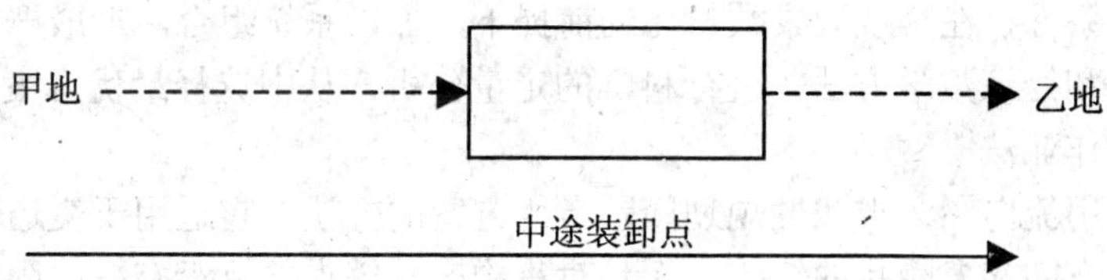

图 2.5 重复运输方式

5. 过远运输

是指相同质量、价格的货物舍近求远的不合理运输方式。即销地应由距离较近的产地购进所需相同质量和价格的货物，但却超出货物合理辐射的范围，从远距离的地区运来，或产地不就近供应，却调到较远的消费地的运输现象。过远运输延长了货物运程和在途时间，导致了运力的浪费和资金的积压，增加了运输费用。见图 2.6。

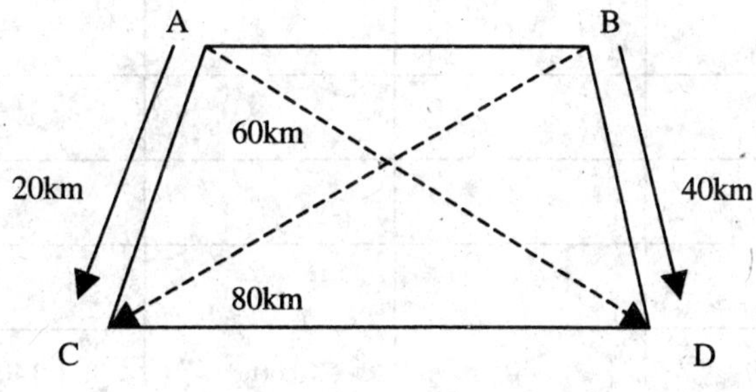

图 2.6 过远运输方式

6. 无效运输

无效运输即不必要的运输，它不仅浪费了大量的运输能力，而且还往往人为地夸大了生产单位的成果，使消费者不能按质按量地得到价格适当的产品。消除无效运输具有十分惊人的经济效果。大庆石油由于增设了原油脱水设备，使原油含水量由 7%下降到 2%，1963 年一年就消除了 18 万吨水的无效运输，由此可减少用罐车 4 500 辆，节约运费 500 万元。

造成物流工作中不合理运输的主要原因，首先是在主观上对合理运输重视不够，不了解所需货物的货源分布，不研究各种运输工具和运输方式的特点及费用情况；其次是受自然条件和地理因素的影响；另外，还有因我国目前交通运输条件的紧张所造成的制约因素。

二、物流运输优化的方法

企业的物流部门应按有关的货物流转计划、调拨计划、购销合同、协议和承运部门的有关规定等，结合历史资料，科学地编制货物运输方案，防止迂回、对流、过远等不合理运输现象的发生，合理减少中间转运环节，提高企业货物运输的经济效益。

随着市场经济和现代科学技术的蓬勃发展，货物流通的空间和时间范围不断扩大，运输涉及的各种社会和自然因素越来越多，活动日益复杂，任务更加繁重。在这种情况下，必须采用系统分析等现代化管理方法，才能合理规划货物运输方案，实现最优的运输活动。

系统分析的方法，就是把货物运输看作由许多因素组成的系统整体，把影响系统功能的组成因素模拟成数学条件，在客观因素数量化的前提下，加以系统组合，形成严密的数学模型，运用运筹学原理和经济数学方法，进行科学的定量分析，从中选择最优方案。

（一）图表分析作业法

图上作业法是利用流向图，求线性规划问题最优方案的方法。它适用于交通运输线路为线状、圈状、有线也有圈和多圈状的线路，而且对货物产、销点数目没有严格限制，具有计算简便、易于掌握的特点。它的具体步骤是：

1．线状交通线路图上作业法

（1）编制调运平衡表，列出发运地、到达地、供应地、供应量、需要量，并保持供应量与需要量的平衡，如表 2.1 所示。

表 2.1 物流运输调运平衡表

	A	B	C	D	收货量/t
1					160
2					20
3					60
4					100
发货量/t	100	40	60	140	340

（2）绘制货物发运地与到达地的交通线路图，如图 2.7 所示。

（3）在图中标出调运情况，从各端点开始，按就近供应原则，得出一个没有对流的调运作业图为最优流向图，如图 2.8 所示。

（4）将图 2.8 上各调运运量填入表 2.1 中，则为最优调运方案，如表 2.2 所示。

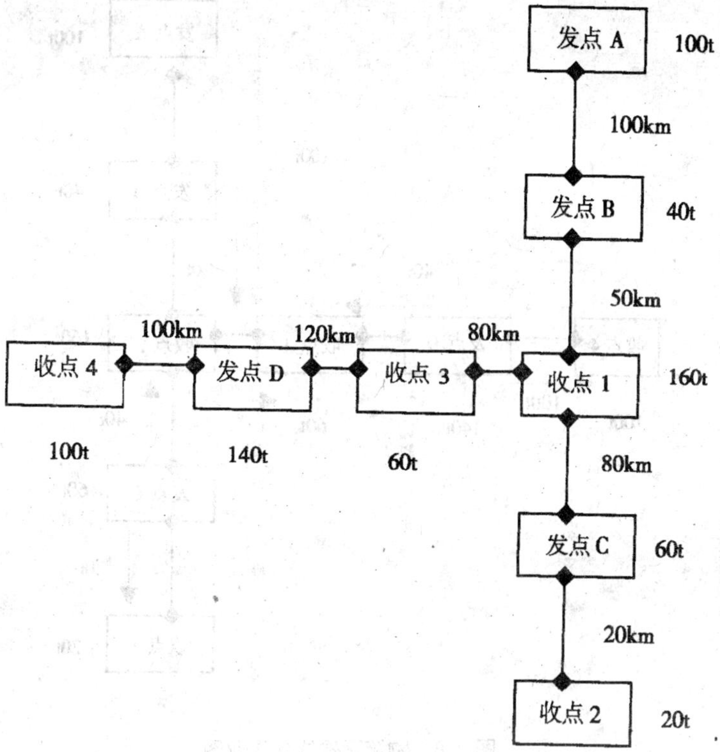

图 2.7 物流运输交通线路图

表 2.2 物流运输最优调运方案

	A	B	C	D	收货量/t
1	100	40	20		160
2			20		20
3			20	40	60
4				100	100
发货量/t	100	40	60	140	340

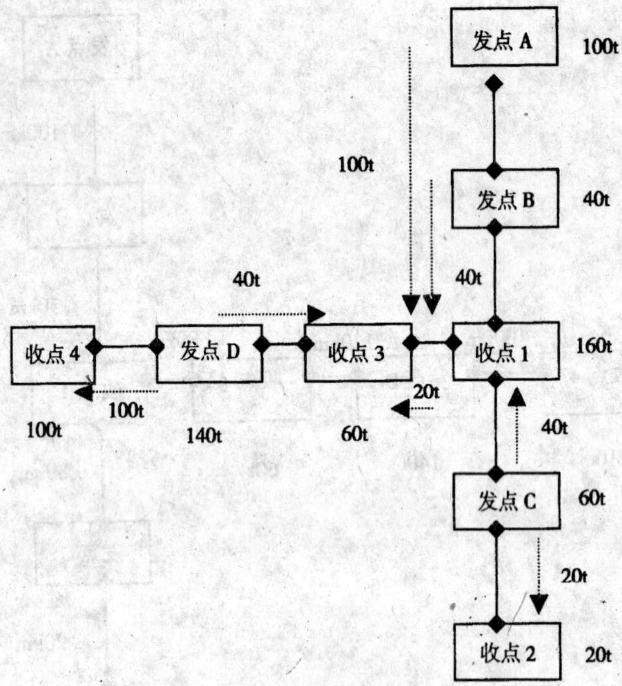

图 2.8 物流运输线状作业图

【例 2-1】某机械制造企业有甲、乙、丙、丁、戊五个工厂，产品销往 A、B、C、D、E 五个地区。各工厂的位置、产量和各销售地区的位置、需求量如图 2.9 所示。由于工厂和销售地之间的交通线路图呈线状，该企业利用图上作业法确定产品调运的最佳方案。

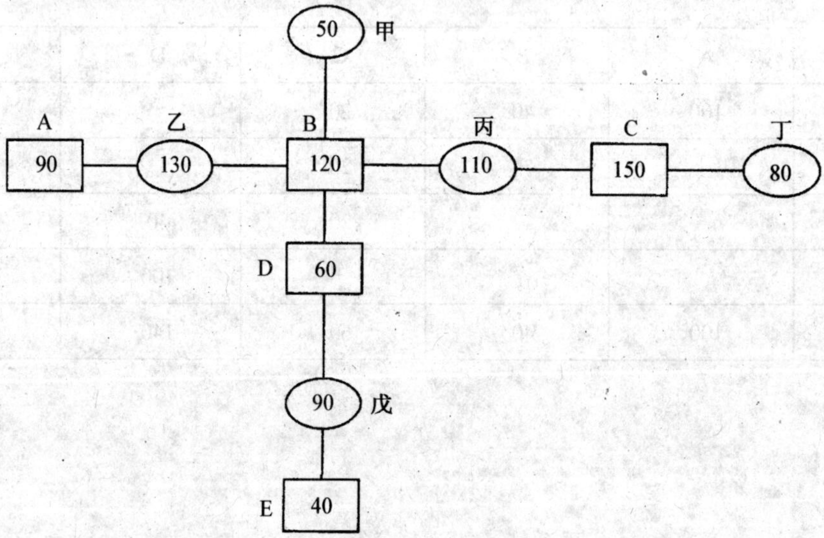

图 2.9 交通线路运输图

解：

（1）编制调运平衡表（表 2.3）。

表 2.3　运输调运平衡表

	A	B	C	D	E	产量/t
甲						50
乙						130
丙						110
丁						80
戊						90
需求量/t	90	120	150	60	40	460

（2）按就近供应原则，编制产品调运作业图。见图 2.10。

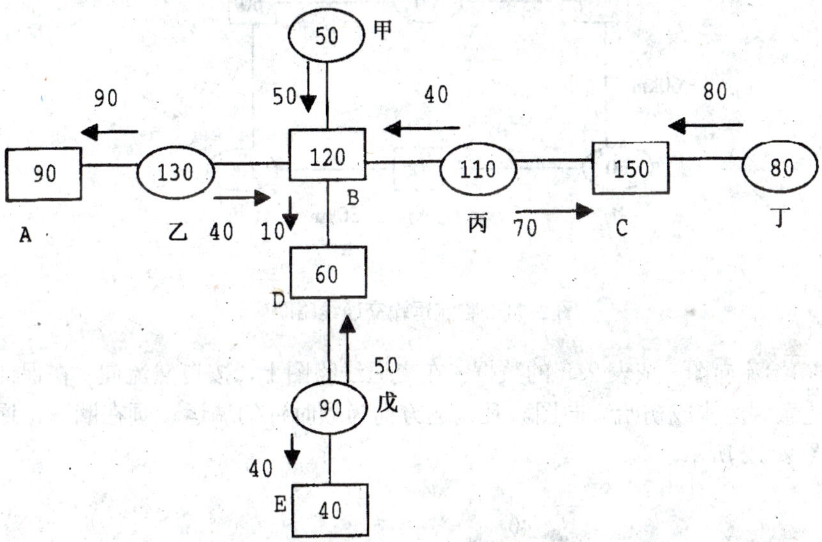

图 2.10　产品调运作业图

（3）将产品调运作业图的各调运量填入表 2.3 中，得到最优调运方案（表 2.4）。

表 2.4　最优调运方案

	A	B	C	D	E	产量/t
甲		50				50
乙	90	40				130
丙		30	70	10		110
丁			80			80
戊				50	40	90
需求量/t	90	120	150	60	40	460

2．圈状交通线路图上作业法

（1）先作出调运平衡表，如表 2.5 所示。

表 2.5 物流运输调运平衡表

	B_1	B_2	B_3	收货量/t
A_1				60
A_2				100
A_3				100
发货量/t	100	60	100	260

（2）再作出交通线路图，如图 2.11 所示。

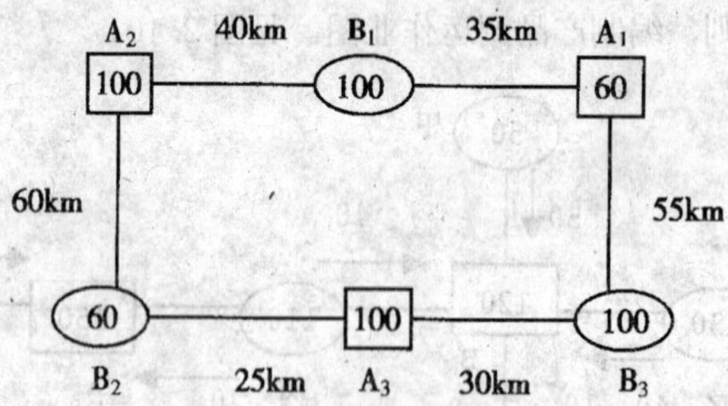

图 2.11 物流运输交通线路图

（3）作初始流向图。依表 2.5 的数据，在交通线路图上，按自然流向，在保证调运平衡前提下，可随意调运构成初始流向图。凡调运方向为顺时针的调运量画在圈内，逆时针的画在圈外，如图 2.12 所示。

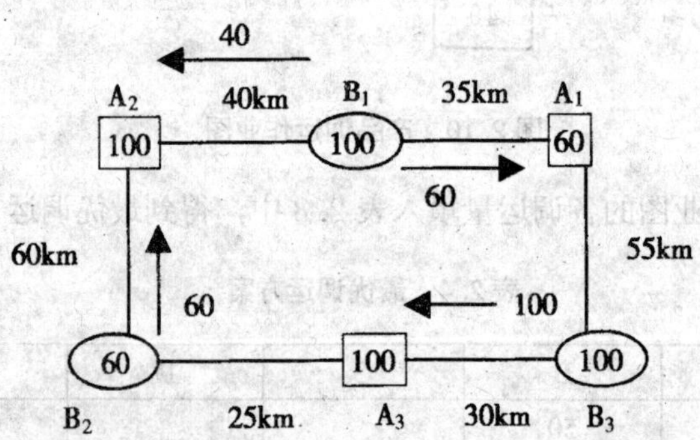

图 2.12 物流运输货物初始流向图

（4）检查初始流向图。以圈的内、外圈流向弧总长分别等于或小于全圈弧长的一半为合理流向的标准进行检查，得：

1 / 2 全圈弧长＝122.5km

内圈流向弧总长＝125km

外圈流向弧总长＝40km

因为内圈流向弧总长大于 1 / 2 全圈弧长，故内圈流向不合理，需要调整。

（5）调整初始流向图。采用缩圈法，即外圈不合理缩外圈，内圈不合理缩内圈。缩圈时选择不合理圈流向中最小的流量为调整量，使该圈中每段流量减去这一调整量，而相应的合理圈流向中每段流量均加上此调整量，而未安排流量的弧段则标上合理流向，也加上这一调整量，即成新的流向图。

例如，内圈流量最小的为 B_1A_1 的 60 吨，现取其为调整量，内圈中 B_1A_1，B_3A_3，B_2A_2 各减去调整量 60 吨。同时，合理圈（即外圈）中相应流向 B_1A_2 增至 100 吨，原来未安排运量的 B_2A_3，B_3A_1 均加上调整量 60 吨，流向与合理圈相同，构成调整后的新的流向图，如图 2.13 所示。

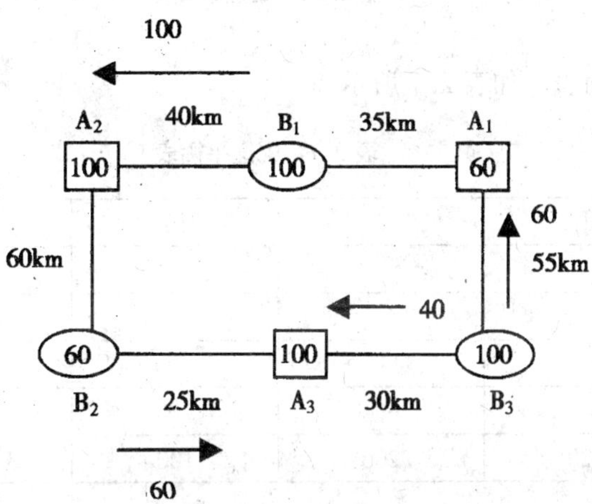

图 2.13　调整后的物流运输货物流向图

按上述检查方法，内圈流向弧总长为 30km，外圈流向弧总长为 120km，内、外圈弧总长均小于 1/2 全圈弧长，所以图 2.13 是合理流向图。

（6）编制货物调运方案。

根据上述规划的合理流向图，以表 2.5 货物调运平衡表为依据，编制货物调运方案表，如表 2.6 所示。

表 2.6　货物调运方案表

	B_1	B_2	B_3	收货量/t
A_1			60	60
A_2	100			100
A_3		60	40	100
发货量/t	100	60	100	260

【例 2-2】某企业有 A、B、C、D 四个配送中心，要为所属的甲、乙、丙、丁四家连锁零售店补充库存。配送中心和连锁零售店的位置如下图所示，配送中心的供应量、连锁零售店的需求量及各地之间的距离也在图上标出。由于配送中心和连锁零售店之间的交通线路图呈圈状，因此该企业利用图上作业法确定配送的最佳方案。

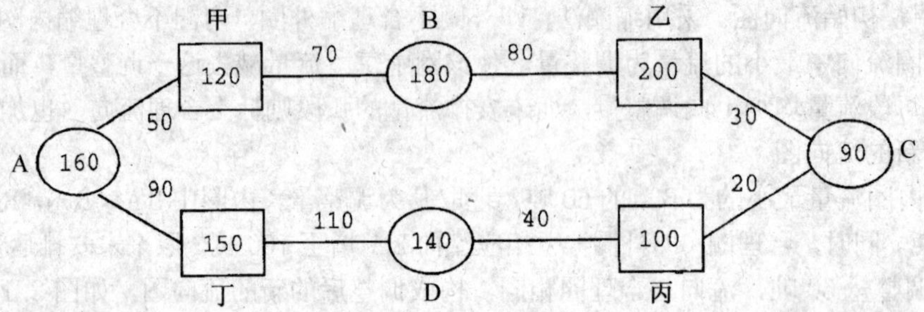

图 2.14　交通线路图

解：

1）作出配送平衡表。如表 2.7 所示。

表 2.7　配送平衡表

	甲	乙	丙	丁	供应量/t
A					160
B					180
C					90
D					140
需求量/t	120	200	100	150	570

2）在保证配送平衡的前提下，在交通线路图上作初始流向图。见图 2.15。

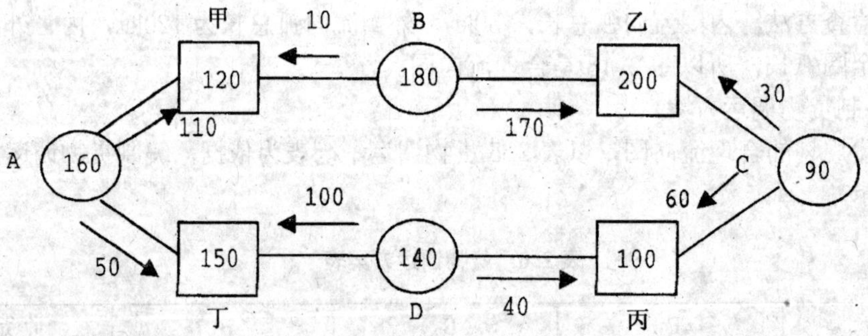

图 2.15　配送初始流向图

3）检查初始流向图。全圈长度的一半为 245，内圈总长度为 260，外圈总长度为 230。因为内圈总长度大于全圈总长度的一半，故需要调整。见图 2.16。

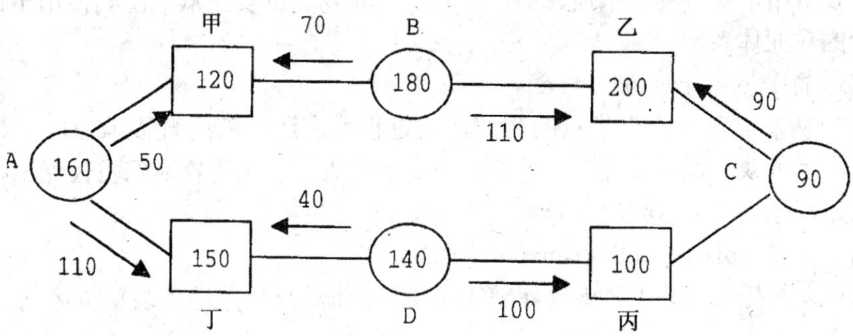

图 2.16 调整后的配送流向图

4）调整初始流向图。内圈最小配送量为 60，以此作为调整量。

5）对调整后的配送流向图进行检查，内圈总长度为 240，外圈总长度为 230，均小于全圈长度的一半，所以上图已是最优流向图。

6）根据优化流向图，编制配送方案表。见表 2.8。

表 2.8 最佳配送方案

	甲	乙	丙	丁	供应量/t
A	50			110	160
B	70	110			180
C		90			90
D			100	40	140
需求量/t	120	200	100	150	570

物流窗口 几个有关运输的概念

1. 复合一贯制运输（combined transportation）

吸取铁路、汽车、轮船、飞机等基本运输方式的长处，把它们有机地结合起来，实行多环节、多区段、多工具相互衔接进行商品运输的方式。

2. 一贯托盘化运输（all palletization transport）

指的是物品从发货到收货，一直装载在托盘上进行的运输。

3. 直达运输（through transportation）

指的是物品由发运地到接收地，中途不需要换装和在储存场所停滞的一种运输方式。

4. 中转运输（transfer transportation）

指的是物品由生产地到最终使用地，中途经过一次以上落地并换装的一种运输方式。

5. 散装化（in bulk）

指的是用专门机械或器具进行运输、装卸的散状物品在某个物流范围内，不用任何包装，长期固定采用吸扬、抓斗等机械或器具进行装卸和运输、储存的作业方式。

散装化主要适用于像谷物、水泥、盐、细沙等散状物品，实施从产出到使用全过程不包装运输和储存的作业体系。

6.门到门运输（door to door transportation）

指的是物品从发货点到达收货点的全部运输过程均由运输部门直接承担的一种运输业务。即不论运程远近或全程需经过几个运输环节，承运人对所承运物品的责任期限，从承运人仓库收货开始，至物品交给收货人仓库时止。

7.门到站运输（door to CFS transportation）

指的是承运人在托运人的工厂或仓库整箱接货，负责运抵目的地集装箱货运站，拆箱后，按件交付收货人。

8.站到门运输（CFS to door transportation）

指的是承运人在起运地集装箱货运站按件接货并装箱，负责运抵收货人的工厂或仓库整箱交货。

案例分析之一　花王公司运输体系的优化手段

花王公司是日本著名的日用品生产企业，其物流不仅以完善的信息系统而闻名，而且还拥有极为发达、相当合理的运输体系，其主要手段是建立公司独特的复合运输来优化各种方式及路线。花王公司复合运输的主要特征表现在自动仓库、特殊车辆、计划运输、组合运输等方面。花王公司的物流起点是工厂的自动化仓库，到20世纪70年代末，花王公司的所有工厂全部导入了自动立体化仓库，从而完全实现了自动机械化作业。商品从各工厂进入仓库时，所有商品均用平托盘装载，然后自动进行库存。出货时根据在线供应系统的指令，自动备货分拣，并装载在货车上。

复合运输系统的终点是销售公司的仓库。为了提高销售公司仓库的效率化，花王公司配备了三段式的平托盘和叉车，商品托盘化运输率为 100%，充分发挥了复合运输的优势。除此之外，自动化立体仓库也在花王销售公司中得到大力推进，到20世纪80年代中期，近29万个销售公司的仓库都实现了立体自动化。

在花王公司积极推进工厂仓库和销售仓库自动机械化的同时，起着连接作用的运输方式也是花王物流系统变革中的重要一环。这方面的成就主要表现在特殊车辆的开发。这种特殊车辆就是能装载14.5吨的重型货车。该货车可以装载20个TⅡ型的平托盘，并用轻型铝在货车货台配置了起重装置。后来，花王公司又开发出了能装载19吨货物、装载24个平托盘的新型货车。与此同时，针对从销售公司到零售店的商品运输，花王公司开发出了“特殊架装车”。特殊架装车由面向量贩店的厢式车、对应不同托盘的托盘车以及衣架展示运输车等8种特种车辆组成。后来又积极开发和推动了集装箱运输车，后者成了对零售店配送的主力工具。

在花王的物流运输体系中，最有名的是其计划运输系统。所谓计划运输系统就是为了避免交通阻塞，提高物流作业效率，选择最佳的运输路线和最佳的运输时间，以在最短的时间内将商品运抵客户的计划系统。例如，面向日本静冈花王销售公司的货车一般在夜里2点钟从东京出发，走东名高速公路，于早上7点钟抵达静冈花王，从而使货车能避开交通高峰，顺利通畅地实现商品配送。依此类推，花王公司针对每个销售公司的地理环境、交通道路状况和经营特点，安排了不同的运输时间和运输路线，而且所有这些计划都是用图表的形式表示，真正确保商品的及时配送，最终实现了全公司商品输送的高效率。

花王公司的计划运输体系是与花王公司的另一个系统——商品组合运输系统相联系的。商品组合运输系统解决的问题是防止货车往返途中的空载。显然，要真正防止货物空载，就必须搜寻运输的商品。开始时，花王公司主要是与花王的原材料供应商进行组合运输，亦即花王公司将商品从工厂或总公司运抵销售公司后，与当地的花王公司供应商联系，将生产所需的原材料装车运回工厂，这样就不会出现空载。后来，商品运输组合的对象逐渐扩大，已不仅仅限于与花王公司经营相关联的企业，所有其他企业都可以利用花王公司的车辆运载商品。例如，前面所列举的静冈花王每天早上8点钟卸完货物后，就装载清水的拉面或电机零部件运到客户位于东京的批发店。现在参与花王组合运输的企业达一百多家，花王工厂与销售公司之间近80%的商品运输都实行了组合运输。应当看到的是，花王公司的组合运输之所以能实现和大力发展，一个最大的原因是其计划运输系统确保了商品运输的定时和及时运输。换句话说，正是因为花王的运输系统能确保及时、合理的运输，所以，越来越多的企业都愿意加入组合商品运输。如果没有前者的效率化，是不可能真正实现组合运输的。

案例分析之二 韩国三星公司的物流运输合理化改革措施

三星公司从1989年到1993年实施了物流运输工作合理化革新的第一个五年计划。这期间，为了减少成本和提高配送效率进行了“节约成本200亿”、“全面提高物流劳动生产率运动”等活动，最终降低了成本，缩短了前置时间，减少了40%的存货量，并使三星公司获得首届韩国物流大奖。

三星公司从1994年到1998年实施物流运输工作合理化革新的第二个五年计划。重点是将销售、配送、生产和采购有机结合起来，实现公司的目标。即将客户的满意程度提高到100%，同时将库存量再减少 50%。为了达到这一目标，三星公司将进一步扩展和强化物流网络，同时，建立一个全球性的物流链使产品的供应路线最优化，并设立全球物流网络上的集成订货—交货系统，从原材料采购到交货给最终客户的整个路径上实现物流和信息流一体化。这样客户就能以更低的价格得到更高质量的服务，从而对企业更加满意。基于这种思想，三星公司物流工作合理化革新小组在配送选址、实物运输、现场作业和信息系统四个方面去进行物流革新。

一、配送选址革新措施

为了提高配送中心的效率和质量，三星公司将其划分为产地配送中心和销地配送中心。前者用于原材料的补充；后者用于存货的调整。对每个职能部门都确定了最优工序，配送中心的数量被减少、规模得以最优化，便于向客户提供最佳的服务。

二、实物运输革新措施

为了及时地交货给零售商，配送中心在考虑货物数量和运输所需时间的基础上确定出合理的运输路线。同时，一个高效的调拨系统也被开发出来，这方面的革新加强了支持销售的能力。

三、现场作业革新措施

为使进出工厂的货物更方便快捷地流动，公司建立了一个交货地点查询管理系统，可以查询货物的进出库存频率，高效地配置资源。

四、信息系统革新措施

三星公司在局域网环境下建立了一个通信网络，并开发了一个客户服务器系统，公司集成系统 SAPR / 3 将投入物流中使用。由于将生产、配送和销售一体化，整个系统中不同的职能部门将能达到信息共享。客户如有涉及物流的问题，都可以通过实时订单跟踪系统得到回答。

另外，随着客户环保意识的增强，物流工作对环境保护负有更多的责任，三星公司不仅对客户许下了保护环境的承诺，还建立了一个全天开放的由回收车组成的回收系统，并由回收中心来重新利用那些废品，以此来提升自己企业在客户心目中的形象，从而更加有利于企业的经营。

思考题与习题

1.请结合实例说明运输在物流系统中发挥着什么样的功能？五种基本运输方式各有什么特点？

2. 在选择运输方式时主要考虑什么因素？

3. 什么是成组运输？它有哪些主要方式？各自的特点是什么？

4. 运输合理化的主要措施是什么？

5. 什么是“满载超轴”和“四就直拨”运输？

6. 物流运输不合理的表现有哪些？

7. 设产地 A、B、C、D，产量分别为 700、400、900、500 单位；销地 a、b、c、d、e，需求分别为 300、700、500、600、400 单位，试求合理运输方案。

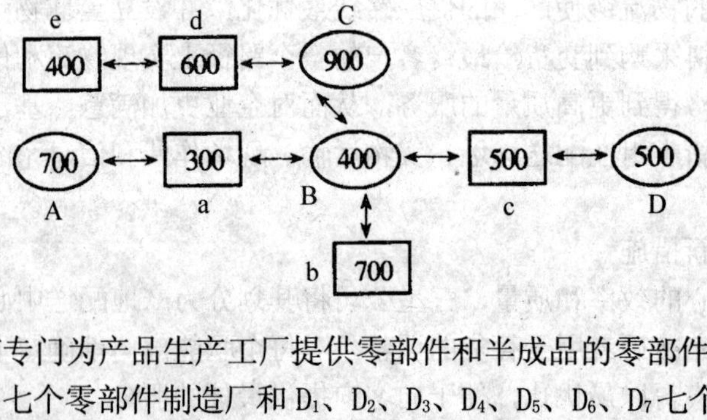

8. 某制造企业有专门为产品生产工厂提供零部件和半成品的零部件制造厂，共有 S_1、S_2、S_3、S_4、S_5、S_6、S_7 七个零部件制造厂和 D_1、D_2、D_3、D_4、D_5、D_6、D_7 七个生产工厂。各零部件制造厂的产量、各生产工厂的零部件需求量以及它们的位置和相互间距离如下图所示。请用图上作业法确定最佳的零部件调运方案。

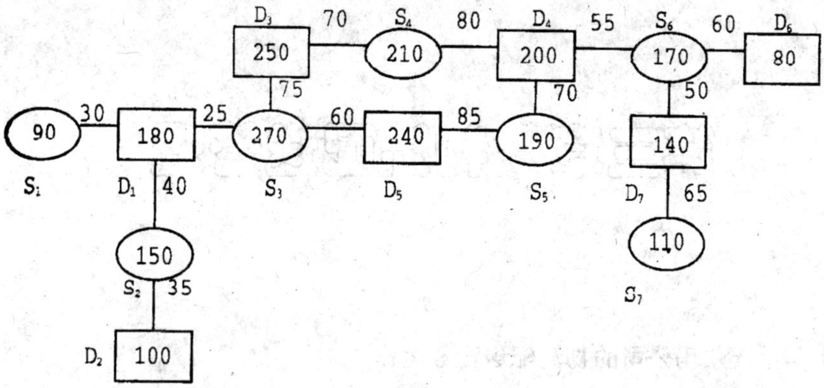

D3 250
70
S4 210
80
D4 200
55
S6 170
60
D6 80
75
70
50
S1 90
30
D1 180
25
S3 270
60
D5 240
85
S5 190
D7 140
40
65
S2 150
35
S7 110
D2 100

第三章 物流配送管理

【引导案例】美国沃尔玛公司的物流配送业务运作

沃尔玛公司是全美零售业年销售收入位居第一的著名企业，素以精确掌握市场、快速传递商品和最好地满足客户需要而著称。之所以能得到如此辉煌的业绩，其中一个极为重要的因素就是沃尔玛拥有自己庞大的物流配送系统并实施了严格有效的物流配送管理制度。这确保了公司在效率、规模和成本方面的最大竞争优势，也保证了公司顺利地扩张。

一、配送中心的设立

从建立沃尔玛折扣百货公司之初，公司就意识到，有效的商品配送是保证公司达到最大销售量和最低成本的存货周转及费用的核心。而唯一使公司获得可靠供货保证及提高效率的途径就是建立自己的配送组织，包括送货车队和仓库。随着沃尔玛的成长，公司意识到配送中心的好处不仅是使公司可大量进货，而且通过要求供应商将商品大量集中送到配送中心，再由公司统一接收、检验、配货、送货，比让供应商将商品分散送至各分店更经济。于是在1969年，沃尔玛的第一个配送中心建成了，当时即可集中处理公司所销商品的40%，大大提高了公司大量采购商品的能力。

第二个配送中心建立于1975年，约1.4万平方米，它不承担仓储功能，只是一个转运站，统一接收供货方送来的大宗货物，经检测、编配后转换到公司的送货卡车上。

到80年代末，沃尔玛的配送中心已增至16个；90年代初达到20个，总面积约160万平方米。整个公司销售8万种商品，85%由这些配送中心供应。

二、配送作业方式

在配送运作时，大宗商品通常经由铁路送达配送中心，再由公司卡车送达商店。每店一周约收到1～3卡车货物。60%的卡车在返回配送中心途中又捎回沿途从供应商处购买的商品。这样的集中配送为公司节约了大量金钱。据统计，70年代初公司的配送成本只占销售额的2%，比一般零售大公司低了近一半。同时集中配送还为各分店提供了更快捷、更可靠的送货服务，并使公司能更好地控制存货。而竞争对手却只有大约50%～65%的商品实行集中配送。

三、配送中心的运行及管理

沃尔玛的配送中心运行完全实现了自动化。每个配送中心约10万平方米面积，相当于23个足球场，占地约60平方公里。中心的货物从牙膏、卫生纸、玩具到电视、自行车等应有尽有。每种商品都有条码，由十几公里长的传送带传送商品，激光扫描器和电脑追踪每件商品的储存位置及运送情况，每天能处理约20万箱的货物配送。

配送中心的一端是装货月台，可供30辆卡车同时装货；另一端是卸货月台，有135个车位。每个配送中心有600～800名员工24小时连续作业，每天有160辆货车开进来卸货，150

辆车装好货物开出。商品在配送中心停留的时间总计不超过48小时。配送中心每年处理数亿次商品，99%的订单正确无误。

四、配送组织的完善

沃尔玛公司为了更好地进行配送工作，非常注意从自己企业的配送组织上加以完善。其中一个重要的举措便是公司建立了自己的车队进行货物的配送，以保持灵活性和为一线商店提供最好的服务。例如，沃尔玛通常为每家分店的送货频率是每天一次，而竞争对手凯马特平均每5天一次，塔吉特平均每3～4天一次；沃尔玛的商店通过电脑向总部订货，平均只要两天就可以到货。如果急需，则第二天即可到货，这一速度同业中无人可及。这使沃尔玛享有相对竞争对手的极大优势，货架总能保持充盈，并随时掌握到货时间，其运输成本也总是低于竞争对手。

可以说，配送业务管理的成功保证了沃尔玛公司从一个区域性连锁公司发展为全国性连锁公司，而且一直保持着低成本高效益，业绩不断增长，确保了公司的发展，是公司成功的一个重要"武器"。

阅读完此案例后请思考：什么是配送？在你的生活中见到哪些配送现象？

第一节　配送概述

一、配送的含义及特点

1．配送的含义

配送是指对局域范围内的客户进行的多客户、多品种、按时联合送货活动。包括对配送中心的库存物品进行拣选、加工、包装、分割、组配、分装上车，并按一定路线循环依次送达各个用户的物流活动。

2．配送的特点

（1）配送是从物流据点至用户的一种特殊送货形式，从事送货的是专职的流通企业而不是生产企业。配送是中转型送货（工厂是直达型送货，且生产什么送什么）。配送是用户需要什么送什么。

（2）配送不是单纯的运输，而是运输与其他活动共同构成的组合体，属于二次运输。

（3）配送是门到门服务。

（4）配送是在全面配货基础上，完全按用户要求，包括种类、品种搭配、数量、时间等方面的要求所进行的运送，是"配"和"送"的有机结合。

二、配送的要素

集货、分拣、配送、配装、配送运输、送达服务以及配送加工等是配送最基本的构成单元。

1．集货：将分散的或小批量的物品集中起来，以便进行运输、配送的作业。

集货是配送的主要环节。为了满足特定客户的配送要求，有时需要把从几家甚至数十家供应商处预订的物品集中，并将要求的物品分配到指定容器或场所。

集货是配送的准备工作或基础工作。配送的优势之一，就是可以集中客户的需求进行一定规模的集货。

2．分拣：将物品按品种、出入库先后顺序进行分门别类堆放的作业。

分拣是配送不同于其他物流形式的功能要素，也是配送成败的一项重要支持性工作。它是完善送货、支持送货准备性工作，是不同配送企业在送货时进行竞争和提高自身经济效益的必然延伸。所以，也可以说，分拣是送货向高级形式发展的必然要求。有了分拣，就会大大提高送货服务水平。

3．配货：使用各种拣选设备和传输装置，将存放的物品，按客户要求分拣出来，配备齐全，送入指定发货地点。

4．配装：在单个客户配送数量不能达到车辆的有效载运负荷时，就存在集中不同客户的配送货物，进行搭配装载以充分利用运能、运力的问题，这就需要配装。与一般送货不同之处在于，通过配装送货可以大大提高送货水平及降低送货成本，所以配装也是配送中有现代特点的功能要素，也是现代配送不同于以往送货的区别之一。

5．配送运输：运输中的末端运输、支线运输和一般运输形态的主要区别在于：配送运输是较短距离、较小规模、额度较高的运输形式，一般使用汽车做运输工具。与干线运输的另一个区别是，配送运输的路线是一般干线运输所没有的，干线运输的干线是唯一的运输线，而配送运输由于配送客户多，一般城市交通路线又较复杂．如何组合成最佳路线，如何使配装和路线有效搭配等，是配送运输的特点，也是难度较大的工作。

6．送达服务：将配好的货运输到客户还不算配送工作的结束，这是因为送达货和客户接货往往还会出现不协调，使配送前功尽弃。因此，要圆满地实现运到之货的移交，并有效地、方便地处理相关手续并完成结算，还应讲究卸货地点、卸货方式等。送达服务也是配送独具的特殊性。

7．配送加工：按照配送客户的要求所进行的流通加工。

在配送中，配送加工这一功能要素不具有普遍性，但往往是有重要作用的功能要素。这是因为通过配送加工，可以大大提高客户的满意程度。

配送加工是流通加工的一种，但配送加工有它不同于一般流通加工的特点，即配送加工一般只取决于客户要求，其加工的目的较为单一。

三、配送的作用

配送与运输、储存、装卸、流通加工、包装和物流信息一起，构成了物流系统的功能体系。它有以下几个方面的作用：

1．提高物流的经济效益

采取配送方式，通过增大订货经济批量可以降低进货成本；通过将客户所需的各种商品配备好，集中起来向客户发货，以及将多个客户的小批量商品集中在一起进行一次发货等方式，可以提高物流经济效益。另外，配送环节的建立实现了规模经济优势，使单位存货和管理的总成本下降，同时加强了调节能力，提高了物流经济效益。

2．通过集中库存使企业降低库存量

实现了高水平的配送之后，尤其是采取定时定量配送方式之后，生产企业可以依靠配送中心的准时配送使自己实现“零库存”或者只需保持少量安全库存，减少大量储备资金的占用，改善企业的财务状况。

3. 简化手续，方便客户

采用配送方式，客户只需向一个企业订购，就可订购到以往需向许多企业订购才能订到的货物，接货手续也可简化。因而大大减轻了客户工作量，节省了开支，方便了客户，从而提高了物流服务质量。

4. 提高了供应保证程度

由生产企业自己保持库存、维持生产，由于受到库存费用的制约，供应保证程度很难提高。而采取配送方式，配送中心比任何单独企业的储备量大得多，对每个企业而言，由于缺货而影响生产的风险便相对缩小。

四、配送的分类

1. 按配送组织者分类

（1）配送中心配送。这种配送中心专业性强，和客户有固定的配送关系，一般实行计划配送。配送设施及工艺是按用户专门设计的，所以，配送能力强、配送距离较远、配送品种多、配送数量大，可以承担企业主要物资的配送及实行补充性配送等，是配送的主要形式。

配送中心配送覆盖面较宽，是一种大规模的配送形式，因此，必须有配套的大规模实施配送的设施，如配送中心建筑、车辆、路线等，一旦建成便很难改变，灵活机动性较差，投资较高，因此，这种配送形式有一定局限性。

（2）商店配送。指配送组织者是商业零售网点的配送。这些网点主要承担商品的零售，规模一般不大，但经营品种较齐全。除日常零售业务外，还可根据客户的要求将商店经营的品种配齐，或代客户外订外购一部分本商店平时不经营的商品，和商店经营的品种一起配齐送给客户。这种配送组织者实力有限，往往只是小量、零星商品的配送。所配送的商品种类繁多，客户需用量不大，有些商品只是偶尔需要，很难与大配送中心建立计划配送关系，所以利用小零售网点从事此项工作。商业零售网点数量较多，配送距离较短，所以比较灵活机动，可承担生产企业非主要生产物资的配送、对客户个人的配送。

商店配送有两种形式：一是兼营配送形式。商店在进行一般销售的同时兼有配送的职能。二是专营配送形式。商店不进行销售而专门进行配送。一般情况是商店位置条件不好，不适于零售销售，而又有某方面经营优势及渠道优势时，可采取这种方式。

（3）仓库配送。仓库配送是以一般仓库为结点进行配送的形式。可以是仓库完全改造成配送中心，也可以是以仓库原功能为主，在保持原功能前提下增加一部分配送职能。由于不是专门按配送中心要求设计和建立，所以，仓库配送规模较小、配送的专业化较差，但可以充分利用原仓库的储存设施及能力、收发货场地、交通运输线路等，所以是开展中等规模的配送可选择的配送形式。

（4）生产企业配送。 这种配送的组织者是生产企业，尤其是进行多品种生产的生产企业。在运作时直接由本企业开始进行配送而无须将产品发运到配送中心再进行配送。由于避免了一次物流中转，所以有其一定优势，在地方性较强的产品生产企业中应用较多，如就地生产、就地消费的食品、饮料、百货等。在生产资料方面，某些不适于中转的化工产品及地方建材也采取这种方式。

2．按配送商品种类和数量的多少分类

（1）少品种或单品种、大批量配送。当客户所需的商品品种较少，或对某个品种的商品需要量较大、较稳定时，可实行此种配送形式。这种配送形式由于数量大，不必与其他商品配装，因此可使用整车运输。这种形式多由生产企业或专业性很强的配送中心直送客户。

（2）多品种、少批量、多批次配送。在现代化生产发展过程中，客户的需求不断在变化，市场的供求状况也随之变化，这就促使生产企业的生产向多样化方面发展。生产的变化，引起了企业对原材料需求方面的变化。在配送上也应按照客户的要求，随时改变配送品种和数量或增加配送次数。

多品种、少批量、多批次配送是按客户要求，将所需的各种商品配备齐全，凑整装车后由配送结点送达客户。这种配送作业水平要求高，使用设备较复杂、计划难度大，需要有高水平的组织工作作保证和配合。这种配送方式是一种高水平、高技术的方式，符合现代“消费多样化”、“需求多样化”的新观念。

3．按配送时间和数量分类

（1）定量配送。这种配送方式是指每次按固定的数量（包括商品的品种）在指定的时间范围内进行配送。它的计划性强，每次配送的品种、数量固定，备货工作简单。可以按托盘、集装箱及车辆的装载能力规定配送的数量，能有效利用托盘、集装箱等集装方式，配送效率较高，成本较低。由于时间不严格限定，可以将不同客户所需商品凑整车后配送，因此可提高车辆利用率，客户每次接货都处理同等数量的货物，有利于人力、物力的准备。

（2）定时配送。这种配送方式是指按规定的间隔时间进行配送，如数天或数小时一次等，每次配送的品种和数量均可按计划执行，也可按事先商定的联络方式下达配送通知，按客户要求的品种、数量和时间进行配送。定时配送有以下两种具体形式：

① 当日配送。日配是定时配送中较广泛的方式，尤其在城市内的配送，日配送占了绝大多数比例。日配的时间要求厂商大体上是上午的订货下午可送达，下午的订货第二天早上送达，送达时间在订货后的 24 小时之内。

② 准时方式。是使配送供货与生产企业生产保持同步的一种方式。这种方式比日配方式和一般定时方式更为精细准确，配送每天至少一次，甚至几次，以保证企业生产的不间断。这种方式追求的是供货时间恰好是客户生产之时，货物不需要在客户仓库中停留，而可直接运往生产场地，可以绝对地实现零库存。

（3）定时定量配送。这种配送方式是指按规定时间和规定的商品品种及数量进行配送。它结合了定时配送和定量配送的特点，服务质量水准较高，组织工作难度很大，通常针对固定客户进行这项服务。

（4）定时定量定点配送。是指按照确定的周期、确定的商品品种和数量、确定的客户进行配送。这种配送形式一般事先由配送中心与客户签订协议，双方严格按协议执行。它有利于保证重点需要和降低企业库存，主要适用于重点企业和重点项目。

（5）定时定线配送。是指在规定的运行路线上制定到达时间表，按运行时间表进行配送，客户可按规定路线及规定时间接货。采用这种配送方式有利于安排车辆及驾驶人员，在配送客户较多的地区，配送工作组织相对容易。

（6）即时配送。即随要随送，按照客户提出的时间和商品品种、数量的要求，及时进行配送。这种方式是以某天的任务为目标，在充分掌握了这一天需要的客户、需要量及种类的前提下及时安排最优的配送路线并安排相应的配送车辆实行配送。它可做到每天配送都能实现最优的安排，因而是水平较高的方式，适合一些零星商品、临时需要的商品或急需商品的配送。

4. 按经营形式分类

（1）销售配送。指配送企业是销售性企业，或销售企业进行的促销型配送。这种配送的对象往往是不固定的，客户也往往是不固定的，配送的经营状况也取决于市场状况，配送随机性较强而计划性较差。各种类型的商店配送一般多属于销售配送。

（2）供应配送。是指企业为了自己的供应需要所采取的配送形式，往往由企业或企业集团组建配送结点，集中组织大批量进货，然后向本企业配送或向本企业集团若干企业配送。这种配送形式在大型企业或企业集团、联合公司中采用较多，例如商业中广泛采用的连锁商店，就常常采用这种方式。用配送方式进行供应，是保证供应水平、提高供应能力、降低供应成本的重要方式。

（3）销售 — 供应一体化配送。销售企业对于基本固定的客户和基本确定的配送产品，在自己销售的同时承担对客户执行有计划供应的职能，它既是销售者同时又成为客户的供应代理人。对某些客户来讲，这样可以减少自己的供应机构，而委托销售者代理。

采用这种配送方式，销售者能获得稳定的客户和销售渠道，有利于本身的稳定持续发展，扩大销售数量；客户能获得稳定的供应，可大大节约本身为组织供应所耗用的人力、物力和财力。

销售 — 供应一体化的配送是配送经营中的重要形式，这种形式有利于形成稳定的供需关系，有利于采取先进的计划手段和技术手段，保持流通渠道的畅通稳定。

（4）代存代供配送。是指客户将属于自己的货物委托配送企业代存、代供，有时还委托代订，然后组织对本身的配送。这种配送在实施时不发生商品所有权的转移，配送企业只是客户的委托代理人，商品所有权在配送前后都属于客户所有，所发生的仅是商品物理位置的转移。配送企业仅从代存、代送中获取收益，而不能获得商品销售的经营性收益。

5. 按配送专业化程度分类

（1）综合配送。是指配送商品种类较多，不同专业领域的产品在一个配送结点中组织对客户的配送。它可减少客户为组织所需全部商品进货的负担，而只需通过和少数配送企业联系，便可解决多种需求的配送。因此，它是对客户服务较强的配送形式。

由于产品性能、形状差别很大，综合配送在组织时技术难度较大，因此，一般只是在性状相同或相近的不同类产品方面实行综合配送，差别过大的产品难以综合化。

（2）专业配送。是指按产品性质和状态划分专业领域的配送方式。这种配送方式由于自身的特点，可以优化配送，合理配备配送机械、车辆，并能制定适用合理的工艺流程，以提高配送效率。诸如中、小件杂货配送，金属材料配送，燃料煤、水泥、木材、平板玻璃、化工产品、生鲜食品等的配送，都属于专业配送。

第二节　配送模式与配送作业流程

一、配送模式的分类

1. 自营型配送模式

这是目前生产流通或综合性企业（集团）所广泛采用的一种配送模式。企业（集团）通过独立组建配送中心，实现内部各部门、厂、店的物品供应的配送。这种配送模式中虽然因为糅合了传统的“自给自足”的“小农意识”，形成了新型的“大而全”、“小而全”，从而造成了社会资源浪费，但是，就目前来看，在满足企业（集团）内部生产材料供应、产品外销、零售场店供货和区域外市场拓展等企业自身需求方面发挥了重要作用。

较典型的企业（集团）内自营配送模式，就是连锁企业的配送。大大小小的连锁公司或集团基本上都是通过组建自己的配送中心，来完成对内部各场店的统一采购、统一配送和统一结算的。

2. 外包型配送模式

它主要是由具有一定规模的物流设施设备（库房、站台、车辆等）及专业经验、技能的批发、储运或其他物流业务经营企业，利用自身业务优势，承担其他生产性企业在该区域内市场开拓、产品营销而开展的纯服务性的配送。在这种配送模式中，生产企业租用批发、储运等企业的库房，作为存储商品场所，并将其中的一部分改造为办公场所，设置自己的业务代表机构，并配置内部的信息处理系统。通过这种现场办公式的决策组织，生产企业在该区域的业务代表控制着信息处理和决策权，独立组织营销、配送业务活动。提供场所的物流业务经营企业，只是在生产企业这种派驻机构的指示下，提供相应的仓储、运输、加工和配送服务，收取相对于全部物流利润的极小比率的业务服务费。开展这种配送模式的企业，对所承揽的配送业务缺乏全面的了解和掌握，无法组织合理高效的配送，在设备、人员上浪费比较大。这是一种高消耗、低收益的配送模式。

3. 综合型配送模式

在这种模式中，从事配送业务的企业通过与上家（生产、加工企业）建立广泛的代理或买断关系，与下家店铺形成稳定的契约关系，从而将生产、加工企业的商品或信息进行统一组织、处理后，按客户订单的要求，配送到店铺。这种模式的配送，还表现为在用户间交流信息，从而起到调剂余缺、合理利用资源的作用。综合化的中介型配送模式是一种比较完整意义上的配送模式。

4. 共同配送模式

这是一种配送经营企业间为实现整体的配送合理化、以互惠互利为原则，互相提供便利的配送业务的协作型配送模式。

二、配送作业流程

（一）配送的基本环节

从总体上看，配送是由备货、理货和送货三个基本环节组成的，其中每个环节又包含着若干项具体的、枝节性的活动。

1．备货

备货即指准备货物的系列活动。它是配送的基础环节。严格说来，备货应当包括两项具体活动：筹集货物和储存货物。

（1）筹集货物。在不同的经济体制下，筹集货物（或者说组织货源）是由不同的行为主体去完成的。若生产企业直接进行配送，那么，筹集货物的工作自然是由企业（生产者）自己去组织的。在专业化流通体制下，筹集货物的工作则会出现两种情况：其一，由提供配送服务的配送企业直接承担，一般是通过向生产企业订货或购货完成此项工作；其二，选择商流、物流分开的模式进行配送、订货、购货等。筹集货物的工作通常是由货主（如生产企业）自己去做，配送组织只负责进货和集货（集中货物）等工作，货物所有权属于业主（接受配送服务的需求者）。然而，不管具体做法怎样不同，就总体活动而言，筹集货物都是由订货（或购货）、进货、集货及相关的验货、结算等一系列活动组成的。

（2）储存货物。储存货物是购货、进货的延续。在配送活动中，货物储存有两种形态：一种是暂存形态，另一种是储备（包括保险储备和周转储备）形态。

暂存形态的储存是按照分拣、配货工序要求，在理货场地储存少量货物。这种形态的货物储存是为了适应“日配”、“即时配送”需要而设置的，其数量多少对下一个环节的工作方便与否会产生很大影响，但不会影响储存活动的整体效益。储备形态的储存是按照一定时期配送活动要求和根据货源的到货情况（到货周期）有计划地确定的，它是使配送持续运作的资源保证。用于支持配送的货物储备有两种具体形态：周转储备和保险储备。然而不管是哪一种形态的储备，相对来说，数量都比较多。据此，货物储备合理与否会直接影响配送的整体效益。

备货是决定配送成败与否、规模大小的最基础的环节。同时，它也是决定配送效益高低的关键环节。如果备货不及时或不合理，成本较高，那么就会大大降低配送的整体效益。

2．理货

理货是配送的一项重要内容，也是配送区别于一般送货的重要标志。理货包括货物分拣、配货和包装等项经济活动。

货物分拣采用适当的方式和手段，从储存的货物中分出（或拣选）用户所需要的货物。分拣货物一般采取两种方式操作：其一是摘取式，其二是播种式。

（1）摘取式分拣。摘取式分拣就像在果园中摘果子那样拣选货物。具体做法是：作业人员拉着集货箱（或称分拣箱）在排列整齐的仓库货架间巡回走动，按照配送单上所列品种、规格、数量等将客户所需要的货物拣出及装入集货箱内。在一般情况下，每次拣选只为一个客户配装；在特殊情况下，也可以为两个以上的客户配装。目前，由于推广和应用了自动化分拣技术，装配了自动化分拣设施等，大大提高了分拣作业的劳动效率。

（2）播种式分拣。播种式分拣货物类似于田野中的播种操作。其做法是：将数量较多的同种货物集中运到发货场，然后，根据每个货位货物的发送量分别取出货物，并分别投放到每个代表用户的货位上，直至配货完毕。为了完好无损地运送货物和便于识别配备好的货物，有些经过分拣、配备好的货物尚需重新包装，并且要在包装物上贴上标签，记载货物的品种、数量、收货人的姓名、地址及运抵时间等。

3. 送货

送货是配送活动的核心，也是备货和理货工序的延伸。在物流运动中，送货的现象、形态实际上就是货物的运输（或运送），因此，常常以运输代表送货。但是，组成配送活动的运输（有人称之为“配送运输”）与通常所讲的“干线运输”是有很大区别的：前者多表现为对用户的“末端运输”和短距离运输，并且运输的次数比较多；后者多为长距离运输（“一次运输”）。由于配送中的送货（或运输）需要面对众多的客户，并且要多方向运输，因此，在送货过程中常常进行运输方式、运输路线和运输工具的选择。按照配送合理化的要求，必须在全面计划的基础上，制定科学的、距离较短的配送路线，选择经济、迅速、安全的运输方式和适宜的运输工具。通常，配送中的送货（或运输）都把汽车（包括专用车）作为主要的运输工具。

（二）配送的基本作业

配送功能决定了配送的基本作业，配送的基本作业是配送功能的实现，只有进行规范的配送，才能更好地实施配送。以下为配送的基本作业：

1. 订单处理作业

配送中心的交易始于客户的询价、业务部门的报价，然后是订单的接收，业务部门需查询出货的库存状况、装卸货能力、流通加工负荷、包装能力、配送负荷等是否能满足客户需求。当无法按客户要求交货时，业务部门需进行协调。由于配送中心不随货收款，因此在订单处理时，需根据公司对客户的信用状况进行查核。另外，需统计该时段的订货数量，并调货、分配出货程序及数量。退货数据也在此阶段处理。此外，业务部门还需制定报价计算方式，做报价历史管理，制定客户订购最小批量、订货方式或订购结账截止日。

2. 采购作业

接受订单后，配送中心需向供货厂商或制造厂商订购商品。采购作业包括商品数量需求统计，向供货厂商查询交易条件，然后根据所需数量及供货厂商提供的经济订购批量提出采购单。采购单发出后则进行入库进货的跟催。

3. 进货入库作业

开出采购单后，入库进货管理员即可根据采购单上预定入库日期进行入库作业调度、入库月台调度；在商品入库当日进行入库资料查核、入库质检，当质量或数量不符时即进行适当修正或处理，并输入入库数据。入库管理员可按一定方式指定卸货及托盘堆叠。对于退回商品的入库还需经过质检、分类处理，然后登记入库。

4. 库存管理作业

库存管理作业包括仓库库区管理及库存控制。仓库库区管理包括：商品在仓库区域内摆放方式、区域大小、区域分布等规划，商品进出仓库的控制——先进先出或后进先出，进出货方式的制定——商品所需搬运工具、搬运方式，仓储区货位的调整及变动。库存控制则需按照商品出库数量、入库所需时间等来制定采购数量及采购时间，并做采购时间预警系统；制定库存盘点方法，定期打印盘点清单，并根据盘点清单内容清查库存数、修正库存账目并制作盘盈盘亏报表。仓库区的管理还包括包装容器的使用与保管维修。

5．补货及拣货作业

统计客户订单即可知道商品真正的需求量。在出库日，当库存数满足出货需求量时，即可根据需求数量打印出库拣货单及各项拣货提示，进行拣货区域的规划布置，使拣货不至于缺货。这包括补货量及补货时点的制定、补货作业调度和补货作业人员调派。

6．流通加工作业

配送中心的各项作业中，流通加工能提高商品的附加价值。流通加工作业包括商品的分类、拆箱重包装、贴标签及商品组合包装。这就需要进行包装材料及包装容器的管理、组合包装规划的制定、流通加工包装工具的选用、流通加工作业的调度、作业人员的调派。

7．出货作业

处理完成商品拣取及流通加工作业后，即可进行商品出货作业。出货作业包括：根据客户订单为客户打印出货单据，制定出货调度，打印出货批次报表、出货商品上所需地址标签及出货核对表；由调度人员决定集货方式，选用集货工具、调派集货作业人员，并决定运输车辆大小与数量；由仓库管理人员或出货管理人员决定出货区域的规划布置及出货商品的摆放方式。

8．配送作业

配送作业包括商品装车并实际配送。完成这些作业需事先规划配送区域的划分或配送路线安排，由配送路线选用的先后次序来决定商品装车顺序，并在商品配送途中进行商品跟踪、控制及配送途中意外状况的处理。

9．会计作业

商品出库后销售部门可根据出货数据制作应收账单，将账单转入会计部门作为收款凭据；商品入库后，则由收货部门制作入库商品统计表，以作为供货厂商催款稽核之用，并由会计部门制作各项财务报表供制定经营政策及经营管理参考。

10．经营管理及绩效管理业务

除上述作业外，还需高层管理人员通过各种考核评估来实现配送中心的效率管理，并制定经营决策及方针。

经营管理和绩效管理可先由各个工作人员或中层管理人员提供各种信息与报表，包括出货销售统计数据，客户对配送服务的反馈报告，配送商品次数及所需时间报告，配送品的失误率、仓库缺货率分析，库存损失率报告，机具设备损坏及维修报告，燃料耗材等使用量分析，外雇人员、机具、设备成本分析，退货商品统计报表，人力使用率等。然后根据各项活动及活动间的相关性，将作业内容相关性较大者或数据相关性较大者分成同一组群，并将这些组群视为计算机管理系统下的大结构。

（三）配送的一般流程

配送的一般流程基本上是这样一种运动过程：进货→储存→分拣→配货→配装→送货。每个流程的作业内容如下所述。

（1）进货。进货亦即组织货源。其方式有两种：① 订货或购货；② 集货或接货。前者的货物所有权属于配送主体，后者的货物所有权属于用户。

（2）储存。储存即按照用户提出的要求并依据配送计划将购到或收集到的各种货物进行检验，然后分门别类地储存在相应的设施或场所中，以备拣选和配货。储存作业一般都包括这样几道程序：运输→卸货→验收→入库→保管→出库。储存作业依产品性质、形状不同而形式各异。

（3）分拣、配货。分拣和配货是同一个流程中的两项有着紧密关系的经济活动，一般采用机械化或半机械化方式去操作。随着一些高新技术的广泛应用，自动化的分拣、配货系统已在很多国家的配送中心建立起来，并发挥了重要作用。

（4）送货。在送货流程中，包括这样几项活动：搬运、配装、运输和交货。其作业程序如下所示：配装→运输→交货。送货是配送的终结。

（四）配送的特殊流程

在实践中，某些有特殊性质、形状的货物，其配送活动有许多独特之处（例如，液体状态的物质资料的配送就不存在配货、配装等工序，金属材料和木材等生产资料的配送常常附加流通加工工序），据此，在配送的一般流程的基础上，又产生了配送的特殊流程。其作业程序如下所示：

（1）进货→储存→分拣→送货；

（2）进货→储存→送货；

（3）进货→加工→储存→分拣→配货→配装→送货；

（4）进货→储存→加工→储存→装配→送货。

上面各个配送流程分别为各类食品的配送工序，煤炭等散货的配送流程，木材、钢材等原材料配送经常采用的作业工序，机电产品中的散件、配件的配送流程。

第三节　配送合理化

一、不合理配送的表现形式

不合理配送的表现形式主要有以下几个方面：

1．进货不合理

配送是利用较大批量进货，通过进货的规模效益来降低进货成本，使配送进货成本低于客户自己进货成本，从而取得优势。如果不是集中多个客户需要进行批量进货，而仅仅是为某几户代购，客户不仅不能降低成本，反而要多支付一笔配送企业的代购费，因而是不合理的。进货不合理还有其他表现形式：进货量计划不准；进货过多或过少；在进货时不考虑建立与商品供应者之间长期稳定的供需关系等。

2．库存决策不合理

配送应充分利用集中库存总量低于各客户分散库存总量这一优势，大大节约库存成本，降低客户实际库存负担。因此，必须依靠科学管理来实现一个低总量的库存。

3．价格不合理

一般配送的价格会低于客户自己进货时购买价格加上提货、运输、进货的成本总和，这样才会使客户有利可图。有时候，由于配送有较高服务水平，价格稍高，客户也是可以接受的，但这不能是普遍的原则。如果配送价格普遍高于客户自己进货价格，损伤了客户利益，就是一种不合理表现。价格制定过低，使企业处于无利或亏损状态下运行，也是不合理的。

4．配送与直达的决策不合理

如大批量用户不直送，小批量用户不配送等。

5．送货中运输不合理

配送与客户自提货物比较，尤其对于多个小客户来讲，可以集中配装一车配送几个客户，大大节省了运力和运费。如果不能利用这一优势，仍然是一户一送，车辆达不到满载，就属于不合理。

此外，不合理运输的若干表现形式（如迂回运输等）在配送中都可能出现，会使配送变得不合理。

二、配送合理化

1．配送合理化的判断标志

（1）库存标志：一是库存总量降低。实行配送后库存量之和应低于实行配送前各客户库存量之和；二是库存周转加快。一般总是快于原来各企业库存周转。库存标志一般是以库存储备资金计算，而不以实际物资数量计算。

（2）资金标志：一是资金总量，用于资源筹措所占用的流动资金总量降低；二是资金周转加快；三是资金投向的改变。实行配送后，资金应当从分散投入改为集中投入，增加调控作用。

（3）成本和效益标志：由于总效益及宏观效益难以计量，在实际判断时，常以按国家政策进行经营、完成国家税收、配送企业及客户的微观效益来判断。

（4）供应保证标志：一是缺货次数。实行配送后，该到货未到货以致影响客户生产及经营的次数必须下降才算合理；二是配送企业集中库存量。配送企业集中库存量所形成的保证供应能力应高于配送前单个客户保证程度，从供应保证来看才算合理；三是即时配送的能力及速度。即时配送的能力及速度是客户出现特殊情况的特殊供应保障方式，这一能力必须高于未实行配送前客户紧急进货能力及速度才算合理。

（5）社会运力节约标志：运力使用的合理化是依靠送货运力的规划和整个配送系统的合理流程及与社会运输系统合理衔接实现的。

（6）物流合理化标志：① 物流费用降低；② 物流损失减少；③ 物流速度加快；④ 物流方式有效；⑤ 有效衔接了干线运输和末端运输；⑥ 物流中转次数减少；⑦ 采用了先进的技术手段等。物流合理化是衡量配送能力的重要标志。

2．配送合理化措施

（1）恰当设置配送中心

配送中心的数量及地理位置是决定能否取得高效益的前提条件。配送路线的选择、直送或配送的决定都是在配送中心数量、位置已确定的前提下作出的。如果这个前提条件本身有缺陷则很难弥补，所以恰当设置配送中心是取得效益的基础。

（2）加强配送的计划性

在配送活动中，临时配送、紧急配送或无计划的随时配送是经济效益大幅度降低、配送不合理的主要因素。临时配送是因为事前计划不善，未能考虑正确的配装方式及恰当的配送路线，到了临近配送截止日期，则必须安排专车，这样单线进行配送，车辆不易满载，浪费里程也多；紧急配送指为满足紧急订货需要，只要求按时送到货物，来不及认真安排车辆配装及配送路线，从而造成载重及里程的浪费。一般为保证服务水平，不能拒绝紧急配送，但是，如果能认真核查并有调剂准备的余地，紧急配送也可纳入计划而保证其效益。随时配送是指对配送要求不作计划安排，有一次客户需求就送一次，不能保证配装及选择路线，因而会造成较大浪费。

（3）推行一定综合程度的专业化配送

物流经理可通过采用专业设备、设施及操作程序，力争取得较好的配送效果并降低配送过分综合化的复杂程度及难度，从而达到配送合理化。

（4）推行加工配送

通过加工和配送结合，充分利用本来应有的中转，不增加新的中转就可以取得配送合理化。同时加工借助于配送，加工目的更加明确，和客户联系更紧密，避免了加工的盲目性。两者的有机结合，投资不增加太多就可追求两个优势、两个效益，这是提高配送合理化程度的重要途径。

（5）推行共同配送

通过共同配送，可以以最近的路程、最低的配送成本完成配送，从而提高合理化程度和配送的经济效益。尤其当单独配送的配送量较小、车辆不能满载也难于确定最优路线时，采取共同配送方式可大大降低成本，提高效益。

（6）推行定时配送系统

定时配送是配送合理化的重要内容。只有及时配送商品，提高供应保证能力，客户才可以放心地实施低库存或零库存，可以有效地安排接货的人力、物力，追求最高效率的工作。从国外的经验看，定时供应配送系统是现在许多企业追求配送合理化的重要手段。

（7）推行即时配送

即时配送是大幅度提高供应保证能力的重要手段，是配送企业快速反应能力的具体化，也是企业配送能力的体现。即时配送成本较高，但它是整个配送合理化的重要保证手段。

（8）实行双向配送

配送企业与客户建立稳定、密切的协作关系，配送企业不仅成为客户的供应代理人，而且成为客户的储存据点，甚至成为产品代销人。

第四节　配送中心

一、配送中心的概念

配送中心是从事配送业务的物流场所或组织，是从供应者手中接受多种大量的货物，进行倒装、分类、保管、流通加工和信息处理等作业，然后按照众多订货者的要求备齐货物，以令人满意的服务质量，进行配送的设施。配送中心应符合下列基本要求：主要为特定的客户服务；配送功能健全；完善的信息网络；辐射范围小；多品种、小批量；以配送为主，储存为辅。

二、配送中心的职能

1．储存职能。配送是依靠集中库存来实现对多个用户服务的，所以储存职能必不可少，因而是有重要的支撑作用的职能。

2．分拣、理货职能。为了将多种物资向多个用户进行按不同要求种类、规格、数量的配送，配送中心必须有效地分拣，并在分拣的基础上按配送计划进行理货。这是配送中心的核心职能。

3．配货、分放职能。各用户所需的多种货物，在各配送中心有效地组合在一起，形成向用户方便发送的货载。这也是配送中心的重要职能。

4．倒装、分装职能。不同规模的货载在配送中心应能高效地分解及组合，按用户要求形成新的装运形态。

5．装卸搬运职能。配送中心中进货、理货、装货、加工都需要辅之以装卸搬运。有效的装卸会大大提高配送中心的水平。所以，装卸搬运是配送中心的基础工作，是一项基础职能。

6．加工职能。多数配送中心都要进行不同程度的加工，加工活动有的是关键活动。加工职能能有效提高配送水平。

7．送货职能。送货的起点是配送中心，虽然送货全过程已超出配送中心的范畴，但配送中心的工作可以说对送货起决定作用。送货的指挥与管理也是在配送中心中。所以，送货是配送中心作用最后实现的职能。

8．情报职能。配送中心在干线物流与末段物流间起衔接作用，这种衔接不但靠实物的配送，也靠情报信息的衔接。配送中心的情报活动也是全物流系统中重要的一环。

三、配送中心的分类

1．专业配送中心

这种配送中心有两种：一是配送对象、配送技术属于某一专业范畴，综合该专业的多种物资进行配送，例如多数制造业的销售配送中心。我国在无锡、石家庄、上海等地建的配送中心大多采用这一形式。二是以配送为专业化职能，基本不从事经营的服务型配送中心。

2．柔性配送中心

这种类型的配送中心不是向固定化、专业化方向发展，而是向能随时变化、对客户要求有较强适应性、不固定供需关系、不断发展配送客户的方向发展。

3．供应配送中心

即专门为某个或某些客户（例如联营商店、联合公司）组织供应的配送中心。比如；为大型连锁超市组织供应的配送中心，代替零件加工厂送货的零件配送中心。我国上海地区六家造船厂的钢板配送中心也属于供应配送中心。

4．销售配送中心

即以销售经营为目的，以配送为手段的配送中心。主要有三种类型：(1) 生产企业为本身产品直接销售给消费者的配送中心。在国外，这种类型的配送中心很多。(2) 流通企业建立的配送中心。作为本身经营的一种方式，流通企业建立配送中心以扩大销售。我国目前拟建的配送中心大多属于这种类型。(3) 流通企业和生产企业联合的协作型配送中心。比较起来看，国外和我国配送中心的发展趋势都是向以协作型配送中心为主的方向发展的。

5. 城市配送中心

即以城市作为配送区域的配送中心。这种配送中心可直接配送到最终客户，且采用汽车进行配送，所以，这种配送中心往往和零售经营相结合。由于运距短、反应能力强，因而从事多品种、少批量、多客户的配送较有优势。我国已建的“北京食品配送中心”属于这种类型。

6. 区域配送中心

即拥有比较强的辐射能力和库存能力，向省（州）际、全国乃至国际范围的客户配送货物的配送中心。这种配送中心规模较大，往往是既配送给下一级的城市配送中心，也配送给营业所、商店、批发商和企业客户。虽然也从事零星的配送，但不是主体形式。这种配送中心更像大型的物流中心。这种类型的配送中心在国外十分普遍，如日本的“阪神配送中心”、美国“沃尔玛公司配送中心”、“蒙克斯帕配送中心”等就属于这种类型。

7. 储存型配送中心

即有很强储存能力的配送中心。它平常利用巨大的仓库进行大量货物的储存，在客户需要的时候进行配送。我国目前拟建的配送中心，都采用集中库存形式，库存量较大，多为储存型。瑞士 Giba—Geigy 公司的配送中心拥有世界上规模居于前列的储存库，可储存 4 万个托盘；美国赫马克配送中心拥有一个有 163 000 个货位的储存区，其存储量非常大。

8. 流通型配送中心

即基本上没有长期储存功能，仅以暂存或随进随出方式进行配货、送货的配送中心。这种配送中心的典型方式是：大量货物整体购进并按一定批量送出，采用大型分货机，进货时直接进入分货机传送带，分送到各客户货位或直接分送到配送用的汽车上，货物在配送中心里仅作少许停滞。

9. 加工配送中心

即具有加工功能的配送中心。如我国上海六家船厂联建的船板处理配送中心即属于这一类型。

10. 其他配送中心

（1）按配送中心的拥有者分有：①制造商型配送中心；②零售商型配送中心；③批发商型配送中心；④专业配送中心；⑤转运型配送中心。

（2）按配送货物种类分有：①食品配送中心；②日用品配送中心；③医药品配送中心；④化妆品配送中心；⑤家电产品配送中心；⑥电子产品配送中心；⑦图书产品配送中心；⑧服饰产品配送中心；⑨汽车零件配送中心等。

四、配送中心的作业流程

配送中心的效益主要来自“统一进货，统一配送”。统一进货的主要目的是避免库存分散，降低企业的整体库存水平。通过降低库存水平，可以减少库存商品占压的流动资金，减少为这部分占压资金支付的利息和费用，降低商品滞销压库的风险。统一配送的主要目的是减少送货的交通流量，提高送货车辆的满载率，从而减少送货费用。配送中心的作业流程要便于实现这两个主要目标：一是降低企业的物流总成本；二是缩短补货时间，提供更好的服务。配送中心的一般作业流程是：

（1）接受并汇总订单：用户的订货单（或要货通知单）是配送中心组织全部配送业务的依据。接受配送服务的各个用户一般都要在规定的时间以前将订货单（或要货单）交给配送中心，后者则在规定的时间截止之前将各个用户的订货单进行汇总，以此来确定所要配送的货物的种类、规格、数量和配送时间等。

（2）进货：配送中心的进货流程包括以下几种作业：①订货。配送中心收到和汇总用户的订货单以后，首先要确定配送货物的种类和数量，然后要查询本系统现有库存物资中有无所需要的现货。如有现货，则转入拣选流程；如果没有，或虽然有现货但数量不足，则要及时向供应商发出订单，进行订货。有时，配送中心也根据各用户需求情况或商品销售情况以及与供货商签订的协议，提前订货，以备发货。②接货。供应商接到配送中心的订单后会根据订单的要求很快组织供货。配送中心的有关人员接到货物以后，先要在送货单上签收，继而还要准备对货物进行检验（即验收）。③验收。采取一定的手段对接收的货物进行检验。若与订货合同要求相符，则很快转入下一道工序（分拣工序）；若不符合合同要求，配送中心将详细记载差错情况，并且拒收货物。按照规定，质量不合格的商品将由供应商自行处理。④分拣。对于生产商送交来的商品，经过有关部门验收之后，配送中心的工作人员随即要按照类别、品种将其分开，分门别类地存放到指定的仓位和场地，或直接进行下一步操作——加工和选拣。⑤储存。为了保证配送活动正常运行，也为了享受价格上的优惠待遇（打折），有些配送中心常常大批量进货，继而将货物暂时储存起来。由此，在进货流程中又增加了一项储存作业。

（3）理货和配货：为了顺利、有序地出货，以及为了便于向众多的客户发送商品，配送中心一般都要对组织进来的各种货物进行整理，并依据订单要求进行组合。理货和配货乃是整个作业流程的关键环节。同时，它也是配送运动的实质性内容。从理货、配货流程的作业内容来看，它是由以下几项作业构成的：加工作业、拣选作业、包装作业、组合或配装作业。

（4）出货（或送货）：这是配送中心的末端作业，也是整个配送流程中的一个重要环节。它包括装车和送货两项经济活动。

物流窗口　配送与一般送货业务的区别

表 3.1　配送与一般送货业务的区别

项目	配送活动	送货活动
目的	是社会化大生产、专业化分工的产物，是流通领域内物流专业化分工的反映，是物流社会化的必然趋势	是生产企业的一种推销手段，通过送货上门服务达到提高销售量的目的
内容	客户需要什么送什么，不单是送货，还有分货、配货、配装等项工作	有什么送什么，只能满足客户的部分需要
承担者	是流通企业的专职，要求有现代化的技术装备作保证。要有完善的信息系统，有将分货、配货、送货等活动有机地结合起来的配送中心	由生产企业承担，中转仓库的送货只是一项附带业务

续表

项目	配送活动	送货活动
基础	必须有现代的交通运输工具和经营管理水平作为基础。同时还和订货系统紧密相联系。必须依赖现代信息的作用，使配送系统得以建立和完善	没有具体的要求
技术装备	全过程有现代化技术和装备的保证，在规模、水平、效率、速度、质量等方面占优势	技术装备简单

案例分析之一　梅林正广和配送系统

2000年2月22日下午，上海新闸路1124弄的一户人家拨通“85818”电话，报出自己在正广和购物网络的用户编号，要求订购两桶纯净水、一袋免淘米，并说明第二天上午家里留人，支付水票。几秒钟之内，这份订单被接线小姐输入正广和的计算机系统，系统根据用户编号从数据库中调出用户住址，再根据地址和送货时间自动把这份订单配置到第二配送站次日上午的送货单。当天晚上9时，正广和销售网络第二配送站里，经理准时打开电脑，接收从总部传过来的送货单。这份送货单的用户全部在第二配送站的辖区之内，送货时间是23日上午，用户地址、电话、编号、所需货物、数量、应收款等已经被清楚地列出来。几乎与此同时，一份相同的送货单也传到公司配送中心和运输中心。第二天一大早，运输中心派出车辆，到配送中心仓库提出已配好的货物，发往第二配送站。第二配送站墙上贴着一张辖区详细到门牌号的地图，签收完货物后，经理根据这张地图和自己的经验排好送货路线，把上午的送货单分派给7个送货工人。整个上午，这些揣着送货单的工人蹬着有“梅林正广和”和“85818”字样的三轮车，在辖区的弄堂里出出进进，完成送货到家的“最后一公里”。

中午12时30分，所有小工送货和收款的情况被汇总成表，由第二配送站的电脑传送至总部。个别没有送到的，汇总表中的“原因”一栏会被注明“01”、“02”，分别代表“地址错误”、“家中无人”等。当天收回的水票和现金也交至总部结算。根据这些信息，总部再决定是否有必要给配送站及时补货。有4名职能管理人员、7名送货工人、1辆小货车和7辆“黄鱼车”，房屋月租金7 000元的第二配送站，每天大概要送出大桶纯净水三百多桶、袋装米三十多包，还有饮料、冷饮、鲜花、罐头等其他几十种物品。在正广和遍布上海的大约100个配送站里，第二配送站的规模算是中等。据说每个配送站的年利润都在15～20万元左右。3个配送中心、100个配送站、200辆小货车、1 000辆“黄鱼车”、1000名配送人员，构成了正广和在上海的整个配送网络。这个号称上海市区“无盲点”的网络组织严密而有序，截至1999年底，上海市已经有60万户市民依靠这个配送网完成日常饮水和其他日用消费品的采购。

请绘出梅林正广和配送系统的工作流程图。

案例分析之二　美国连锁店配送中心的类型

从20世纪60年代起，商品配送合理化在美国企业中普遍受到重视。为了向流通领域要效益，美国企业采取了以下措施：一是将老式的仓库改为配送中心；二是引进计算机管理网络，对装卸、搬运、保管实行标准化操作，提高作业效率；三是为了促进商品配送合理化，各连锁店共同组建配送中心，促进连锁店效益的增长。美国连锁店的配送中心有许多种，主要有批发型、零售型和仓储型三种类型。

（1）批发型。美国加州食品配送中心是全美第二大批发配送中心，建于1982年，建筑面积10万平方米，工作人员2 000人左右，共有全封闭型专业运输车600多辆，1995年销售额达20亿美元。经营的商品均为食品，有43 000多个品种，其中有98%的商品由该公司组织进货。另有2%的商品是该中心开发加工的商品，主要是牛奶、面包、冰淇淋等新鲜食品。加州食品配送中心实行会员制。各会员超市因店铺的规模大小不同、所需商品配送量的不同，向中心交纳不同的会员费。会员店在日常交易中与其他店一样，不享受任何特殊的待遇，但可以参加配送中心定期的利润分红。该配送中心本身不是营利单位，可以不交营业税。所以，当配送中心获得利润时，采取分红的形式，将部分利润分给会员店。会员店分得红利的多少，将视其在配送中心的送货量和交易额的多少而定，多者多分红。加州食品配送中心主要采用计算机管理。业务部通过计算机获取会员店的订货信息，及时向生产厂家和储运部发出订货指示单；厂家和储运部再根据订货指示单的先后缓急安排配送的先后顺序，将分配好的货物放在待配送口等待发运。配送中心24小时运转，配送半径一般为50公里。加州食品配送中心与制造商、超市协商制定商品的价格，主要依据是：① 商品数量与质量。② 付款时间。如在10天内付款可以享受2‰的价格优惠。③ 配送中心对各大超市配送商品的加价率，根据商品的品种、档次不同以及进货量的多少而定，一般为2.9%～8.5%。

（2）零售型。美国沃尔玛公司的配送中心是典型的零售型配送中心，由沃尔玛公司独资建立，专为本公司的连锁店按时提供商品，确保各店稳定经营。沃尔玛配送中心的建筑面积为12万平方米，总投资7 000万美元，有职工1 200多人，配送设备包括200辆车头、400节车厢、13条配送传送带，配送中心内设有170个接货口。中心24小时运转，每天为分布在6个州的沃尔玛公司的100家连锁店配送商品。沃尔玛配送中心设在100家连锁店的中央位置，服务半径为320公里，服务对象店的平均规模为1.2万平方米。中心经营商品达4万种，主要是食品和日用品，通常库存为4 000万美元，旺季为7 000万美元，年库存周转24次。在库存商品中，畅销商品和滞销商品各占50%，库存商品期限超过180天为滞销商品。各连锁店的库存量为销售量的10‰左右，1995年，该中心的销售额为20亿美元。在沃尔玛各连锁店销售的商品，根据各地区收入和消费水平的不同，其价格也有所不同。总公司对价格差价规定了上下限，原则上不能高于所在地区同行业同类商品的价格。

（3）仓储型。美国福来明公司的食品配送中心是典型的仓储式配送中心，主要任务是接受美国独立杂货商联盟加州总部的委托业务，为该联盟在该地区的350家加盟店负责商品配送。该配送中心建筑面积为7万平方米，经营89万个品种。其中有1 200个品种是美国独立杂货商联盟开发的，必须集中配送。在服务对象店经营的商品中，有70%左右的商品由该中心集中配送。一般鲜活商品和怕碰撞的商品，如牛奶、面包、炸土豆片、瓶装饮料和啤酒等，从当地厂家直接进货到店，蔬菜等商品从当地批发市场直接进货。

美国配送中心的库内布局的主要经验是：①以托盘为主，4 组集装箱为一货架。②商品的堆放分为储存的商品和配送的商品。一般根据商品的生产日期、进货日期和保质期，采取“先进先出”原则，在存货架的上层是后进的储存商品，在货架下层的储存商品是待出库的配送商品。③品种配货是数量多的整箱货，所以用叉车配货；店配货是细分货，小到几双一包的袜子，所以利用传送带配货。④量轻、体积大的商品（如卫生纸等），用叉车配货；重量大、体积小的商品用传送带配货。⑤设立特殊商品存放区，如少量高价值的药品、滋补品等，为防止丢失，用铁丝网圈起，标明无关人员不得入内。

结合此案例说明不同类型配送中心的特点及适用条件。

思考题与习题

1. 什么是配送？说明配送与运输的区别。
2. 配送的要素有哪些？
3. 配送有哪些分类？各有何特点？
4. 配送有哪些模式？
5. 配送的基本环节有哪些？
6. 什么是配送中心？
7. 不合理配送的表现形式有哪些？
8. 合理配送的标志与措施是什么？
9. 配送中心的职能、类型是什么？
10. 简述配送中心的工作流程。

第四章　仓储管理

【引导案例】美国通用汽车制造公司的自动化配件仓库

美国通用汽车制造公司实行准时库存与生产管理制度（JIT），需要更快的卡车运输，严格按时送货。公司在北美有三十多个制造厂，十多个主要供货厂商。这些供货厂商要把零部件准时直接运送到各需用工厂，工作太复杂、太缓慢，费用又太高，而且常误期不可靠。因此，公司决定设立一个中转站，接收和集中各供货厂商送来的零部件，然后立即重新组合发送到各制造工厂，以保证它们完成准时生产计划的需要。为了执行这项中转功能，公司建立了一个新型的自动化配件仓库。它的运作是：

当运货卡车进入停车场时，保卫人员记录下拖车车号。在集装箱从拖车上卸下时，通过扫描，确认是否与供货厂商电传的货物清单相符。随着中央计算机对安装在叉车上的终端传送命令，指示操作人员如何处理卸下的集装箱货物，因为有 60%以上的入库集装箱货物在几分钟或几小时内要重新发运，而不是储存起来。在一个 330 000 平方英尺的仓库内，有 2 / 3 的空间作为中转储存作业区。那些待发运的货物扫描后搬运到计算机所指定的储存区。在储存区，另外的叉车操作人员对集装箱再次扫描并从终端获悉存放集装箱的确切位置。一旦集装箱进入“定位”，又一次扫描，使计算机确认其储存位置。当需用某个零部件时，能及时在其储存位置取出。在零部件装车发运之后，计算机系统将卡车或火车装运的货物清单通知目的地的公司装配工厂。这样提高了零部件从供货厂商到装配工厂的流转速率，减少了多余库存，为公司和它的供货厂商节约了 800 万美元。

结合此案例说明：仓储的作用是什么?仓储是必需的吗?

第一节　仓储业务概述

一、仓储

（一）仓储的含义

仓储是指利用仓库存放、储存物品，并根据需要交付使用之行为。

仓，即仓库，是为存放物品而设置的建筑物或场地。储，则是指对物品进行收存、管理、交付使用等行为。

仓储的需求形成主要来源于社会产品的剩余和产品生产、流通、消费过程的需要。当社会产品在一段时间或某个空间上产生剩余且不能销毁时，需要专门的场所保管。而在生产过程中，原材料、零部件等需要一定的储备，以保证生产的连续，因此，也就产生了必要的仓储。在流通领域，为了保证市场的及时供应和市场调节，需要一定的商品储备。

按储备在社会再生产中的作用可以分为：

1. 生产储备。生产储备是生产企业为了保持生产的正常进行而保有的物质准备。

生产储备一般以库存形式存在，储备占用生产企业的流动资金。由于被储备之“物”已由生产企业验收，在此期间的损失一般都进入到生产企业生产成本之中。这种储备可进一步分类如下：

（1）原材料、燃料及零部件储备。这些都是为保持生产过程正常进行的储备，主要有以下三种：

① 经常储备。企业在前后两批原材料、燃料及零部件运达的间隔期间，为满足日常生产而建立的储备。这种储备是经常需要保有的，当一批订货到达时，储备的数量到了最高值，在间隔期中陆续消耗，储备陆续降低，至间隔期到达日、下批订货到达前，储备降至最低。如图 4.1 所示。

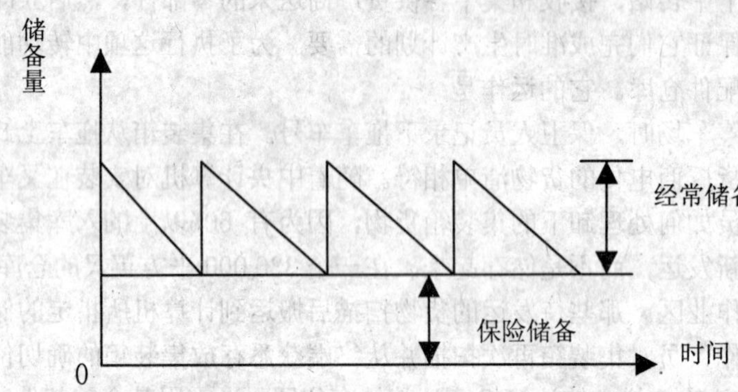

图 4.1 经常储备与保险储备

② 保险储备。企业为了应付各种意外原因，如运输延误，在经常储备间隔期结束时仍未到货；或者虽到货但品种、规格、质量不符合，不能投入使用；或由于生产加速造成消耗速度增加，在间隔期未完时，经常储备便消耗尽；或紧急外援，吃掉了一块经常储备等，为此所建立的储备称保险储备。保险储备在未动用时，是一个恒定数量，其数量变化没有周期性。

③ 季节储备。指企业为了克服某些原材料供应的季节影响而建立的储备。这种储备建立的原因，是由于生产、消耗或流通受到季节性影响而发生中断。指为弥补这一中断期为目标按消耗速率建立的储备。

（2）半成品储备。指生产企业中，为使两道工序、两个车间或两个协作厂之间能有效协调，保证下道工序的正常稳定所形成的储备。

（3）成品储备。指工业企业生产工艺完成后，为等待检验、包装、配套工作或等待装运所形成的储备。

生产企业中，原材料储备有较强的规律性，核定比较严格，是一种目的性、计划性较强的储备，半成品和成品往往不是目的性、计划性很强的储备行动，而只是一种储存。

2. 消费储备。消费储备是消费者为了保持消费的需要而保有的物质储备，这种储备是在最终消费领域中，已脱离了流通领域但尚未进入消费过程。

消费储备一般不以库存形式存在，在有强大的流通领域储备保证之下，消费者无须过多储备，因而也很少为此而专设仓库，往往采取暂存、暂放的储存形式。

3. 流通储备。流通储备是社会再生产中为保证再生产的正常而保持在流通领域中的“物”的暂时停滞。这种停滞有的是社会再生产过程中必要的暂时停滞，有的则是非必要的在流通过程中的滞留。流通储存的“物”，已经完成了上一段生产过程进入了流通领域，但尚未进入再生产和消费领域。

有了储备，就必然要有仓库。仓库是储存物资的场所，一般是以库房、货场及其他设施、装置为劳动手段，对商品、货物、物资进行收进、整理、存储、保管和分发等工作。一般使用建筑物作为仓库，但也有使用车辆、船舶、集装箱等设备，甚至直接利用地面和水面作为仓库。传统意义上的仓库是指在物流系统中承担保管功能的场所，是物流网络中的结点。现代物流将仓库理解为区域分拨的基地，是区域内物流运作的中心。仓库的主要功能除了物品的存储保管功能之外，在物流系统中起着运输组合、产品组合、流通加工、服务、信用机构以及运输调节的作用，增加产品的附加值。

（二）仓储的功能与作用

1. 仓储是物质生产过程中的必要环节和支撑条件，在产品价值创造中发挥着作用。

现代社会生产的一个重要的特征就是专业化和规模化生产，劳动生产率极高，绝大多数产品都不能被及时消费，需要经过仓储，弥补生产与消费市场之间的差异。通过仓储活动，发挥仓储连接生产与消费的纽带和桥梁作用，借以克服众多的相互分离又相互联系的生产者之间、生产者与消费者之间在商品生产与消费地理上的分离，衔接商品生产与消费时间上的不一致，以及调节商品生产与消费在方式上的差异，保证社会再生产的顺利进行。另一方面，生产所使用的原材料等需要有合理的储备，才能保证及时供应，满足生产的需要，保证生产过程的继续。

2. 仓储是流通的重要支撑。

任何社会，只要有商品生产，就有商品流通，也就必然会有商品储存。所以，仓储是商品流通不可缺少的重要环节。市场的及时补给可以避免缺货带来的经济损害，销售活动的空间不平衡可以通过仓储调剂来弥补。从社会意义上看，仓储可以调整生产和消费的时间差别，维持市场稳定。

3. 仓储也为保持物资原有的使用价值和合理地使用物资提供保证。

任何一种物资在生产至消费之前，由于其本身的性质，所处的条件以及自然、社会、经济、技术等因素，都可能使物资在数量上减少、质量上降低，如果不创建必要的保护条件，就不可避免地会造成物资损害。因此，必须进行科学的管理，加强对物资的养护，搞好仓储经营活动，以保护好处于暂时停滞状态的物资的使用价值。同时，在仓储经营过程中，努力做到流向合理、加强物资流转速度，注意物资的合理分配、合理供料，不断提高工作效率，满足市场需求。

4. 仓储为加速商品周转、加快流通起着保证作用。

仓储本身已不仅是货物的储存，而越来越多地承担着具有生产特性的加工业务，例如，分检、挑选、整理、加工、简单的装配、包装、加标签、备货等活动，使仓储过程与生产过程更有机地结合在一起，从而增加了商品的价值。

5. 仓储具有调节商品价格的作用。

商品的仓储可以克服生产旺季和生产淡季与消费之间巨大的供求矛盾，并以储存调节供求关系，调整由于供求矛盾而造成的价格差异。

6. 仓储可以直接起到调节运输工具载运能力不平衡的作用。无论是进口或出口仓储皆可以减少压船、压港，弥补内陆运输工具运载量的不足，在船舶与内陆运输之间起着缓冲调节作用，保证国际贸易货物运输顺利畅通。

二、仓库的分类

仓库按不同的标准可划分为不同的类型。

（一）按仓库功能分类

1. 储备仓库：指专门长期存放各种储备物资，以保证完成各项储备任务的仓库。如战略物资储备、季节物资储备、备荒物资储备、流通调节储备等等。储备仓库的功能是较长时间储存保管，主要追求储存效益。

2. 周转仓库：周转仓库的主要功能是物资周转，主要用于暂时存放待加工、待销售、待运输的物资，包括生产仓库、流通仓库、中转仓库、集配仓库、加工仓库等。它的储存时间短，主要追求周转效益，为生产、流通或运输服务。

（二）按用途分类

1. 自用仓库：是指生产、商业、外贸等企业为本企业业务需要建立的仓库。有关仓库的建设、库存物资管理以及出入库等，都由公司自身管理。

2. 专业经营仓库：是指按照相关管理条例取得营业许可，专门为经营储运业务而修建的仓库，是一种社会化的仓库。它面向社会，以经营为手段，以盈利为目的，与自用仓库相比，其使用效率较高。

3. 公用仓库：是指国家或一个主管部门或公共团体为了公共利益而建设的仓库。如我国火车站、公共汽车站场的货栈仓库，港口码头仓库，交通枢纽站的货物仓库大部分属于这一类。

4. 保税仓库：储存经海关批准，在海关监管下的尚未办理海关进口手续，或只是过境的进出口货物的仓库。货物可以免税进出这些仓库而无须办理清关手续，可以在保税仓库内对货物进行加工、存储、包装和整理等。

（三）按保管形态分类

1. 通用仓库：用以储存没有特殊要求的工业品和农副产品的仓库。一般是指具有常温保管、自然通风、无特殊功能的仓库。

2. 特种仓库：用以储存具有特殊性能、要求使用特别保管设备的物品的仓库。一般是指储存化学危险品、易腐蚀品、石油及其产品、鲜活冷冻品、部分医药品的仓库。这类仓库配备有专门的设备，以满足商品储存要求。

（四）按结构和构造分类

可分为平房仓库、多层仓库（楼房仓库）、高层货架仓库（立体仓库）、散装仓库、罐式仓库等。

三、仓库的功能

1. 储存保管的功能：无论是储备仓库，还是周转仓库，它们首要的功能就是储存保管。

2．集散货物的功能：仓库通过运输从各个供应商处收集货物，然后在仓库进行储存、整理、组配、流通加工、分拣、分发、分销，分运到各个不同需求的客户手中。

3．衔接供需的功能：仓库就像一个储水池，它可以衔接供应者和需求者在供需时间上的不同步，缓冲供需矛盾，保证生产、流通和运输各个环节的顺利进行。

4．客户服务功能：仓库可以为顾客代储、代运、代加工、代服务，为顾客的生产、供应、销售、生活等提供物资和信息的支持，为客户带来各种方便。

5．防范风险的功能：储备仓库以及周转仓库的安全储备都是用于防范灾害、战争、偶发事件以及市场变化、随机事件而设置的保险库存，可以用于防范各种风险，保障人们生命财产，保障生产和生活正常进行。

6．物流中心的功能：仓库是各种物流活动集中的场所，除了储存以外，还可以运输、配送、包装、装卸、流通加工以及提供各种物流信息，因此仓库往往成为物流中心或配送中心、储运中心等。有的仓库还可以进行商流，从而使仓库成为流通中心。

第二节 仓库规划与设计

一、仓库设置的一般原则

对于现代物流而言，仓库不仅仅为货物提供了一个存放的场所，更重要的是它对企业的经营起到了一定的调整和促进作用。基于此，在仓库的设置问题上，也就不能随心所欲、任意决策，而应在充分发挥仓库机能的前提下，结合某些相应的原则来最终确定仓库的位置设置。常用的仓库设置原则主要有以下几个：

1．规模经济性能。采用大规模处理货物的手段可以明显地降低物流成本。但是在考虑仓库设计时，不能仅仅根据规模经济性能来选择仓库，必须根据货物流量、环境条件（如当地交通运输条件）等来选择规模。

2．数量的经济性及服务能力。在总规模明确的前提下，确定仓库据点的数量，要考虑三个主要因素：一是单个据点规模。单个据点的规模大，则单位投资可降低。如果采用大规模处理货物的设备，物流成本也可以降低。二是物流成本。据点数量多，建设成本高，但仓库之外的配送成本将因距离较近而可望降低。三是服务水平。一般而言，据点越少，服务水平越低；据点越多，服务水平越高。

3．先进技术的采用。采用何种先进技术，是否建立立体仓库、自动分拣等物流业务流程，要在经济、技术、建立条件等各个方面进行论证，才能作出正确的决策。

4．设计标准化。运输车辆、作业车辆等已形成标准化系列的装备和机械，应成为设计的基础。仓库只是物流系统的一个环节，而且只是衔接环节，所以设计时必须考虑全系统的统一和标准化。

5．据点的弹性化。因为市场变化、生产涨落等原因，流通量也必然会有较大的波动，这种波动往往高于企业经营的波动。所以在设计仓库时必须有弹性的考虑，在加工能力、存储能力、转运能力等方面作出一定的弹性安排。

二、仓库类型的选择

如何为存货安排仓储空间，大多数的厂商在自有仓库、公共仓库和合同仓库中进行选择。一般来说，自有仓库和合同仓库可以被用来满足企业年度的基本需求，而公共仓库则可被用来应付旺季之需。是选择自建仓库，还是选择租赁公共仓库，企业需要根据自身的特点和条件，在对成本权衡分析的基础上作出合理选择。

三、仓库数量决策

只有单一市场的中小规模的企业通常只需一个仓库，而产品市场遍及全国各地的大规模企业，要经过仔细分析和慎重考虑才能决定合适的仓库数量。

仓库数量对物流系统各项成本都有重要影响。一般来说，随着系统仓库数量的增加，运输成本和丧失销售的成本会减少，而存货成本和仓储成本将增加，在某一点总成本将达到最低。另外，仓库数量的决策也要与运输方式的决策相协调。

四、仓库规模的确定

仓库规模是指仓库能够容纳的货物的最大数量或总体积。直接影响仓库规模的因素是仓库的商品储存量。商品储存量越大，则仓库的规模也应越大。另外，商品储存的时间或商品周转的速度也影响仓库的规模。在储存量不变的前提下，周转速度越慢，所需的仓库规模就越大。

五、仓库的选址决策

仓库的选址对商品流转速度和流通费用产生直接的影响，并关系到企业对顾客的服务水平和服务质量，最终影响企业的销售量及利润。在仓库的实际选址中，一般综合考虑的因素包括：（1）客户条件。顾客的地理分布和顾客需要及未来是否发生变化的情况。（2）自然地理条件。该地区有无特殊的阻碍仓库建设的自然条件。（3）运输条件。现有的交通设施及对各种运输方式是否许可。（4）用地条件。地价或地租是否高昂及是否有可以利用的旧库房。（5）法规制度条件。是否符合当地法律规定及当地的税收状况。显然，只有顾客密集分布、交通与装运条件方便、地价低廉等主要条件得到满足的地方，才是合适的仓库选址。仓库的选址可分为以下三种：

1. 以市场定位的仓库。通常用来向客户提供库存补充。这种类型仓库服务的市场区域的地理面积大小取决于被要求送货的速度、平均订货量以及单位运输成本。以市场定位的仓库一般由零售商、制造商与批发商共同运作，他们共同向客户提供库存补充。

2. 以制造定位的仓库。通常邻近生产工厂，作为装配与集运被生产物件的地点。这些仓库存在的基本原因是为了便于向客户运输各类产品。物品从生产它们的专业工厂转移至仓库，再从仓库运往客户处。

3. 中间定位仓库。坐落在客户与制造厂之间的仓库是中间定位仓库。这些仓库与“以制造定位”的仓库类似，为广泛的库存品种提供集运，从而减少物流成本。

六、仓库布局

（一）仓库布局的模式

1．辐射型仓库

指仓库位于许多用户的一个居中位置，产品由此中心向各个方向的用户运送，形如辐射状。它适用于用户相对集中的经济区域，或者适用于仓库是主干输送线路中的一个转运站时的情况。见图 4.2 所示。

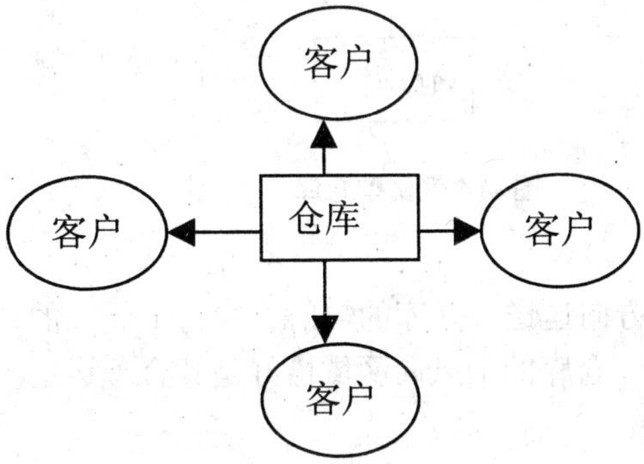

图 4.2 辐射型仓库

2．吸收型仓库

指仓库位于许多货主的某一居中位置，货物从各个生产据点向此中心运送，形成吸收。见图 4.3 所示。

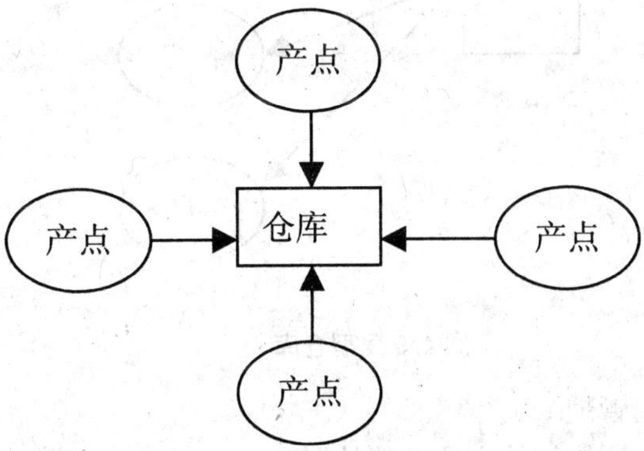

图 4.3 吸收型仓库

3．聚集型仓库

这种布局形式类似吸收型，但处于中心集团的不是仓库，而是一个生产企业密集的经济区域，四周分散的是仓库而不是货主或客户。它适用于经济区域中生产企业十分密集、不可能设置若干仓库的情况。见图 4.4 所示。

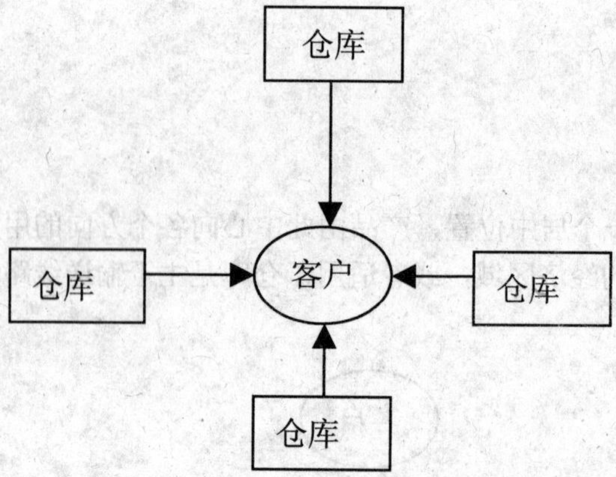

图 4.4 聚集型仓库

4. 扇型仓库

是指产品从仓库向一个方向运送，仓库的辐射方向与干线上的运动方向一致。当在运输主干线上仓库距离较近，下一仓库的上风向区域恰好是其合理运送区域时，适合采取这种布局形式。见图 4.5 所示。

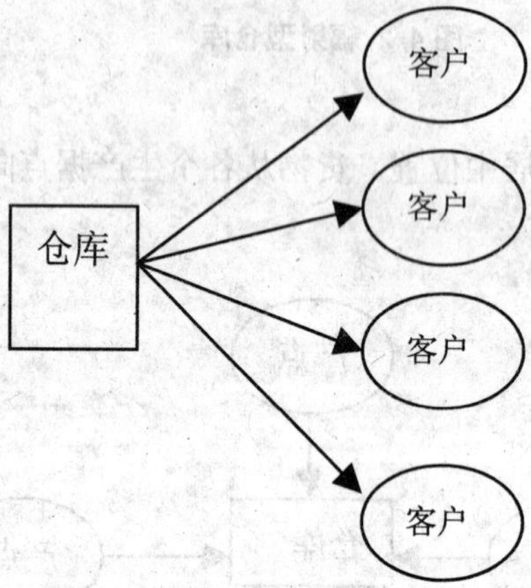

图 4.5 扇型仓库

（二）仓库内部布局管理

仓库内部的布局受其所执行的主要功能的影响。以保管为主要功能的仓库库存的周转率较低，内部布局要求最大限度地利用仓库的储存空间；以配送为主要功能的仓库，其内部布局则要求仓库的吞吐量为最大。

1. 仓库布局设计的影响因素

在规划仓库布局时，必须在空间、人力、设备等因素之间进行权衡比较。空间太大，机械设备与员工在作业过程中行走的距离会增加；空间狭小拥挤，也会影响工作，降低作业效率。影响仓库布局设计的因素主要有：

（1）仓库的主要功能。仓库的主要功能是单纯储存还是兼有分拣、流通、加工、配送等作业功能。

（2）储存的对象。如储存货物的性质、类型、数量、外形尺寸等。

（3）仓库环境要求。如是常温、冷藏还是恒温条件。

（4）货位是否固定。固定货位便于收发保管和点查，但常有货位空闲不用，存储空间的利用率低。

（5）平面或立体布局。平面布局具有地面单位面积承载能力大、货物进出库作业方便的优点，但占用土地面积大；立体布局充分利用仓库高度，在单位面积上能储存更多的货物，节省用地。

（6）通道与货架占用空间。通道面积增大，则放置货架的面积减少，相应地使储存空间随着减少。但宽敞的通道便于使用机械作业。

（7）机械化程度。

（8）分拣作业要求。

2. 其他空间需要

除了货物入库和出库所需要的库房储存空间以外，为了进行仓库其他业务活动也需要有一定的场地。

（1）车辆为等待装货或卸货所需的停车场地和员工休息室。

（2）入库和出库货物的暂时存放场地。

（3）办公室所需场地。

（4）保管损坏货物、等待承运商检查确认的场地。

（5）进行重新包装、贴标签、标价等业务所需用的场地。

（6）设备的保管和维护地区。

（7）危险品以及需要冷冻、冷藏等特殊保管的货物所需要的专用储存区。

（三）仓储设备配置管理

要根据仓库的功能、储存对象、要求条件等确定主要设施、设备的配置。如表 4.1 所示。

表 4.1　企业仓库设备的配置

功能要求	设备
存货、取货	货架、叉车、堆垛机械、起重运输机械等
分拣、配货	分拣机、托盘、搬运车、传输机械
验货、养护	检验仪表、工具、养护设施等
防火、防盗	温度监视器、防火报警器、监视器、防盗报警设施
流通加工	所需的作业机械、工具等
控制、管理	计算机及辅助设备等

第三节 仓储管理作业流程

一、货物的入库

货物的入库业务是仓储业务的开始，包括货物的接运、卸货、搬运、清点数量、货物验收、整理、堆码、办理入库手续等一系列的操作过程。它是根据货主提供的货物储存计划和入库凭证安排的，按照规定的程序，仓库进行收货的业务。在收货过程中，仓库要做到手续简便、操作便捷、点数准确、保证质量。按其业务程序可以分为收货准备、货物接运、货物验收、货物入库等各个环节。

（一）货物入库前的准备

1. 编制仓储计划，作好入库准备。
2. 安排仓容，确定堆放位置。
3. 合理组织人力、装卸机具。
4. 准备好验收设备，保证货物验收。
5. 备齐货物苫垫物料和劳动保护用品。

（二）货物的接运

接运工作是仓库进行货物入库时发生交接的一项工作。它的主要任务是根据到货通知，及时、准确地向有关部门提取入库货物，并为入库保管作好一切准备。接运工作手续要清楚、责任要分明，要避免把一些在入库前发生的货损或错误带入仓库，从而造成责任难分和保管工作中的困难。接运工作主要包括以下几项内容：

1. 与发货单位或部门及承运单位联络

物流部门的仓库机构应与发货单位或部门及承运单位建立联系，以掌握接货的有关信息，从而制定接货计划，安排接货的人力、物力。

2. 制定接货计划

在充分掌握到货的时间、数量、重量、体积等基本情况后，要安排制定接货计划。接货计划有两个方面的主要内容，一方面是根据内部情况，与发货单位或部门商定到货接取计划；另一方面安排自己的接货时间、接货人员、接货地点、接货装备。

3. 办理接货手续

按接货计划在确定的时间办理各种接货手续，如提货或接取手续、财务手续等。

4. 到货的处理

在各种手续完成后或手续办理过程中，对所到的货物进行卸货、搬运、查看、清点及到货签收工作并在适当地点暂存。

（三）货物的验收

1. 货物验收的要求

货物入库验收要求做到及时、准确、负责，也就是要求在尽可能短的时间内，准确地验收货物的数量、质量和包装，以认真负责的态度去对待验收。

2. 货物验收的程序

（1）接收并核对单据

货物验收必须是在各种业务证件和资料齐全的条件下进行，保管员在接收到库的货物时，应先接收的主要单据、凭证包括：存货人提供的入库通知单、仓储合同；存货人或供货单位提供的质量证明书或合格证、装箱单、发货明细表等；如果在接运时已有质量残损或差错，应具有承运人填写的商务记录或普通记录，以及提货员、接货员或送货员的交接记录。只有当上述单据、凭证齐全，并经核对无误后方能验收。

（2）检验实物

① 数量检验。商品运到后，收货人员要按商品入库单清点商品数量。商品数量的计量分计数与计重两种。计数可采取大数点收、逐件计总，或集中堆码点数等方法。计重的商品若需要验收净重，可根据商品包装的具体情况，采用扣除平均皮重或除皮核实两种方法。成套或带附件的货物，必须点清主件、附件、零件和工具是否齐全。

② 质量检验。质量检验是鉴定商品的质量指标是否符合规定。质量鉴定分感官鉴定和理化鉴定两种方法。理化鉴定一般由技术检验部门进行取样测定。感官鉴定一般由仓库保管员在验收商品时凭感官检查商品的包装、外观等。

③ 包装验收。包装对安全运输和储存关系甚大，是仓库验收中必须重点检查的一项内容，尤其是包装有具体规定的，如木箱板的厚度、打包铁皮的箍数，纸箱、麻袋等的质量要求等，仓库必须按规定进行验收。

商品的检验方式有全验和抽验两种。 全验，主要是数量的全验，在批量小、规格尺寸和包装不整齐以及严格验收时采用。抽验，往往在批量大、规格尺寸和包装尺寸整齐、商品质量信誉较高以及验收条件有限的情况下采用。现在商品检验方式，一般由供货方和接货方双方通过签订协议或合同加以规定。

（3）验收中发生问题的处理。为了准确划分存储单位、运输部门的职责和保证入库商品的质量，对验收中出现的问题要严格按照制度规定处理。

商品入库凭证不齐或不符时，仓库有权拒收或要求重办入库凭证，将所到商品另行堆放，暂作待验处理。

① 当验收中发现商品质量不符合规定时，应立即会同交货单位或有关人员作出详细记录，将有问题的商品单独存放，同时采取必要措施防止扩大损失，并迅速通知有关单位到现场查看，共同协商，及时处理。

② 在数量检查中，计件商品一般不允许有短缺。对计重商品所发生的损溢，凡在规定标准以内的，仓库可按实际数量验收入库。超过规定时，也应会同交货人员作出记录，分清责任，及时处理。

③ 在验收中对有索赔期的商品，应及时检验，发现问题时必须按照规定的手续，在规定的期限内，向有关部门提出索赔要求，否则责任部门对所形成的损失将不予受理。

（四）货物入库

货物验收完毕后，就需要办理登账、立卡、建档等一系列入库手续。

1. 堆放。货物入库后首先要进行合理的堆放。充分使用仓库现有的储存条件使货物得到妥善保管，加大仓库利用率，减少储存成本。

2. 登账。仓库对每一品种、规格、质量的货物都应建立收发存明细账，即保管账，详细反映库存货物进库、出库、保存情况。在登销账目时，必须以正式收发凭证为依据。

3. 货物资料卡。货物资料卡是一种实物标签，反映库存货物的名称、规格、型号、级别、单价、进出库动态和实际数量。资料卡一般直接挂在货位上以便于管理。

4. 建立货物档案。货物档案是保存历年来的货物技术资料及出、入库资料，如各种凭证、技术说明和其他证件、验收记录及技术检验记录等。

二、货物的保管

（一）维护保养

物流部门要研究影响货物质量变化的因素，制定科学的货物维护保养制度和方法，防止库存货物质量下降，并要随时掌握货物质量变化情况，及时采取适当措施。

（二）盘点与检查

货物的盘点与检查是及时掌握库存货物的变化情况，避免发生短缺和长期积压，维护货物质量，保证卡、账、物相符的重要手段。盘点检查的内容包括查规格、点数量、查质量、查有无超过保管期或长期积压情况、查保管条件、查安全等。

三、货物的出库

货物出库是库存保管工作的最后阶段，把货物及时、准确地发放到客户手中是库存保管工作的最终任务。为了做到这一点，出库的货物应按入库的时间安排好出库顺序；对有保管期限的货物，应在限期内发出；货物出库凭证必须符合要求，做到出库准确迅速。

（一）出库前的准备

为了使货物出库迅速、加快物流速度，仓库在出库前应安排好出库的时间和批次。同时，做好出库场地、机械设备、装卸工具及人员的安排。

（二）核对出库凭证

仓库发放货物必须有正式的出库凭证。物流保管人员接到发货通知后，经仔细核对，检查无误后方可备货。

（三）备货

物流保管人员按照出库凭证上的要求进行备货。规定发货批次者，按规定批次备货；未定批次的，按先进先出的原则备货。

（四）复核

为防止差错，备好货后必须再度与出库凭证核对出库货物的名称、规格、数量等，以保证出库的准确性。

（五）点交

货物复核无误后即可出库。发货时应把货物直接点交给提货人，办清交接手续。若是代运，则需向负责包装和运输的部门点交清楚。

物流保管的作业规范见表 4.2 所示。

表 4.2　物流保管的作业规范

作业规范	内容要求	目的
面向通道	将货物面向通道进行保管库存	便于货物在仓库内移动、存放和取出
先进先出	根据货物入库时间决定发货送出次序	防止货物因保管时期过长而发生变质、损耗现象
周转频率对应	依据货物进货发货的不同频度来确定货物的存放位置，次数频繁的货物放置在靠近仓库进出口的位置	便于货物的搬运，提高物流效率
同类归一	相同或相类似的货物存放在相同或相近的位置	便于分拣，提高物流作业效率
重量对应	根据货物的重量确定存入的位置和保管方法。较重的货物放置在地上或货架的底层，反之则放置在货架上层	便于分拣，提高物流作业效率
形状对应	根据货物的形状确定存放的位置和保管方法，包装标准化的货物放置在货架上保管，非标准化的货物对应于形状进行保管	方便搬运和安全作业
标记明确	对保管货物的品种、数量及保管位置做明确详细的标记	便于提高货物存放、拣出的物流作业效率
分层堆放	选用货架等保管设备对货物进行分层堆放保管	有利于提高仓库的利用效率，保证作业的安全性
“五五”堆放	以五或五的倍数在固定区域内堆放，使货物“五五成行、五五成方、五五成包、五五成堆、五五成层”，堆放横竖对齐，上下垂直，过目知数，流动后零头尾数要及时合并	方便货物的数量控制、清点盘存

第四节　储存合理化

一、不合理储存的表现

不合理储存主要表现在两个方面，一方面是由于储存技术不合理造成物品损失，另一方面是储存管理、组织不合理，不能充分发挥储存作为一个利润源的作用。不合理储存具体表现为：

1．储存时间过长。

一方面是经过一定的时间，被储物资可以获得“时间效用”；另一方面是随着储存时间的增加，有形及无形损耗加大，是“时间效用”的一个逆反因素。储存的总效果是确定储存最优时间的依据。

2．储存的数量过大。

一方面储存虽然以一定数量形成保证供应、保证生产、保证消费的能力，但储存的损失（各种有形及无形的损失）是随着储存数量的增加成正比例地增加的。

3．储存数量过低。

储存数量过低会严重降低储存对供应、生产、消费的保证能力。当然，储存数量越低，储存的各种损失也会越低，储存数量降低到一定程度，由于保证能力的大幅度削弱会引起巨大损失，其损失远远超过由于减少储存量防止库损、减少利息支出损失等带来的收益，所以，储存量过低，也是会大大损害总效果的不合理现象。

4．储存条件不足或过剩。

储存条件不足，指的是储存条件不足以为被储存物提供良好的储存环境及必要的储存管理措施，因此往往造成被储物的损失或整个储存工作的混乱，使储存后的工作受到损失。储存条件不足主要反映在储存场所简陋，储存设施不足以维护保养手段及措施不力，不足以保护被储物。储存条件过剩，指的是储存条件大大超过需要，从而使被储物过高负担储存成本，使被储物的实际劳动投入大大高于社会平均必要劳动量，从而出现亏损。

5．储存结构失衡。储存结构是被储物的比例关系，在宏观上和微观上被储物的比例关系都会出现失调，如储存物的品种、规格、储存期、储存量、储存位置的失调等。

二、储存合理化

所谓储存合理化，就是建立合适的储存条件，对合适的储存品种进行合适的库存管理的综合性系统工程。储存合理化具体包括：储存条件合理化，储存品种结构合理化，储存数量合理化和储存时间合理化。

1．储存品种结构合理化，就是要有一个合理的库存品种结构。

2．储存数量合理化，就是要有一个合适的库存数量。

3．储存时间合理化，就是储存时间不能太长，超过规定储存期，产品就失去了原有的使用价值而成为废品或次品。储存时间合理化，一定要认真执行“先进先出”原则，保证各个产品都能够正常流转．加快流转速度，提高库存周转率和库容利用率。

实行“先进先出”，常采用的办法有：

（1）将周转快的物资随机存放在便于存储之处，以加快周转，减少劳动消耗。

（2）采用贯通式货架系统。货架每层采用贯通的通道，从一端存入物品，从另一端取出物品，物品在通道中自行按先后顺序排队出库，不会出现遗漏、越位。

（3）“双仓法”储存。给每种被储物都准备两个仓位或货位．轮换进行存取，规定一个货位用完再用另一个货位，则可以保证实现“先进先出”。这种方法在管理上比较简单，适合于资金占用量不大、经常使用又无须进行重点管理的物资。

提高仓容利用率，常采用的办法有：

（1）提高库存月转率。让物资快进快出，加快运转，这是提高仓容利用率的最佳途径。

（2）采取高垛的方法，增加储存的高度。具体方法有，采用高层货架仓库、采用集装箱等都可比一般堆存方法大大增加储存高度。

（3）缩小库内通道宽度以增加储存有效面积，采用窄巷道式货架，配以轨道装卸车辆，以减少车辆运行宽度要求，采用侧叉车、推拉式叉车，以减少叉车转弯所需的宽度。减少库内通道数量以增加储存有效面积。

4. 储存条件合理化，主要是要建立起一个完善合理的保管场所和保管条件。仓库的地质地理条件、温度湿度通风光照能源条件、防火防盗安全条件、仓储规划布局、保管规章制度等全面合理化，采用以下一些措施是必要的：

（1）采用计算机仓储管理系统。计算机管理可以实现各个品种迅速有效的进销存数量管理、有效的储存定位管理，能大量节约寻找、存放、取出的时间，节约不少物化劳动及活劳动，而且能防止差错，减少空位的准备量，提高储存系统的利用率。

（2）实行 ABC 分类管理。

（3）采用有效的监测清点方式。监测清点的有效方式主要有：

① “五五”堆放。

② 光电识别系统。

③ 电子计算机监控系统。

（4）采用现代储存保养技术，例如自动存取技术、自动识别技术、自动分拣技术、计算机管理控制技术等。

（5）采用集装箱、集装袋、托盘等运储装备一体化的方式。这种方式通过物流活动的系统管理，将储存、运输、包装、装卸一体化，不但能够使储存实现合理化，更重要的是促使整个物流系统的合理化。

物流窗口　仓库管理系统 WMS

表 4.3　仓库管理系统（warehouse management system）

<table>
<tr><td rowspan="7">A. 入库管理子系统</td><td>1. 入库单数据处理（录入）</td></tr>
<tr><td>2. 条码打印及管理</td></tr>
<tr><td>3. 货物装盘及托盘数据登录注记（录入）</td></tr>
<tr><td>4. 货位分配及入库指令发出</td></tr>
<tr><td>5. 货位重新分配</td></tr>
<tr><td>6. 入库成功确认</td></tr>
<tr><td>7. 入库单据打印</td></tr>
<tr><td rowspan="5">B. 出库管理子系统</td><td>1. 出库单数据处理（录入）</td></tr>
<tr><td>2. 出库项内容生成及出库指令发出</td></tr>
<tr><td>3. 错误货物或 empty out 的货位重新分配</td></tr>
<tr><td>4. 出库成功确认</td></tr>
<tr><td>5. 出库单据打印</td></tr>
</table>

续表

<table>
<tr><td rowspan="2">C. 数据管理子系统</td><td>A. 库存管理</td><td>1. 货位管理查询
2. 货物编码查询库存
3. 入库时间查询库存
4. 盘点作业</td></tr>
<tr><td>B. 数据管理</td><td>1. 货物编码管理
2. 安全库存量管理
3. 供应商数据管理
4. 使用部门数据管理
5. 未被确认操作的查询和处理
6. 数据库与实际不符合记录的查询和处理</td></tr>
<tr><td>D. 系统管理子系统</td><td colspan="2">1. 使用者及其权限设置
2. 数据库备份作业
3. 系统通信开始和结束
4. 系统的登录和退出</td></tr>
</table>

案例分析之一　从英迈公司中国物流运作得到的启示

2000 年一年内英迈公司全部库房只丢了一根电缆。半年一次的盘库，由公证公司做第三方机构检验，前后统计结果只差几分钱。陈仓损坏率为千分之零点三，运作成本不到营业总额的 1%……这些都发生在全国拥有 15 个仓储中心、每天库存货品上千种、价值可达 5 亿人民币的英迈中国身上。他们是如何做到的呢？近日，记者受邀参观了英迈中国在上海的储运中心，对英迈中国运作部强烈的成本概念和服务意识感触很深。

一、几个数字

一毛二分三：英迈库中所有的货品在摆放时，货品标签一律向外，而且没有一个倒置。这是在进货时就按操作规范统一摆放的，目的是为了出货和清点库存时查询方便。运作部曾经计算过，如果货品标签向内，以一个熟练的库房管理人员操作，将其恢复至标签向外，需要 8min，这 8min 的人工成本就是一毛二分三。

3kg：英迈的每一个仓库中都有一本重达 3kg 的行为规范指导，细到怎样检查销售单、怎样装货、怎样包装、怎样存档、每一步骤在系统上的页面是怎样的等等，在这本指导上都有流程图，有文字说明，任何受过基础教育的员工都可以从规范指导中查询和了解到每一个物流环节的操作规范，并遵照执行。在英迈的仓库中，只要有动作就有规范，操作流程清晰的观念为每一个员工所熟知。

5min：统计和打印出英迈上海仓库或全国各个仓库的劳动力生产指标，包括人均收货多少钱，人均收货多少行（即多少单，其中人均每小时收到或发出多少行订单是仓储系统评估的一个重要指标），只需要 5min。在 Impulse 系统中，劳动力生产指标统计适时在线，随时可调出。而如果没有系统支持，这样的一个指标统计至少得一个月时间。

10 公分：仓库空间是经过精确设计和科学规划的，甚至货架之间的过道也是经过精确计算的，为了尽量增大库存可使用面积，只给运货叉车留出了 10 公分的空间，叉车司机的驾驶必须稳而又稳，尤其是在拐弯时，因此英迈的叉车司机都要经过此方面的专业培训。

20min：在日常操作中，仓库员工从接到订单到完成取货，规定时间为 20min。因为仓库对每一个货位都标注了货号标志，并输入 Impulse 系统中，Impulse 系统会将发货产品自动生成产品货号，货号与仓库中的货位一一对应，所以仓库员工在发货时就像邮递员寻找邮递对象的门牌号码一样方便快捷。

4h：一次，由于库房经理的网卡出现故障，无法使用 Impulse 系统，结果他在库房中寻找了 4h，也没有找到他想找的网络工作站。依赖 IT 系统对库房进行高效管理，已经成为库房员工根深蒂固的观念。

1 个月：英迈的库房是根据中国市场的现状和生意的需求而建设的，投入要求恰如其分，目标清楚，能支持现有的生意模式并做好随时扩张的准备。每个地区的仓库经理都要求能够在 1 个月之内完成一个新增仓库的考察、配置与实施，这都是为了飞快地启动物流支持系统。在英迈的观念中，如果人没有准备，有钱也没用。

二、几件小事

（1）英迈库房中的很多记事本都是收集已打印一次的纸张装订而成的，即使是各层经理也不例外。

（2）所有进出库房都须严格按照流程进行，每一个环节的责任人都必须明确，若违反操作流程，则即使有总经理的签字也不可以。

（3）货价上的货品号码标识用的都是磁条，采用的原因同样是因为节约成本。以往采用的是打印标识纸条，但因为进仓货品经常变化，占据货位的情况也不断改变，用纸条标识灵活性差，而且打印成本也很高，采用磁条后问题得到了根本性解决。

（4）英迈要求与其合作的所有货运公司在运输车辆的厢壁上必须安装薄木板，以避免因为板壁不平而使运输货品的包装出现损伤。

（5）在英迈的物流运作中，厂商的包装和特制胶带都不可再次使用，否则，视为侵害客户权益。因为包装和胶带代表着公司自身知识产权，这是法律问题。如有装卸损坏，必须运回原厂，出钱请厂商再次包装。而如果由英迈自己包装的散件产品，全都统一采用印有其指定国内总代理怡通公司标识的胶带进行包装，以分清责任。

三、仅仅及格

提起英迈，在分销渠道中都知道其最大优势是运作成本，而这一优势又往往被归为由于其采用了先进的 Impulse 系统。但从以上描述中已可看出，英迈运作优势的获得并非看似那样的简单，而是对每一个操作细节不断改进、日积月累而成的。从所有的操作流程看，成本概念和以客户需求为中心的服务观念贯穿始终，这才是英迈竞争的核心所在。英迈中国的系统能力和后勤服务能力在英迈国际的评估体系中仅被打了 62 分，即刚刚及格。据介绍，在美国专业物流市场中，英迈国际能拿到 70～80 分。

作为对市场销售的后勤支持部门，英迈运作部认为，真正的物流应是一个集中运作体系，一个公司能不能围绕新的业务，通过一个订单把后勤部门全部调动起来，这是一个核心问题。产品的覆盖面不见得是公司物流能力的覆盖面，物流能力覆盖面的衡量标准是应该经得起公司业务模式的转换，换了一种产品仍然能覆盖到原有的区域，解决这个问题的关键是建立一整套物流运作流程和规范体系，这也正是大多数国内 IT 企业所欠缺的物流服务观念。

请问：

1. 从英迈公司中国物流的运作中我们得到什么启示？
2. 你认为英迈运作优势究竟来自于什么？

案例分析之二 海尔“革”了仓库的“命”

我国传统企业一般是按计划进行采购、制造等活动的。由于不重视订单的概念，导致大量的采购其实是没有订单的采购，采购回来的这些物料到底给谁也不知道，只能作为库存；同时，大量的制造也是没有订单的制造，天天非常忙，却等于忙着增加库存；最后的销售，说到底无异于处理库存，削价便成了唯一的出路。在竞争激烈的中国家电市场，越来越多的企业就这样被无奈地拖进了一轮一轮没完没了的价格战。

海尔要另辟蹊径，消灭库存，使订单真正成为驱使企业采购、制造、销售运作的动力，让采购回来的每一个零部件和生产线上的每一件产品都是有主的。现代物流作为实现为订单而采购最重要的支持系统，提到了海尔的战略层次。

什么是物流？简言之，物流是企业的管理革命，物流就是速度。张瑞敏指出，有了现代物流，仓库不再是储存物资的水库，而是一条流动的河，河中流动的是按订单采购来生产必需的物资，也就是按订单来进行采购、制造等活动。这样，从根本上消灭了呆滞物资、消灭了库存。仓库不再是仓库，它只是一个配送中心，是为下一道工序配送而暂存的地方。

物流，在海尔集团的过去同国内其他企业一样，仅仅意味着做纯粹功能基础上的仓储和运输工作，随着市场的开拓，对生产系统提出了越来越高的要求：不单纯是产品质量能否满足市场，更重要的是如何在市场需要的时候，及时生产和交付顾客所需要的产品和服务。他们邀请了专业的物流公司协助确定物流系统设计方案，并成立物流专家委员会作为其物流改革的智囊团，介绍最新的物流理论和系统设计方法。

1999 年，海尔集团改原来那种对上级负责的职能管理为对市场负责的流程管理，组织结构也由金字塔式改革为扁平化，并成立了商流、物流、资金流推进本部。物流本部下设采购、配送、储运三个事业部，负责将分散在各产品部门的物流业务集中起来，实行全球化统一采购、配送和储运。整合企业内部资源，每年为海尔节约资金上亿元，使海尔物流的规模化优势得到了极大发挥。在整合内部资源的同时，海尔的供应商也由原来的 2 336 家优化至 978 家，国际化供应商的比例上升了 20%。

2001 年 3 月 31 日，“海尔现代物流同步模式研讨会暨海尔国际物流中心启用仪式”在青岛海尔总部举行。与会专家们认为，海尔国际物流中心已达到世界领先水平，通过硬件和软件两方面的领先技术运用，“革”了传统意义上仓库的“命”。“海尔一流三网同步模式”对中国其他企业具有很好的借鉴意义，“海尔是中国物流管理觉醒第一人”。“传统家电业的网变，进去了就不能回头”，海尔认为物流建设给海尔带来了三个“零”：零库存、零距离、零营运资本。“零库存不仅仅是没有大量的物资积压，最重要的在于物资都是采购最好的，使质量保证有了非常牢靠的基础。零距离，就是根据用户的需求，拿到用户的订单，再来以最快的速度满足用户的需求。零距离不仅仅是意味着产品不需要积压，而且还可以在市场当中不断地获取新的市场，创造新的市场。零营运资本，就是零流动资金占用。一只手抓住了用户的需求，另一只手抓住了可以满足用户需求的全球的供应链，这给企业的是核心竞争力。”

很明显，这样做一是可以更好地发挥海尔配送体系的优势，增加产品的附加服务值；二是可以实现柔性化的市场，拿张瑞敏的话说，即使客户要三角形的冰箱，海尔的物流信息系统也可以保证满足他的需要。

在供应方面，海尔的供应商为978家，其中不乏世界500强企业，如GE、LG电子、爱默生和巴斯夫等。目前，海尔平均每个月接到六千多个销售订单，定制七千多种产品，需要采购的物料品种达十五万多种。如此大规模的供应系统给工作带来了巨大的困难：假设在一个仓库里完成上述工作，就需要数十万平方米的普通平面仓库，上百个保管员、叉车司机等多工种工作人员，从收到计划到把采购订单下达到供应商手中最快需要5～7天。如何有效地利用外部资源和提高物流效率已经是海尔物流目前最大的课题。为了与国际接轨，海尔请来了德国SAP公司帮助其打造现代物流管理软件系统。

目前，海尔的ERP系统已经覆盖了整个集团原材料集中采购、原材料库存及立体仓库的管理，19个事业部PP模式中的生产计划、事业部生产线上工位的原材料配送、事业部成品下线的原材料消耗倒冲以及物流本部零部件采购公司的财务等业务，构建了海尔集团的内部供应链。如今，海尔特色物流管理的“一流三网”充分体现了现代物流的特征：“一流”是以订单信息流为中心；“三网”分别是全球供应链资源网络、全球用户资源网络和计算机信息网络。“三网”同步运动，为订单信息流的增值提供支持。

海尔物流的“一流三网”的同步模式可以实现四个目标：

1）为订单而采购，消灭库存。

在海尔，仓库不再是储存物资的水库，而是一条流动的河，河中流动的是按单采购来生产必需的物资，也就是按订单来进行采购、制造等活动，这样，从根本上消除了呆滞物资，消灭了库存。

海尔物流整合以来，呆滞物资降低73.8%，仓库面积减少50%，库存资金减少67%。海尔国际物流中心货区面积7 200平方米，但它的吞吐量却相当于30万平方米的普通平面仓库。同样的工作，海尔物流中心只有10个叉车司机，而一般仓库完成这样的工作量至少需要上百人。

2）双赢，赢得全球供应链网络。

发达的营销网络像神经末梢一样，准确地获取全球用户的个性化需求，争取有价值的订单。海尔通过整合内部资源，集团内实施统一采购，每年为企业节约资金上亿元，同时通过整合内部资源，利用规模优势也优化了外部资源，使供应商优化至978家，但国际化供应商的比例却上升了 20%，建立了强大的全球供应链网络，有力地保证了海尔产品的质量和交货期。

不仅如此，更有一批国际化大公司已经以其高科技和新技术参与到海尔产品的前端设计中，目前可以参与产品开发的供应商比例已高达 32.5%。因此，按照双赢的原则，海尔和分供方之间不再是简单的买卖关系，国际化分供方提前参与到海尔产品的设计阶段，与海尔共同面向用户，使订单增值。由于全球供应链具备了强大的供货能力和配送能力，能及时满足海尔生产的需要。海尔物流实现了以信息代替实物的“虚拟库存”。这是目前国内企业达不到的，也是海尔物流与众不同之处。

3）三个 JIT，实现同步流程。

三个 JIT，即 JIT 采购、JIT 配送和 JIT 分拨物流来实现同步流程。2001 年 3 月 31 日正式启用的海尔国际物流中心坐落在海尔开发区工业园，由国家 863 计划项目海尔机器人有限公司整合国内外资源建设而成。海尔国际物流中心高 22 米，拥有 18 056 个标准托盘位，其中原材料 9 768 个，成品 8 288 个，包括原材料和产成品两个自动化物流系统。采用世界上最先进的激光导引技术开发的激光导引无人运输车系统、巷道堆垛机、机器人、穿梭车等，全部实现现代物流的自动化和智能化。无论原材料还是成品都采用标准托盘，从入库到出库中间的所有活动都实现无人操作——巷道堆垛机根据计算机信息指令，自动装取货架的货物，送到巷道口，再由无人操纵的穿梭车或 LGV（激光导引）小车运至出入库站台。

所有这些出入库信息都由货物托盘上的条码和机械搬运设备上的红外线扫描信息终端同步传送到海尔物流的计算机管理系统。整个物流中心货区面积 7 200 平方米，但它的吞吐量相当于 30 万平方米的普通平面仓库，同样的工作，海尔物流中心只有 10 名叉车司机，而一般仓库完成这样的工作量至少需要上百人。由于物流技术和计算机信息管理的支持，海尔通过 3 个 JIT（JUST IN TIME），即 JIT 采购、JIT 配送、JIT 分拨物流来实现同步流程。

目前通过海尔的 BBP 采购平台，所有的供应商均在网上接受订单，并通过网上查询计划与库存，及时补货，实现 JIT 采购；货物入库后，物流部门可根据次日的生产计划，利用 ERP 信息系统进行配料，同时根据看板管理 4 小时送料到工位，实现 JIT 配送；生产部门按照 BtoB、BtoC 订单的需求完成订单以后，满足用户个性化需求的定制产品通过海尔全球配送网络送达用户手中。

2001 年 3 月 25 日，成都百货大楼通过海尔网站的电子商务平台下达了 55 台商用空调的订单，订单号为 5000571。海尔物流采购部门和生产部门同时接到订单信息，在计算机系统上，立即显示出负责生产制造的海尔商用空调事业部的缺料情况。采购部门向压缩机供应商在网上发布订单，配送部门根据网上显示的配送清单 4 小时以内及时送料到工位。

3 月 30 日，海尔商用空调已经完成定制产品生产，55 台商用空调已经入库。在海尔物流中心里，这 55 台定制产品正在进行成品出库和配送。加上成品配送的时间，海尔现在完成客户化定制订单只用 10 天时间，而一般企业至少需要 36 天，这就是海尔柔性生产和敏捷制造系统的魅力。目前海尔在国内已建立 42 个配送中心，每天可将 5 万多台定制产品配送到 1 550 个海尔专卖店和 9 000 多个营销点；在中心城市实现 8 小时配送到位，区域内 24 小时配送到位，全国 4 天以内到位，实现了分拨物流的 JIT。海尔整合全球配送网络与资源，借助信息系统，积极拓展社会化分拨物流业务，现已成为日本美宝的物流总代理，与 ABB、雀巢等国际化大公司的业务也在顺利开展。

4）计算机网络连接新经济速度。

在企业外部，海尔 CRM（客户关系管理）和 BBP 电子商务平台的应用架起了与全球用户资源网、全球供应链资源网沟通的桥梁，实现了与用户的零距离。目前，海尔 100%的采购订单由网上下达，使采购周期由原来的平均 10 天降低到 3 天；网上支付已达到总支付额的 20%。在企业内部，计算机自动控制的各种先进物流设备不但降低了人工成本、提高了劳动效率，还直接提升了物流过程的精细化水平，达到质量零缺陷的目的。计算机管理系统搭建了海尔集团内部的信息高速公路，能将电子商务平台上获得的信息迅速转化为企业内部的信息，以信息代替库存，达到零营运资本的目的！

张瑞敏认为，“新经济时代对企业来讲，制胜的武器就是速度。而这个速度，就是最快地满足消费者的个性化需求。”

在海尔冰箱商品开发部，呈现出一派繁忙的景象。开发部相关负责人只来得及匆匆讲了两个故事：第一个故事是在新春三次专列中扮演主角的“快乐王子007”，其“诞生”可谓神速：从得到“开发灵感”到成熟产品上市只用了3个月时间，这期间包括样机试制、评审等过程的一再反复。第二个故事发生在2001年11月中旬，海尔欧洲贸易公司总裁亚默瑞先生来到海尔冰箱厂，要求将出口欧洲的冰箱统一风格。海尔冰箱厂连夜赶制了7台样机。看到样机，亚默瑞先生非常满意，但希望冰箱门把手的弧度和色泽能够稍做改进。第二天，他就见到了自己心仪的门把手，亚默瑞一句话也没说，一次性签下了大笔订单。

网络时代改变了游戏规则，是用户选择企业而非企业选择用户，因此，谁能在第一时间研制出满足顾客要求的新品，谁就能获得商机。海尔冰箱商品开发部平均1个工作日研制出来一个新品，这样的新品开发速度无疑使其在第一时间内牢牢握住了用户的手。

2001年春节，海尔冰箱市场只能用“异常火爆”来形容。面对西南地区频频告急的冰箱市场，仅仅一个月，海尔冰箱连发三次专列奔赴同一地区，且每列车有40多节车厢，满载万余台冰箱。这些冰箱都是被经销商们预订好的，甚至还在途中，就已经有性急的消费者开好了票等着往回领冰箱。海尔特有的订单经济，将铁路“变”成了流动周转库，实现了产品零库存。如此快的生产速度和营销速度得益于海尔高效的现代物流体系和营销网络。

闪电般的新品开发速度、闪电般的生产运营速度，在海尔冰箱身上，总有一种网络时代高效高速的气质和魅力，这就是海尔冰箱12年稳居中国冰箱市场榜首、品牌占有率全球第二的奥秘。

海尔认为，在网络时代，企业必须沿着速度、创新等轨迹发展，否则就会被这个时代所抛弃。而这些要点综合起来看就是海尔冰箱在网络时代如何获得用户的奥秘：用速度抢占市场，使海尔冰箱成为用户首先选择的对象；用创新开发出本土化和全球化产品，创造出用户的价值。把速度和创新落实到每一个海尔员工身上，一切需要以市场为目标，全员创新，用最快的速度满足用户的个性化需求，使海尔冰箱能够成为用户永远选择的品牌。

请对此案例展开讨论：海尔是如何“革”了仓库的“命”的？其理念和做法是什么？

思考题与习题

1. 说明储存的二重性。
2. 如何理解现代物流中的仓储的功能与作用？
3. 仓库的种类与功能是什么？
4. 仓库的设置原则是什么？
5. 仓库布局的模式是什么？
6. 仓库内部布局要考虑哪些内容？
7. 简述仓储管理的作业流程。
8. 简述储存的合理化。

第五章　库存管理

【引导案例】透视“零库存”

一汽大众汽车有限公司目前仅捷达车就有七八十个品种，十七八种颜色，而每辆车都有两千多种零部件需要外购。从 1997 年到 2000 年年末，公司捷达车销售量从 43 947 辆一路跃升至 94 150 辆，市场兑现率已高达 95%～97%。与这些令人心跳的数字形成鲜明对比的是公司零部件居然基本处于“零库存”状态，而制造这一巨大反差的就是一整套较为完善的物流控制系统。

一个占地九万多平方米、可同时生产三种不同品牌汽车的、亚洲最大的整车车间，它的仓库也一定非常壮观吧？可这里的人却告诉记者：我们这儿没有仓库，只有入口。

走进一个标有“整车捷达入口处”牌子的房子，只见在上千平方米的房间内零零星星地摆着几箱汽车玻璃和小零件，四五个工作人员在有条不紊地用电动叉车往整车车间送零件。在入口处旁边的一个小亭子里，一位保管员正坐在电脑前用扫描枪扫描着一张张纸单上的条形码——他正在把订货单发往供货厂。这时，一辆满载着保险杠的货车开了进来，两个工作人员见状立即开着叉车跟了上去。几分钟后，这批保险杠就被陆续送进了车间。据保管员讲，一汽大众的零部件的送货形式有三种：第一种是电子看板，即公司每月把生产信息用扫描的方式通过电脑网络传送到各供货厂，对方根据这一信息安排自己的生产，然后公司按照生产情况发出供货信息，对方则马上用自备车辆将零部件送到公司各车间的入口处，再由入口处分配到车间的工位上。刚才看到的保险杠就采取了这种形式。第二种叫作“准时化（Just in time）”，即公司按过车顺序把配货单传送到供货厂，对方也按顺序装货，直接把零部件送到工位上，从而取消了中间仓库环节。第三种是批量进货，供货厂每月对于那些不影响大局又没有变化的小零部件分批量地送一到两次。他说，过去这是整车车间的仓库，当时库里堆放着大量的零部件，货架之间只有供叉车勉强往来的过道，大货车根本开不进来。不仅每天上架、下架、维护、倒运需要消耗大量的人力、物力和财力，而且储存、运送过程中总要造成一定的货损货差。

现在每天平均两个小时要一次货，零部件放在这里的时间一般不超过一天。订货、生产零件、运送、组装等全过程都处于小批量、多批次的有序流动当中。公司原先有一个车队专门在各车间送货，现在车队已经解散了。为什么短短几年的时间一汽大众就会有如此大的变化？陪同记者采访的公司生产服务部的规划员丁一飞自豪地说：我们用不到 300 万元人民币打造了“傻子工程”。

在该公司流行着这样一句话：在制品是万恶之源，用以形容大量库存带来的种种弊端。在生产初期，捷达车的品种比较单一，颜色也只有蓝、白、红三种，公司的生产全靠大量的库存来保证。随着市场需求的日益多样化，传统的生产组织方式面临着严峻的挑战。1997 年，“物流”的概念进入了公司决策层。考虑到应用德方的系统不仅要一次性投入 1 500 万美元，每年的咨询和维护费用也需数百万美元，中方决定自己组织技术人员和外国专家进行物流管理系统的研究开发。1998 年年初，公司开发的物流控制系统获得成功并正式投入使用。如今，这个仅用了不足 300 万元人民币的系统已经受住了十几万辆车的考验。在整车车间，记者看到生产线上每辆车的车身上都贴着一张生产指令表，零部件的种类及装配顺序一目了然。计划部门按装车顺序通过电脑网络向各供货厂下计划，供货厂按照顺序生产、装货，生产线上的工人按顺序组装，一伸手拿到的零部件保证就是他正在操作的车上的。物流管理就这样使原本复杂的生产变成了简单而高效的“傻子工程”。令人称奇的是，整车车间的一条生产线过去只生产一种车型，其生产现场尚且拥挤不堪，而如今在一条生产线同时组装两到三种车型的混流生产方式下，不仅做到了及时、准确，而且生产现场比原先节约人员近 10%。此外，零部件的存储减少了，公司每年因此节约的成本达六七亿元人民币。同时，供货厂也减少了 30%～50%的在制品及成品储备。先进的管理带来了实实在在的效益，也引发了一场深刻的管理革命。难怪公司总经理陆林奎感慨地说：一个单位谁是头儿？电脑！

随着物流控制系统的逐步完善，电脑网络由控制实物流、信息流延伸到公司的决策、生产、销售、财务核算等各个领域中，使公司的管理步入了科学化、透明化。现在公司主要部门的管理人员人手一台微机，每个人以及供货厂方随时可以清楚地了解每一辆车的生产和销售情况。公司早已实现了“无纸化办公”，各部门之间均通过“E-mail”联系。德国大众公司每年的改进项目达一千多个，一汽大众依靠电脑网络实现了与德方同步改进，从而彻底改变了过去那种对方图纸没送来就干不了活儿的被动局面。工作方式的改善，不仅使领导层得以集中精力研究企业发展的战略性问题，也营造了一个充满激烈竞争的环境，促使每个员工不断提高自身的业务素质。透过“零库存”我们看到，对于一个企业来说，进行物流管理，领导者的超前意识、一批兢兢业业的专业技术人员和企业较强的开发能力是必不可少的前提。

请思考：先进的库存理念应该是什么？为什么？

第一节 概述

一、库存及其分类

库存是指处于储存状态的物品或商品。库存与保管概念的差别在于，前者是从物流管理的角度出发强调合理化和经济性，后者是从物流作业的角度出发强调效率化。库存具有整合需求和供给、维持各项活动顺畅进行的功能。

库存按性质可以分为储备库存和周转库存。

储备库存是为防止意外而储备的库存，平时不动用，到出现灾害、战争或意外事故时才动用。这种库存要保质保量、长期足额储存。这种库存不存在库存控制问题，完全可以看成仓储管理问题。

周转库存是为了生产或流通的进行、在生产或流通的各个环节上暂存待用的临时性储备，它们不断地投入生产和销售，又不断地补充进来。这种库存是保证生产和流通顺利进行的条件，但又占用流动资金、增加成本，因此要进行库存量的合理控制。

库存按所处领域可分为生产库存和流通库存。前者是指处在生产过程中为生产的各个环节顺利进行提供物资准备的库存，包括原材料库存、零配件库存、在制品库存等。后者是指处在流通过程中准备用于批发、零售等销售的库存，主要包括生产企业的成品库存、流通企业的批发库存、零售库存等。

二、库存的二重性

库存具有二重性。一方面，库存是生产和生活的前提条件。例如，企业在销售阶段，为了及时满足顾客的要求，避免发生缺货或延期交货现象，需要有一定的成品库存；在采购生产阶段，为了保证生产过程的连续性，需要有一定的原材料、零部件的库存。另一方面，库存又是生产和生活的负担。库存要占用资金，发生库存维持费用，并存在库存积压和库存损失。因此库存既要防止缺货、避免库存不足，又要防止库存过量，避免发生大量不必要的库存费用。

三、库存管理的概念

库存管理是根据外界对库存的要求，企业订购的特点，预测、计划和执行一种补充库存的行为，并对这种行为进行控制，重点在于确定如何订货，订购多少，何时订货。

库存管理与仓储管理有区别又有联系。一般仓储管理主要是指对于仓库和仓储作业的管理，库存管理主要是对库存物资的管理，但二者又是紧密联系的。仓储作业管理中的具体内容都落实在库存物资的头上，都是结合库存物资而进行的。

四、库存管理的宗旨

库存管理基于两点考虑。一是用户服务水平，即在正确的地点、正确的时间，有足够数量的合适物品。二是订货成本与库存持有成本。

库存管理的宗旨是在满足顾客服务要求的前提下通过对企业的库存水平进行控制，力求尽可能降低库存水平、提高物流系统的效率，以强化企业的竞争力。

库存管理的核心是库存控制，其重点是对周转库存的控制。因为周转库存，或者处在生产企业，或者处在流通企业，这两种企业都是通过向社会提供自己的产品或服务来获取利润求得生存和发展的。成本和效率问题是他们获得利润最关键的问题。周转库存正是企业成本效率问题中最重要的一环。周转库存对于企业的意义，完全在于它能够满足生产或流通对于物资产品的需要上，而这种满足必须是适量、适时的。因为市场是瞬息万变的，超时过量的库存，占用了企业的资金，不但造成企业资金的困难，影响正常的经营活动的开展，而且要花费资金的使用成本——银行利息；增加保管费用，如仓库租金、保管人员工资、耗费保管用具用料、水电费、办公费等；增加库存风险和库存损耗。库存物资有可能过时淘汰，变成死库存，当作积压品或废品处理，这是风险损失。即使没有风险，库存物资在保管过程中也有可能出现损坏、变质而造成损失，这是正常的保管损失。

第二节 库存品种数量管理

库存品种数量管理的基本内容，就是要建立起库存物资类别品种的体系结构，弄清楚仓库中究竟存放了一些什么品种，它分成了哪些大类、哪些小类，各个大类、各个小类的规格、性能、价值、特点、存放特性、保管要求是什么，都存放在仓库的哪些区、哪些点上，存放数量的多少等。因此，品种数量管理实际上包括了品种管理、大类管理、小类管理、物资编码、ABC分类等。这些管理都是库存管理最基础的工作，它为科学的重点管理法、货位规划、存放系列化、计算机信息管理以及库存控制管理等的实施提供了必要的前提条件。

品种数量管理主要是要做大量的调查、登记、统计、整理的工作，把已经存放在本仓库或将来准备存放在本仓库的所有品种、规格、数量、特性、价值、存放特性、保管要求都弄清楚，并且按照一些特征将它们归类，并且系列化、标准化。在这样的基础上再进行物资编码和ABC分类。

一、物资编码

所谓物资编码，就是在对库存物资的品种、类别、规格、性能等进行调查统计整理的基础上，形成物资类别品种体系，并进行系统化的统一编码标识的工作。

最基本的物资编码是组合序列码，用0、1、2、3、4、5、6、7、8、9共10个数字，有必要的话还加上26个英文字母，按大类、小类、品种、规格等层次结构，每一层又按顺序序列依次编号形成的编码。这种编码的好处是简单方便，而且具有可扩充性，比较适合于一般的计算机信息管理系统进行查询和统计。物资编码建立起来以后，自然也就形成了库存物资品种类别的完整体系，用它就可以做到品种类别的管理。

物资的另一种编码，就是条形码。条形码实际上是组合序列码的物理化和电子化的表现形式。其原理还是组合序列码，但不是数字显示，而是不同宽度的线条组合。用不同宽度的线条来表示数字。这种宽度的差别，用肉眼难以识别，但是能用专用的光电识别器很方便地识别。而且光电识别器能够把识别的信号变成电信号直接输入计算机，非常方便快捷、准确率高。

二、ABC管理

（一）ABC管理法的含义

将库存物品按品种和占用资金的多少分为特别重要的库存（A类）、一般重要的库存（B类）和不重要的库存（C类）三个等级，然后针对不同等级分别进行管理与控制。

ABC分类管理是通过对库存进行统计、综合、排列、分类，找出主要矛盾、抓住重点进行管理的一种科学有效的管理方法。把品种少、占用资金多、采购较难的重要物品归为A类；把品种多、占用资金少、采购较易的次要物品归为C类；把处于中间状态的归为B类。A类物品在订货批量、进货时间和库存储备方面采用最经济方法，实行重点管理、定时定量供应，严格控制库存；C类物品可采用简便方法管理，如固定订货量；B类物品实行一般控制，如采取定期订货、批量供应。

ABC 分类管理的应用，在库存管理中比较容易取得以下成效：一是压缩了总库存量；二是解放了被占压的资金；三是使库存结构合理化；四是节约了管理力量。

（二）ABC 管理法的理论基础

社会上任何复杂事物，都存在着"关键的少数和一般的多数"这样一种规律。事物越是复杂，这一规律就越是显著。这个认识与辩证法中关于主要矛盾的认识是合拍的。"关键的少数和一般的多数"是普遍存在的，可以说是比比皆是。例如：在社会结构上，一人领导多数人；在一个集体中，少数人起左右局势的作用；在市场上，少数人进行大量购买；几百种商品中，少数商品是大量生产的；在销售活动中，少数销售人员的销售量占绝大部分；在工厂方面，少数品种占生产量的大部分；在成千上万种库存物品中，少数几种库存量占大部分，少数几种占用了大部分资金；在影响质量的诸多原因中，少数几个原因带来大的损失。

可以做出这样的归纳，一个系统中，少数事物具有决定性影响。相反，其余的绝大部分事物却不太有影响。很明显，如果将有限的力量主要（重点）用于解决这具有决定性影响的少数事物上，和将有限力量平均分摊在全部事物上，两者比较，当然是前者可以取得较好的成效，而后者成效较差。ABC 分类管理即是在这一思想的指导下，通过分析，将"关键的少数"找出来，并确定与之适应的管理方法，这就形成了要进行重点管理的 A 类、一般管理的 B 类和简单管理的 C 类，且能够以"1 倍的努力取得 7～8 倍的效果"。

（三）ABC 分类管理的一般步骤

1．收集数据。按分析对象和分析内容，收集有关数据。例如，对库存物品的平均资金占用额进行分析，以了解哪些物品占用资金多，以便实行重点管理。应收集的数据为：每种库存物品的平均库存量、每种物品的单价等。

2．处理数据。对收集来的数据资料进行整理，按要求计算和汇总。一般以平均库存乘以单价，求算各种物品的平均资金占用额。

3．绘制 ABC 分类管理表。 ABC 分类管理表栏目构成有 9 栏（见表 5.1），制表按下述步骤进行：将第 2 步已求算出的平均资金占用额，以大排队方式，由高至低填入表中第六栏。以此栏为准，将相当物品名称填入第一栏、物品单价填入第四栏、平均库存填入第五栏，在第二栏中按 1，2，3，…编号，则为品目累计。此后，计算品目数累计百分数，填入第三栏；计算平均资金占用额累计，填入第七栏；计算平均资金占用额累计百分数，填入第八栏。

4．分类。按 ABC 分类管理表，观察第三栏累计品目百分数和第八栏平均资金占用额累计百分数，将累计品目百分数为 5%～15%，而平均资金占用额累计百分数为 60%～80%左右的前几个物品，确定为 A 类；将累计品目百分数为 20%～30%，而平均资金占用额累计百分数也为 20%～30%的物品，确定为 B 类；其余为 C 类，其情况正好和 A 类相反，累计品目百分数为 60%～80%，平均资金占用额累计百分数仅为 5%～15%。

5．绘制 ABC 分类管理图。以累计品目百分数为横坐标，以累计资金占用额百分数为纵坐标，按 ABC 分类管理表第三栏和第八栏所提供的数据，在坐标图上取点，并联结各点曲线，则绘成 ABC 分类曲线。按 ABC 分类管理曲线对应的数据，按 ABC 分类管理表确定 A、B、C 三个类别的方法，在图上标明 A、B、C 三类，则制成 ABC 分类管理图（见图 5.1）。

6．确定重点管理要求。按 ABC 分类管理结果，再权衡管理力量与经济效果，对三类库存物品进行有区别的管理：

A 类库存，实行重点管理。这类库存物资数量虽少，但对企业却最为重要，是最需要严格管理和控制的库存。企业必须对这类库存定时进行盘点，详细记录及经常检查分析物资使用，存量增减、品质维持等信息，加强进货、发货、运送管理，在满足企业内部需要和客户需要的前提下维持尽可能低的经常库存量和安全库存量，加强与供应链上、下游企业合作，降低库存水平，加快库存周转率。

B 类库存，实行一般控制。这类库存属于一般重要的库存，对其一般进行正常的例行管理和控制。

C 类库存，采用简便方法管理。这类库存物资数量最大，但对企业的重要性最低，因而视为不重要的库存。对这类库存，一般进行简单的管理和控制。比如，大量采购大量库存、减少这类库存的管理人员和设施、库存检查时间间隔长等。

表 5.1 ABC 分类表构成

物品名称①	品目数累计②	品目数累计%③	物品单价④	平均库存⑤	物品平均资金占用额⑥	平均资金占用额累计⑦	平均资金占用额累计%⑧	分类结果⑨

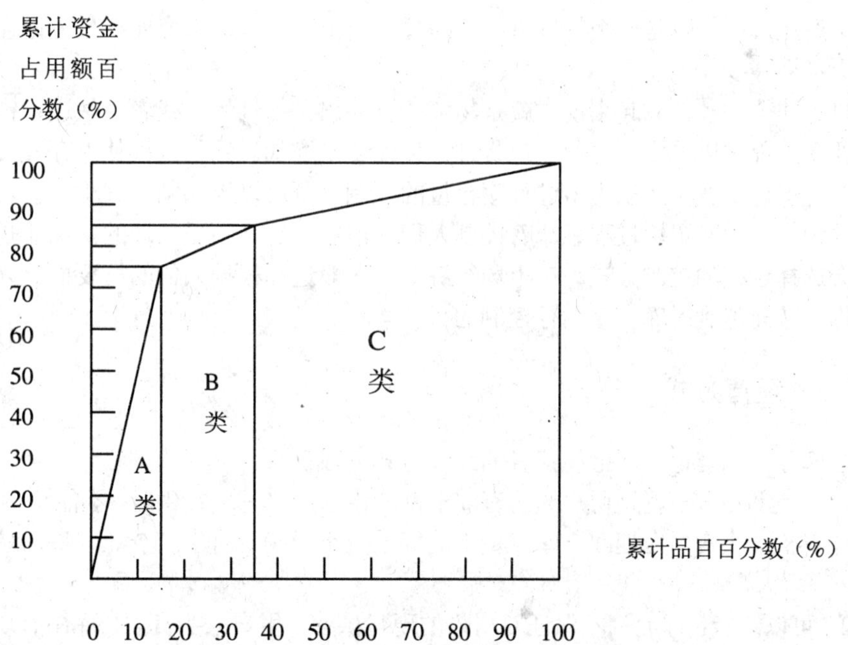

图 5.1 ABC 分类管理图

第三节 库存业务管理

库存业务，当然是指仓库中的物资进、出、存的业务。从经营者的角度看，库存业务就是一种经营业务，是通过库存来进行经营的业务。例如一个商店，就是从事购进物资、储存起来并进行销售的典型经营业务。强调经营，主要是要讲究效益和成本，讲究通过科学管理来获取利润。也只有从这个角度出发，我们才可能认真研究库存业务，管理库存业务。

一、库存经营过程

一个完整的物资库存经营过程，包括以下四个过程：

1. 订货过程：所谓订货过程，是指从发出订货单之日起，到出差去参加订货并且订货成交为止所经历的过程。它是一个商流过程，即通过订货成交、签订合同、支付货款，从而取得物资的所有权。经过订货处理，公司在名义上的库存量将增加。

2. 进货过程：所谓进货过程，是指从订货成交之日起，到把货物从对方仓库运到自己仓库并将货物入库为止的过程。它是一个物流过程。通过进货过程，自己仓库的库存量会实实在在地增加。

3. 保管过程：所谓保管过程，是指从货物入库之日起，到该货物出库之日为止的时间间隔。这个过程也是一个物流过程。保管过程不会使仓库库存量发生变化（不考虑库存损失）。

4. 销售出库过程：所谓销售出库过程，是指从货物点交到货物出库发运为止的过程。它是一个商流过程，也是一个物流过程。通过销售出库过程，物资库存量无论在名义上还是在实际上都会减少。

以上四个过程，总起来说，就是物资的进、出、存过程，或者叫做进、销、存过程。由以上四个过程可以看出，订货、进货过程使库存量增加，销售过程使库存量减少，而保管过程库存量保持不变。所以为了进行库存量的控制，既可以控制销售过程，也可以控制订货、进货过程。而控制销售过程意味着控制人们的消费，这是不受欢迎的，除非是紧缺物资，一般不会选择这样的控制方式。在市场经济下，一般选择根据人们的需要情况来控制订货、进货过程，从而达到对库存量实行控制的目的。

二、经营方式

在库存控制理论中，把经营者的经营方式分成三种：

1. 不允许缺货：就是用户的所有需求都能由仓库实行现货供应，不能缺货。不允许缺货，就意味着整个物资供应期间，库存量不能等于或小于 0。对生产企业来说，缺货就会造成停产。

2. 可以缺货：即允许不保证对用户的现货供应。用户来买货，仓库中有现货就供应，没有现货就不供应，不会实行欠账供应。缺货，意味着整个物资供应期间，库存量可以等于 0，比如商店，顾客来买货，商店有货就卖，没有货就不卖。

3. 实行补货：所谓补货，就是当用户来买货时，仓库中没有现货供应，但是却不愿丧失这次销售机会，而是实行欠账供应，答应马上进货，待进货后马上予以补货。补货，就意味着整个物资供应期间，库存量能够等于 0 也能够小于 0，也就是仓库里有现货就供应用户，没有现货也供应，实行欠账供应，并采取赶紧进货的措施，待进货后再补货给用户，消除所欠的账。这种经营模式，是一些精明的企业所喜欢采用的模式。

这三种经营方式，其进货方式不外乎以下两种：

1. 瞬时到货方式：即将一次所订货物一次全部到货补充库存，进货过程不需要花时间（或可忽略），也就是即订即到，一次到货。

2. 非瞬时到货：是指一次所订货物按一定的进货速率逐渐进货，整个订货、进货过程需要持续一段时间。

第四节 库存控制管理

一、库存成本的构成

库存成本是整个物流成本一个主要的组成部分，而物流成本又占国民经济产值的很大部分。据世界银行分析，发达国家物流成本占 GDP 的 10%左右。中国估计约为 16.7%。“十五”期间，如果中国物流成本占 GDP 比重降到 15%，每年将为全社会直接节约二千四百多亿元物流成本，并为企业和社会带来极为可观的经济效益。

库存成本主要由以下几种费用构成：

（一）订货费用

所谓订货费用，是指订货过程中发生的与订货有关的全部费用，包括差旅费、订货手续费、通信费、招待费以及订货人员有关费用。

订货费用的特点是，在一次订货中，订货费用与订货量的多少无关，每次的订货费用是一定的。在一定时期内总订货费用与订货次数成正比。订货次数越多，总订货费用越高。

（二）保管费用

所谓保管费用，是指在保管过程中为物资保管所花费的全部费用，包括：入、出库时的装卸搬运堆码检验费用；保管用具用料费用；仓库房租水电费；保管人员有关费用；保管过程中的货损货差；保管物资资金的银行利息等。

保管费用的特点：保管费用与被保管物资的数量的多少和保管时间的长短有关。被保管的物资的数量越多，保管的时间越长，所承担的保管费用就越高。

（三）缺货费用

缺货，就是当用户来买货时，仓库因为没有现货供应而丧失了这次销售机会，这种现象就叫缺货。缺货，会造成缺货损失，也就是缺货费用。缺货费用对不同的对象是不同的。

对仓库来说，轻则丧失了销售机会，因而丧失了销售赢利的机会，重则误了合同，遭受罚款，更重则失去了用户，失去竞争能力，从而失去市场。对用户来说，轻则多花些差旅费到别处去买，重则停工待料、停产改产。

缺货费用的大小可能有三种情况：

（1）与缺货量有关；

（2）可能与缺货次数有关；

（3）可能与缺货时间有关。

（四）补货费

所谓补货，就是当用户来买货时，仓库没有现货供应，但为不丧失销售机会，要求用户仍然在这里订上货，进行欠账经营，答应马上进货，待进货后，马上补货给用户。为了实现补货，往往发生补货费用。例如为了吸引顾客，需要花费招待费、感情费、回扣费，或是优惠服务、优惠价格等所花费的费用。

在具体情况下，补货费可能有三种情况：

（1）与补货量有关；

（2）可能与补货次数有关；

（3）可能与补货时间有关。

（五）进货费与购买费

所谓进货费，就是进货途中为进货所花费的全部费用，即运杂费，包括运费、包装费、装卸费、租赁费、延时费、货损货差等。所谓购买费，即购买物资的原价。它们的特点是，当订货的数量、订货的地点确定以后，总的购买费和总的进货费就是确定不变的，不会随着进货批量的变化而变化。也就是说，进货费与购买费都与订货批量无关，批量大小都不会影响其总进货费和总的购买费。

二、定量订货法

所谓定量订货法，就是预先确定一个订货点和订货批量，随时检查库存，当库存下降到订货点时，就发出订货，订货量取一个订货批量的方法。这个订货的方式核心体现为下列三个方面：

1. 确定订货点，解决什么时候订货；
2. 确定订货批量，解决一次批量订多少；
3. 确定订货如何实施操作。

（一）订货点的确定

订货点就是发出订货的时机。在定量订货法中，是以库存水平作为参照点的。当库存下降到某个库存水平时就发出订货，发出订货时的这个库存量水平就称为订货点。见图 5.2 所示。

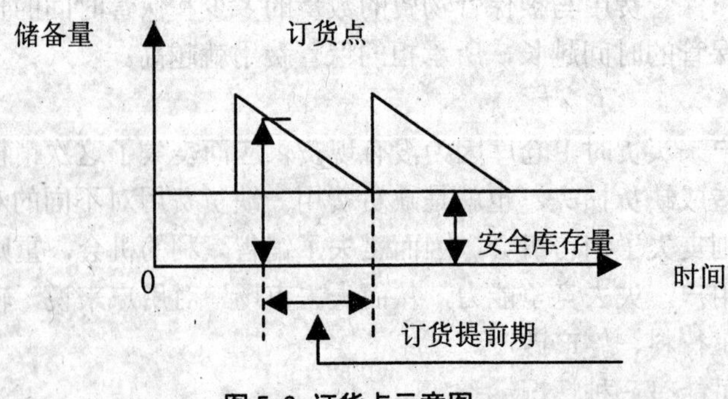

图 5.2 订货点示意图

订货点是一个决策变量，它是直接控制库存水平的一个关键变量。

订货点不能取得太高，也不能太低。如果太高，则订货物资订回来后，原有的库存物资还没有卖完，这样新旧物资合在一起，库存量就太高了；订货点如果太低，则订货物资还没有订回来，旧的库存物资就卖光了，会造成缺货。

合适的订货点主要取决于两个因素：

一是需求速率。也就是供应或销售的快慢。需求速率越大，订货点也越高。

二是订货提前期。即从发出订货到所订货物入库所需要的时间长度。订货提前期越长，订货点也就越高。

订货点可以用以下公式表达：

订货点量＝需求速率×订货提前期＋安全库存量

【例 5-1】某企业是一家经销电脑的零售商。经测算它的最佳订货批量为 240 台，安全库存量为 120 台，每天平均销售量为 60 台，订货提前期为 2 天。则：

订货点量＝ 60×2＋120＝240 台

本例题具体分析如下：

在第 1 天，最佳订货批量 240 台全部到货，加上安全库存量 120 台，总库存量为 360 台。在第 3 天，总库存量下降到 240 台，到了订购点。因为从订购到收到货物需 2 天，在这段时间里要售出 120 台；由于在正常情况下不动用安全库存，所以当总库存量为 240 台时就得补充订货。如果订货后一天库存量就下降到 120 台，这时上次订货尚未收到，周转库存已用完，以后发货需动用安全库存。如果安全库存也消耗完了，第二次订货误期到达，那么就会发生缺货现象。由此企业确定订货点为 240 台。

（二）订货批量的确定

所谓订货批量，就是一次订货所订的货物数量。订货批量是不能随意确定的。因为订货批量高低直接影响库存量的高低，也直接影响货物的供应满足程度。订货批量太大，虽然可以较充分满足客户的需要，但将使库存量过高，成本升高；订货批量太低，库存量虽然可以降下来，但不一定能保证满足客户的需要，所以订货批量要取得合适。 一般而言，订货批量的大小主要取决于两个因素：

一是需求速率的高低。需求速率越高，客户的需要量越大，订货批量也应该越大。

二是经营费用的高低。根据使总费用最省的原则来确定经济订货批量。

在不同的模型中，经济订货批量的计算方式不同。

1．瞬时到货方式下的经济订货批量的确定

要降低库存成本，就要制定适当的订货策略，协调订货费用与保管费用的比率。订货批量的大小关系到订货费用与保管费用的高低。在一定期间内，物资的总需求量一定时，订货批量大，订货次数就会减少，订货费用就会降低，然而保管费用会提高；若订货批量小，保管费用就会降低，而订货次数会增加。

设一定时期内物资的总需求量为 A，每次的订货费用为 S，单位物资在一定时期内的保管费用为 C，订货批量为 Q。

则在瞬时到货方式下，一定时期内的保管费用总额为：

$$Y_1=\frac{1}{2}QC$$

一定时期内的订货费用总额为：

$$Y_2=\frac{A}{Q}\times S$$

则一定时期内的订货与保管费用总额为：

$$Y=Y_1+Y_2=\frac{1}{2}QC+\frac{A}{Q}\times S$$

则经济订货批量为：

$$Q^*=\sqrt{\frac{2AS}{C}}$$

2．非瞬时到货方式下经济订货批量的确定

在非瞬时到货方式下，一定时期的保管费用模型应修正为：

$$Y_1=\frac{1}{2}QC(1-\frac{d}{p})$$

这里 p 为每日的到货量，d 为每日的销售量。

则经济订货批量为：

$$Q^*=\sqrt{\frac{2AS}{C(1-\frac{d}{p})}}$$

（三）定量订货法的实施步骤

1．确定订货点和订货批量。

2．每天检查库存。

3．当库存下降到订货点时发货，订货量取一个经济订货批量。

定量订货方式的优点是：由于每次订货之前都要详细检查和盘点库存（看是否降低到订货点），因此能及时了解和掌握库存的动态。因每次订货数量固定，且是预先确定好了的经济批量，因此方法简便。这种订货方式的缺点是：经常对库存进行详细检查和盘点，工作量大且需花费大量时间，从而增加了库存保管维持成本。该方式要求对每个品种单独进行订货作业，从而会增加订货成本和运输成本。定量订货方式适用于品种数目少但占用资金大的A类物品。

三、定期订货法

定期订货是按预先确定的订货间隔期间进行订货补充的一种库存管理方式。

企业根据过去的经验或经营目标预先确定一个订货间隔期，每经过一个订货间隔期就进行订货，每次订货数量都不同，如每间隔3天订货一次或一个月订货两次等。这种方法是从时间上来限定订货周期，从而达到库存量控制的目的。只要订货周期控制得当，就既可以不造成缺货，又可以控制最高库存量，达到节省库存费用的目的。

要实施定期订货法，应从以下四个方面着手进行：

1．确定订货周期。

2．确定最高库存量。

3．确定订货量。

4．定期订货法的具体实施。

定期订货方式中，订货量的确定方式为：

订货量＝最高库存量 － 现有库存量 － 订货未到量＋客户延迟购买量

定期订货方式的优点是：由于订货间隔期确定，因而多种货物可同时进行采购，这样不仅可以降低订单处理成本，而且可以降低运输成本。另外，这种方式不需要经常检查和盘点库存，可节省这方面的费用。

缺点是：由于不经常检查和盘点库存，对货物的库存动态不能及时掌握，遇到突发性的大量需要，容易造成因缺货现象而带来的损失，因而企业为了对应间隔期内需要的突然变动，往往保持较高的库存水平。

定期订货方式适用于品种数量大、占用资金较少的C类物品和B类物品。

四、零库存及其实现方式

（一）零库存的含义

在生产与流通领域按照JIT组织物资供应，使整个过程库存最小化的技术的总称。

零库存是一种特殊的库存概念，它并不是以仓库储存形式的某种或某些物品的储存数量真正为零，而是通过实施特定的库存控制策略，实现库存量的最小化。这样，就可以大幅度减少甚至免去仓库存货的一系列问题，如仓库建设、管理费用和存货维护、保管、装卸、搬运等费用，存货占用流动资金及库存物的老化、损失、变质等问题。

（二）零库存的实现方式

零库存是对某个具体企业、商店、车间而言，是在有充分社会储备保障前提下的一种特殊库存，其具体的实现形式主要有：

1．准时供应

依靠有效的衔接和计划达到工位之间、供应与生产之间协调，从而实现零库存。

准时方式是广泛采用、灵活性较强、较易实现的零库存方式。

2．看板方式

准时方式中一种简单有效的方式，也称“传票卡制度”或“卡片”制度，由日本丰田公司首先采用。在企业的各工序之间，或在企业之间，或在生产企业与供应者之间，采用固定格式的卡片为凭证，由下一环节根据自己的节奏，逆生产流程方向，向上一环节指定供应，从而协调关系，做到准时同步。采用看板方式，有可能使供应库存实现零库存。

3．水龙头方式

一种像拧开自来水管的水龙头就可以取水而无需自己保有库存的零库存形式，由日本索尼公司首先采用。

水龙头方式经过一定时间的演进，已发展成即时供应制度，客户可以随时提出购入要求，采取需要多少就购入多少的方式，供货者以自己的库存和有效供应系统承担即时供应的责任，从而使客户实现零库存。适于这种供应形式实现零库存的物资，主要是工具及标准件。

4. 无库存储备

国家战略储备的物资，往往是重要物资，战略储备在关键时刻可以发挥巨大作用，所以几乎所有国家都要有各种名义的战略储备。由于战备储备的重要，一般这种储备都保存在条件良好的仓库中，以防止其损失，延长其保存年限。因而，实现零库存几乎是不可想象的事。无库存储备，是仍然保持储备，但不采取库存形式，以此达到零库存。有些国家将不易损失的铝这种战备物资作为隔音墙、路障等储备起来，以备万一，在仓库中不再保有库存就是一例。

5. 协作分包方式

主要是制造企业的一种产业结构形式，以若干企业的柔性生产准时供应，使主企业的供应库存为零；同时主企业的集中销售库存使若干分包劳务及销售企业的销售库存为零。

在经济发达国家，制造企业都是以一家规模很大的主企业和数以千百计的小型分包企业组成一个金字塔形结构。主企业主要负责装配和产品开拓市场的指导，分包企业各自分包劳务、分包零部件制造、分包供应和分包销售。例如分包零部件制造的企业，可采取各种生产形式和库存调节形式，以保证按主企业的生产速率，按指定时间送货到主企业，从而使主企业不再设一级库存，达到零库存的目的。主企业的产品（如家用电器、汽车等）也分包给若干推销人或商店销售，可通过配额、随供等形式，以主企业集中的产品库存满足各分包者的销售，使分包者实现零库存。

6. 轮动方式

也称同步方式，是在对系统进行周密设计前提下，使各环节速率完全协调，从而根本取消甚至是工位之间暂时停滞的一种零库存、零储备形式。轮动方式是在传送带式生产基础上，进行更大规模延伸所形成的一种使生产与材料供应同步进行，通过传送系统供应从而实现零库存的形式。如果说准时供应系统主要依靠“软件”的话，那么轮动方式则在很大程度上靠“硬件”。

7. 委托保管方式

接受客户的委托，由受托方代存、代管所有权属于客户的物资，从而使客户不再保有库存，甚至可不再保有保险储备库存，从而实现零库存。

这种零库存形式的优势在于：受委托方利用其专业的优势，可以实现较高水平和较低费用的库存管理，客户不再设库，同时减去了仓库及库存管理的大量事务，集中力量于生产经营。但是，这种零库存方式主要是靠库存转移实现的，并不一定使库存总量降低。

8. 配送方式

综合运用上述若干方式，采取配送制度保证供应，从而使客户实现零库存。

（三）配送方式的零库存

从社会与企业总体看，实际存在两个供应系统，为解决各生产工位正常生产的需要，实际上最低限度进行两个层次的供应。传统上，生产企业和流通企业对再生产企业的供应，是企业外部供应，属于社会的供应系统，这种供应的终点是企业。企业内部物资部门的供应，是企业内部供应，由这一供应起到外部供应与内部使用的衔接作用，其供应的终点是车间或工位。对于车间或工位来讲，所要求的是保证供应，而不在乎是由谁来担负这种供应责任。

配送的功能是将两次供应合二为一，实际上利用社会供应系统担负了外部和内部两重供应，直接将物资供应到车间或工位，从而取代了原来由企业物资部门承担的工作，也减去了企业内部的供应库存。为此，社会供应系统必须能担负起原来企业内部供应的配套作用，而不能再像以往那样搞单品种的供应。这样，外部供应系统也不再是原来那样的简单供应系统，而转化为能进行配套供应的配送系统。

所以，由于配送企业的供应代替了企业内部供应，从而不依靠企业内部的供应库存也可以保证生产的持续正常进行。这是配送可以实现零库存的原因之一。

由配送企业进行集中库存，取代原来各个生产企业的分散库存，是配送形式的必然延伸。实际上，配送的优势不仅在供应，同时也在库存的改变，配送以较低的集中库存总量取代了较高的分散库存总量，同时又提高了供应保证程度，这是配送可以实现企业供应零库存的另一重要原因。

采用配送方式可以通过以下组织及运营形式实现用户企业的零库存。

（1）以“多批次、少批量”的送货，使用户企业的经常储备平均库存趋近于零。由于配送企业是向多个企业送货，可以集中多个企业的需要，在凑整运输工具、保持运输效益的同时，大幅度降低每个企业的一次供应批量。这种供应批量小到可以直达工位或者平均储备很低，不必当作库存考虑。采用这种方法，可以使企业的库存结构中数量最大的经常储备实现零库存。

（2）利用配送企业在流通领域中广泛的社会联系和集中库存调节功能较强的优势，使用户企业的保险储备库存趋近于零。保险储备库存的目的，是应付各种意外的事变。很明显，以单个企业来应付不测之风云，能力总是有限的。配送企业的总库存，对任何一个单个企业来讲，都形成了比原单个企业保险库存大得多的保险库存，因而为各个企业提供的安全系数要大得多。

此外，配送企业集中库存的种类，由于其面向许多企业，显然也比每一个单个企业所能保有的品种多得多，这也使安全保障增加。再有，万一出现配送企业的库存也提供不了安全保证时，利用配送企业的广泛社会联系，也易于形成紧急供应体制。所以，集中库存可以实现用户企业保险库存的零库存。

（3）配送企业通过自己强有力的供应保证，使用户企业根本不出现呆滞库存和超储备库存。呆滞库存及超储备库存的出现，在缺乏供应保证的条件下，是不可避免的。一旦通过配送使供应保证程度提高，自然会实现呆滞库存及超储备库存的零库存。

（4）配送企业通过自己的有效服务，采取即时配送、准时配送等多种服务形式，保证用户企业的临时性、偶然性及季节性需求，从而解脱企业其他各种库存压力，实现零库存。

物流窗口 CVA 管理法

ABC 分析法也有其缺陷：C 类物资往往得不到应有的重视。例如，经销鞋的企业会把鞋带列入 C 类物资，但是如果鞋带缺货将会严重影响鞋的销售。一个汽车制造厂会把螺丝列入 C 类物资，但缺少一个螺丝往往导致整个装配线的停工。因此，有些企业借用军事上的一种方法：关键因素分析法，简写为CVA。

CVA的基本思想是把存货按照关键性分成3～5类，例如：

（1）最高优先级。这是经营的关键性物资，不允许缺货。

（2）较高优先级。这是指经营活动中的基础性物资，但允许偶尔缺货。

（3）中等优先级。这多属于比较重要的物资，允许合理范围内的缺货。

（4）较低优先级。经营中需用这些物资，但可替代性高，允许缺货。

CVA管理法比起ABC分类法有着更强的目的性。在使用中要注意，人们往往倾向于制定高的优先级，结果高优先级的物资种类很多，最终哪种物资也得不到应有的重视。CVA管理法和ABC分析法结合使用，可以达到分清主次、抓住关键环节的目的。在对成千上万种物资进行优先级分类时，也不得不借用ABC分类法进行归类。

案例分析 “零库存管理”的典型——丰田看板方式

丰田公司的看板管理是一种生产现场管理方法。它是利用卡片作为传递作业指示的控制工具，将生产过程中传统的送料制改为取料制，以“看板”作为“取货指令”、“运输指令”、“生产指令”进行现场生产控制。看板作为可见的工具，通过系统的物流，使企业生产各工序、车间之间按照卡片作业指示，协调一致地进行连续生产；同时，促使企业的产、供、销各部门密切配合，有效和合理地组织输入、输出物流，满足市场销售需要，实现整个生产过程的准时化、同步化和库存储备最小化，即所谓零库存，保证企业获取良好的经济效益。

一、“看板管理”的原理

见图5.3所示。

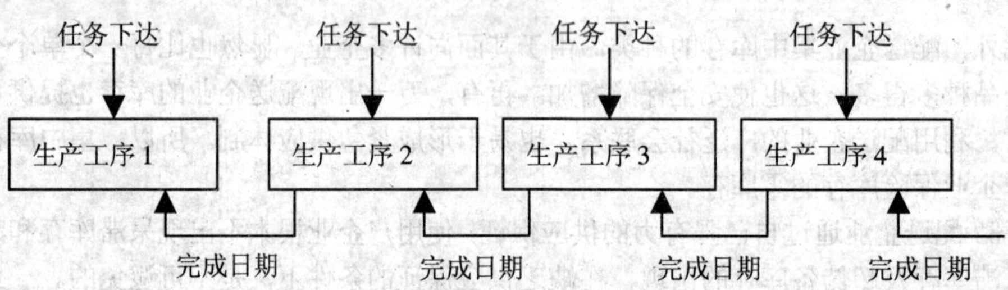

图5.3 “看板管理”原理示意图

由图5.3可以看出，“看板管理”是由代表客户需求的订单开始，根据订单按产品结构自上而下进行分解，得出完成订单所需零部件的数量。生产控制人员检查现有零部件库存，是否能满足订单的要求，如果不满足，就由最后一道加工工序开始，反工艺顺序地逐级“拉动”前面的工序。在此过程中，看板起到指令的作用，通过看板的传递或运动来控制物流。

二、“看板管理”的过程

日本丰田公司利用看板进行生产现场管理的过程如图5.4所示。

图5.4中，在总装配线上有许多工位，每个工位有相应的存料点。各加工线上有多个工序，每个工序附近有两个存料点：一为进口点存料点，用以存储上一工序已加工完毕、本工

序准备加工的零部件；二为出口点存料点，用于存储本工序已加工完毕、供下道工序随时提取的零部件。当总装线收到一个作业计划后，它按该计划要求的品种、数量进行作业，在各工位存料点中抽取总装配所需的零部件，使各工位存料点库存减少。各工位存料点为补充库存，就到各子装配线出口存料点提取零部件。各出口存料点为保持定额，又从相应的工序按照生产需要取走一定数量的零部件。这样，就形成一条向上游工序的“链”，使整个物流按总装配的要求同步运动。

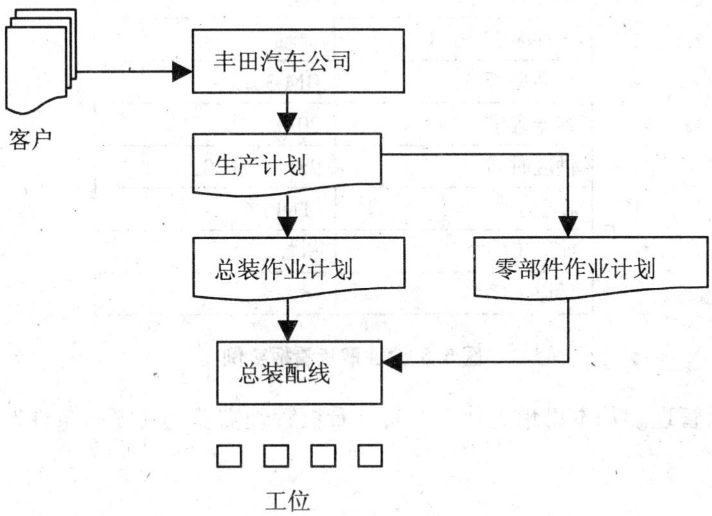

图 5.4 “丰田看板管理系统”运作

三、看板的形式和分类

看板形式很多。常见的有塑料夹内装着的卡片或类似的标识牌、存件箱上的标签、流水生产线上各种颜色的小球或信号灯、电视图像等。

看板主要可以分为生产看板和取货看板两种不同的类型。

（一）生产看板（图 5.5）

生产看板是在工厂内指示某工序加工制造规定数量工件所用的看板。内容包括需加工工件的件号、件名、类型、工件存放位置、工件背面编号、加工设备等。

生产看板	
工件号	A52L
工件名	主轴
产品型号	Bw—2170
容器容量	30
所需物料	5#黑色漆
存放于	三车间 3.6 储藏室

图 5.5 企业生产看板实例

（二）取货看板（图 5.6）

取货看板是后工序的操作者按看板上所列件号、数量等信息，到前工序领取零部件的看板。它指出应领取的工件件号、件名、类型、工件存放位置、工件背面编号、前加工工序号、后加工工序号等。

取货看板	
工件号	G423
工件名	曲轴
产品型号	BM-3615
容器容量	20
供应时间	9:00～10:30
存放于	6D-13-6
前道工序	机加工
后道工序	喷漆

图 5.6 企业取货看板实例

请问：看板管理的基本思想是什么？实行看板管理需要具备哪些条件？

思考题与习题

1．简述库存管理的重要性。

2．简述 ABC 管理法的要点。

3．简述瞬时供货方式下经济批量法的基本原理。

4．订货点量是如何确定的？

5．零库存的含义是什么？如何实现零库存？

6．某企业全年甲材料的耗用量为 10 000 件，订购费用为每次 2 000 元，年储存费用率为 20%，采购单价为 100 元时，则经济订购批量为多少件?总费用为多少？

第六章　流通加工、包装与装卸搬运

【引导案例】对产品的多种包装处理

社会经济的发展和客户要求的不断提高使得仓储企业或部门正在承受越来越多的挑战，这种挑战性的动态环境的核心是要看仓储主管应该如何做出反应。到目前为止，典型的情况是仓储主管对顾客的需求做出被动的反应随着顾客新需求的提出，仓储主管试图找到一种方法以满足这些需要。事实上，新需求出现的速度远远超过了反应的速度，这种传统的方法已经越来越不奏效了。现在需要的是主动而非被动的反应，这种提供给顾客的主动的反应必须以不增加成本及提供无限的选择权为条件。因此，仓储企业只有不断地探索，主动提供越来越多的适应客户需求的仓储增值服务项目，才能在日益激烈的市场竞争中获得一席之地。很明显，这种主动追求客户化仓储的仓库必将是今天乃至将来的成功者。

FT 公司是一家生产各类果汁及一些水果的企业，随着零售点数目和类型的增加，果汁市场迅速地成长起来。FT 公司所关注的最主要的一个问题是果汁生产时的鲜度。因此，有些产品是通过冰冻或浓缩制造的。对于 FT 公司的大部分生产来讲，气候在决定公司能否生产出某一产品中起着很重要的作用。

十年前，公司的产品线是瓶装果汁和罐装水果的独立包装，所有的标签都是相同的，并且只有两种标准容器，即瓶和罐。如果你需要苹果汁、梨罐头等，FT 公司将会给你提供独立的产品。

然而，在过去十年中发生了许多变化，对果汁产品的要求也越来越多元化，这些多元化要求包括：

（1）世界各地的顾客需要不同的品牌；

（2）顾客不再完全为英语语种的消费者，因此需要有新的品牌和标签；

（3）顾客的消费习惯要求容器大小能有一个可变的空间；

（4）顾客的包装需要从独立的包装变为 24 罐的不同包装；

（5）顾客对个性化品牌包装需求呈上升趋势；

（6）大量商品不再接受标准化的托盘式装卸，而要求被重新托盘化。

在这种趋势下，公司的库存和销售出现了一些问题。单一的包装形式很难适应多元化的市场需要，从而出现了有些产品库存过多、而同类产品的其他产品却缺货的情况，因此公司需要寻求另一种方法来解决问题。

于是，FT 公司认识到，传统的生产、装箱、包装、打包、集合及运输入库的方法并不有效，问题的解决方式是重新设计对仓库的责任。这一战略将生产环节设计成为生产产品并将其放于未包装的罐或瓶上，这种产品被称为“裸装产品”。这种“裸装产品”与相关的各种瓶和罐一起被送入仓库，仓库成了一个托盘化“裸装产品”与瓶和罐的半成品储存地。当顾客向 FT 公司提交每月的购买意向后，直到货物装车的前两天，公司才会确认订单，并立即将订单安排到仓库的四条包装线上的一条上，完成最后的包装和发运工作。为了保证包装生产线的利用率，当生产线有闲余时，将生产需求量大的产品，并将其入库以备后用。

FT 公司通过将包装业务后置到仓储过程中完成，有效地解决了库存不均匀和生产预测的复杂问题。该公司仓库改建包装流水线的总投资约 700 万美元，另外增加了 6 名包装操作员来充实包装线及安排已完工的托盘，但是库存的减少和运输成本的减少带来了 26%的额外税后利润率。更重要的是，顾客服务的改进和对市场需求反应能力的提高，曾认为无法实现的要求现在已能顺利完成。

请思考：社会经济发展对包装提出了哪些要求？包装在物流中有哪些重要作用？

第一节　流通加工

一、流通加工的概念

流通加工是流通过程中的加工活动，是为了方便流通、方便运输、方便储存、方便销售、方便用户以及物资充分利用、综合利用而进行的加工活动。流通加工创造物流的形质效应。

流通加工和一般生产加工相比较，在加工方法、加工组织、生产管理方面无显著区别，但在加工对象、加工程度方面差别较大，其差别主要表现在：

1. 加工对象不同：流通加工的对象是进入流通过程的商品，具有商品的属性，而生产加工对象不是最终产品，而是原材料、零配件及半成品。

2. 加工内容不同：流通加工大多是简单加工，主要是解包分包、裁剪分割、组配集合、废物再生利用等，而生产加工一般是复杂加工。

3. 加工目的不同：流通加工的目的主要是为了方便流通、方便运输、方便储存、方便销售、方便用户和物资充分利用，在完善使用价值的基础上提高价值。而生产加工的目的在于创造物资的使用价值，使它们能成为人们所需要的商品。

4. 所处领域不同：流通加工处在流通领域，由流通企业完成；而生产加工处在生产领域、由生产企业完成。

二、流通加工的作用

1. 提高原材料利用率。利用流通加工环节进行集中下料，是将生产厂直接运来的简单规格产品，按使用部门的要求进行下料。例如将钢板进行剪板、切裁；钢筋或圆钢裁制成毛坯；木材加工成各种长度及大小的板、方等等。集中下料可以优材优用、小材大用、合理套裁，有很好的技术经济效果。

2. 进行初级加工，方便用户。用量小或临时需要的使用单位，缺乏进行高效率初级加工的能力，依靠流通加工可使使用单位省去进行初级加工的投资、设备及人力，从而搞活供应，方便用户。如将水泥加工成生混凝土，将原木或板方材加工成门窗，冷拉钢筋及冲制异型零件，钢板预处理、整形、打孔等加工。

3. 提高加工效率及设备利用率。由于建立集中加工点可以采用效率高、技术先进、加工量大的专门机具和设备，这样一是提高了加工质量，二是提高了设备利用率，三是提高了加工效率，其结果是降低了加工费用及原材料成本。

4. 充分发挥各种输送手段的最高效率。流通加工环节将实物的流通分成两个阶段。一般说来由于流通加工环节设置在消费地，因此，从生产厂到流通加工的第一阶段输送距离长，而从流通加工到消费环节的第二阶段距离短。第一阶段是在数量有限的生产厂与流通加工点之间进行定点、直达、大批量的远距离输送，因此，可以采用船舶、火车等大量输送的手段；第二阶段则是利用汽车和其他小型车辆来输送经过流通加工后的多规格、小批量、多用户的产品。这样可以充分发挥各种输送手段的最高效率，加快输送速度，节省运力运费。

5. 改变功能，提高收益。在流通过程中进行一些改变产品某些功能的简单加工，其目的除上述几点外，还在于提高产品销售的经济效益。例如，内地的许多制成品在深圳进行简单的装潢加工，改变了产品外观功能，仅此一项就可使产品售价提高20%以上。

所以，在物流领域中，流通加工可以成为高附加价值的活动。这种高附加价值的形成，主要着眼于满足用户的需要，提高服务功能而取得的，是贯彻物流战略思想的表现，是一种低投入、高产出的加工形式。

三、流通加工的类型

流通加工按不同的目的可以有多种类型，见表6.1所示。

表6.1 流通加工的类型

流通加工的类型	流通加工的内容举例
以保存为目的的流通加工	冷冻、防腐、防虫、防霉、喷漆、除锈、防干裂、防潮等加工
为适应多样化需要的流通加工	分拆包装，钢材卷板的舒展、剪切，木材改制，平板玻璃的开片加工等
为方便消费、省力的流通加工	将钢材定尺、定型，按要求下料；将木材制成可直接投入使用的各种型材；水泥制成混凝土拌合料
为提高产品利用率的流通加工	钢材的集中下料可充分进行合理下料、搭配套裁、减少边角余料，从而达到加工效率高、加工费用低的目的
为提高物流效率、降低物流损失的流通加工	自行车在消费地区的装配加工可防止整车运输的低效率和高损失；造纸用木材磨成木屑的流通加工；石油气的液化加工，使很难输送的气态物转变为容易输送的液态物等
为衔接不同输送方式、使物流更加合理的流通加工	散装水泥中转仓库把散装水泥装袋、将大规模散装水泥转化为小规模散装水泥的流通加工，就衔接了水泥厂大批量运输和工地小批量装运的需要
为实现配送进行的流通加工	混凝土搅拌车可根据客户的要求，把沙子、水泥、石子、水等各种不同材料按比例要求装入可旋转的罐中。在配送路途中，汽车边行驶边搅拌，到达施工现场后，混凝土已经均匀搅拌好，可直接投入使用

四、流通加工的合理化

实现流通加工合理化主要考虑以下几个方面。

1. 加工和配送相结合

这是将流通加工设置在配送点中，一方面按配送的需要进行加工，另一方面加工又是配送业务流程中分货、拣货、配货之一环，加工后的产品直接投入配货作业，这就无须单独设置一个加工的中间环节，使流通加工有别于独立的生产，而使流通加工与中转流通巧妙结合在一起。同时，由于配送之前有加工，可使配送服务水平大大提高。这是当前流通加工合理化的重要形式，在煤炭、水泥等产品的流通中已表现出较大的优势。

2. 加工和配套相结合

在对配套要求较高的流通中，配套的主体来自各生产单位，但是，完全配套有时无法全部依靠现有的生产单位，进行适当的流通加工，可以有效促成配套，大大提高流通作为桥梁与纽带的能力。

3. 加工和合理运输相结合

流通加工能有效衔接干线运输与支线运输，促进两种运输形式的合理化。利用流通加工，在支线运输转干线运输或干线运输转支线运输这本来就必须停顿的环节，不进行一般的支转干或干转支，而是按干线或支线运输合理要求进行适当加工，从而大大提高运输及运输转载水平。

4. 加工和合理商流相结合

通过加工有效促进销售，使商流合理化，也是流通加工合理化的考虑方向之一。加工和配送的结合，通过加工提高了配送水平，强化了销售，是加工与合理商流相结合的一个成功的例证。此外，通过简单改变包装加工，形成方便的购买量，通过组装加工消除用户使用前进行组装、调试的困难，都是有效地促进商流的例子。

5. 加工和节约相结合

节约能源、节约设备、节约人力、节约耗费是流通加工合理化重要的考虑因素，也是目前我国设置流通加工、考虑其合理化的较普遍形式。

第二节　包装

一、包装的概念

包装是为在流通过程中保护产品，方便储运，促进销售，按一定技术方法而采用的容器、材料和辅助物等的总称；也指为了达到上述目的而采用容器、材料和辅助物的过程中施加一定技术方法等的操作活动。

二、包装的功能

1. 保护功能

即保护物品不受损伤的功能，它体现了包装的主要目的：

（1）防止物品的破损变形。为了防止物品的破损变形，物品包装必须承受在装卸、运输、保管等过程中的各种冲击、振动、颠簸、压缩、摩擦等外力的作用，形成对外力的保护，而具有一定的强度。

（2）防止物品发生化学变化。为了防止物品受潮、发霉、变质、生锈等化学变化，物品包装必须能在一定程度上起到阻隔水分、潮气、光线以及空气中各种有害气体的作用，避免外界不良因素的影响。

（3）防止有害生物对物品的影响。鼠、虫及其他有害生物对物品有很大的破坏性。包装封闭不严，会给细菌、虫类造成侵入之机，导致变质腐败，特别是对食品危害性更大，鼠、白蚁等生物会直接吞蚀纸张、木材等物品。

（4）防止异物流入、污物污染、丢失、散失。

2. 便利功能

物品包装具有便利流通、方便消费的功能。在物流的全过程中，物品所经过的流转环节，合理的包装会大大提高物流作业的效率和效果，体现在以下方面：

（1）便利运输。包装的规格、形状、重量与物品运输关系密切。包装尺寸与运输车辆、船、飞机等运输工具箱、仓容积的吻合性，方便了运输，提高了运输效率。

（2）便利装卸。物品经过适当的包装后为装卸作业提供了方便，物品的包装便于各种装卸、搬运机械的使用，有利于提高装卸、搬运机械的生产效率。包装的规格尺寸标准化后为集合包装提供了条件，从而能极大地提高装载效率。

（3）便利储存。从搬运、装卸角度上看，物品出、入库时，在包装的规格尺寸、重量、形态上适合仓库内的作业，为仓库提供了搬运、装卸的方便；从物品保管角度上看，物品的包装为保管工作提供了方便条件，便于维护物品本身原有使用价值，包装物的各种标志，使仓库的管理者易于识别，易于存取，易于盘点，有特殊要求的物品易于引起注意；从物品的验收角度上看，易于开包，便于重新打包的包装方式为验收提供了方便性。包装的集合方法、定量性，为节约验收时间，加快验收速度也会起到十分重要的作用。

3. 促销功能

合理的包装有利于促进商品的销售。在商品交易中促进物品销售的手段很多，其中包装的装潢设计占有重要地位，精美的包装能唤起人们的购买欲望。包装的外部形态是商品很好的宣传品，对顾客的购买有刺激作用。

日本神奈川大学的唐泽丰教授将包装的功能分为以下七种：

① 保护功能——保持质量；

② 定量功能（按单位定量）——形成基本单件或与此目的相适应的单件；

③ 标识功能——容易识别；

④ 商品功能——创造商品形象；

⑤ 便利功能——处理方便；

⑥ 效率功能——便于作业、提高效率；

⑦ 促销功能——具有广告效力，唤起购买欲望。

三、包装的种类

（一）按包装在流通中的作用分类

1. 销售包装

又称内包装，是直接接触商品并随商品进入零售网点和消费者或客户直接见面的包装。

销售包装设计时，重点考虑的是包装的造型、结构和装潢。这种包装同时也具有一定的保护功能和方便功能。

2. 运输包装

以满足运输储存要求为主要目的的包装。它具有保障产品的安全，方便储运装卸，加速交接、点验等作用。

运输包装又称工业包装、外包装，是以保护功能为主的包装。其主要功能是保护产品从结束其制造生产到进入消费之前，免受自然因素和人为因素的影响，这种包装还具有方便的功能。

（二）按包装的适用广泛性分类

1. 专用包装

根据被包装物特点进行专门设计、专门制造，只适用于某种专用产品的包装。

2. 通用包装

不进行专门设计、制造，而根据标准系列尺寸制造的包装，用于包装各种标准尺寸的产品。

（三）按包装容器分类

按包装容器的抗变形能力分为硬包装和软包装两类。按包装容器形状分为包装袋、包装箱、包装盒、包装瓶、包装罐等。按包装容器结构形式分为固定式包装和可拆卸折叠式包装。按包装容器使用次数分为一次性包装和多次周转包装。

（四）按包装技术分类

按包装层次及防护要求分为个装、内装、外装三类。按包装的保护技术分为防潮包装、防锈包装、防虫包装、防腐包装、防震包装、危险品包装等。

四、包装材料

包装材料是构成包装实体的主要物质。

包装材料与包装功能存在着不可分割的联系，无论从物品包装材质的选择还是从包装技术的实施，都是为了保证和实现物品包装的保护性、便利性等功能。

由于包装材料的物理性能和化学性能的千差万别，所以包装材料的选择对保护物品有着非常重要的作用。常用的包装材料有：

1. 纸质包装材料

在包装材料中，纸的应用最为广泛，它的品种最多，耗量也最大。由于纸具有价格低、质地细腻均匀、耐摩擦、耐冲击、容易粘合、不受温度影响、无毒、无味、适于包装生产的机械化等优点，所以目前在世界范围内，纸质包装占包装材料的比重比其他包装材料都大。

纸作为包装材料有纸袋、纸箱和瓦楞纸箱等，其中瓦楞纸箱是颇受欢迎的纸质包装材料。瓦楞纸具有成本低、重量轻、容易进行机械加工、容易回收复用等优点。用瓦楞纸作的纸箱具有一定的刚性，因此有较强的抗压、抗冲击能力，这为产品安全、完好地从生产者送到消费者所经历的储存、运输、装卸等活动提供了方便。但是，纸的防潮、防湿性能较差，这是纸质包装材料的最大弱点。

2. 木制包装材料

木材作为包装材料的历史是十分悠久的，几乎所有的木材都可以作为包装材料，特别是作为物品的外包装材料，更显示出其抗压、抗震等优点。木材至今在包装材料中仍占有十分重要的地位。由于木材资源有限，且用途又比较广泛，作为包装材料前景不佳。同时，由于塑料、复合材料、胶合板的发展，木材作为包装材料的比重在不断下降。木制的包装材料一般有木箱、木桶、木笼等。

3. 草制包装材料

这是比较落后的包装材料，原材料来源是各种天然生的草类植物，将这些草类植物经过梳理，编织成诸如草席、蒲包、草袋等包装。草制包装由于其防水、防潮能力较差，强度很低等原因，在物流中的作用逐渐下降，有被淘汰的趋势。

4. 金属包装材料

这是把金属压制成薄片，用于物品包装的材料，通常有金属圆桶，白铁内罐，储气瓶，金属丝、网等。目前，金属包装材料中，用量最大的是马口铁（镀锡薄钢板）和金属箔两大品种。

马口铁具有坚固、抗腐蚀、易进行机械加工、表面容易进行涂饰和印刷等优点，尤其用马口铁所制作的容器具有防水、防潮、防污染等优点，所以，马口铁是较理想的包装材料。

金属箔是把金属压延成很薄的薄片，多用于食品包装，如糖果类、奶油、乳制品的包装等。目前，用金属箔和纸复合制成的包装材料具有广泛的用途。

5. 纤维包装材料

这是用各种纤维制作的袋状包装材料。天然的纤维材料有黄麻、红麻、大麻、青麻、罗布麻、棉花等；经工业加工提供的纤维材料有合成树脂、玻璃纤维等。

6. 陶瓷与玻璃包装材料

玻璃具有耐风化、不变形、耐热、耐酸、耐磨等优点，尤其适合于各种液体物品的包装。陶瓷、玻璃制作的包装容器，容易洗刷、清毒、灭菌，能保持良好的清洁状态。同时，它们可以回收复用，有利于包装成本的降低。然而，玻璃、陶瓷也有它们最大的弱点，即在超过一定的冲击力的作用下容易破碎。

7. 合成树脂包装材料

这是指用合成树脂制作的各种塑料容器、塑料瓶、塑料袋和塑料箱等，它们在现代包装中所处的地位越来越重要。塑料包装材料有以下特性和优点：透明，对容器内包装的物品不必开封便一目了然；有适当的强度，可以保护商品的安全；有较好的防水、防潮、防霉等性能；有耐药剂、耐油性能；耐热、耐寒性能较好，对气候变化有定的适应性；有较好的防污染能力，使包装的物质既安全又卫生；密封性能好等。合成树脂的品种超过千种，用于包装的主要有聚乙烯、聚丙烯、聚氯乙烯、聚苯乙烯、酚醛树脂、氨基塑料等十多种。

8. 复合包装材料

这是指将两种以上具有不同特性的材料复合在一起，以改进单一包装材料的性能，发挥包装材料更多的优点。常见的复合材料有三四十种，使用最广泛的是塑料与玻璃纸复合；塑料同塑料复合；金属箔与塑料复合；金属箔、塑料、玻璃纸复合；纸张与塑料的复合等。

五、包装容器

1. 包装袋

它采用柔性包装中的重要技术。材料是挠性材料，有较高的韧性、抗拉强度和耐磨性。包装袋广泛适用于运输包装、商业包装、内装、外装，因而使用较为方便。

包装袋一般分成下述三种类型：（1）集装袋。一种大容积的运输包装袋，盛装重量在 1 吨以上。适于装运颗粒状、粉状的物品。（2）一般运输包装袋。盛装重量在 0.5～100 公斤范围的包装袋。例如麻袋、草袋、水泥袋等。主要包装粉状、粒状和个体小的物品。（3）小型包装袋。盛装重量较少的包装袋。液状、粉状、块状和异型物等可采用这种包装。

2. 包装盒

它采用介于刚性和柔性包装两者之间的包装技术。包装材料有一定挠性，不易变形，有较高的抗压强度，刚性高于袋装材料。包装盒整体强度不大，包装量也不大，不适合做运输包装，适合做商业包装、内包装，包装块状及各种异型物品。

3. 包装箱

它是刚性包装技术中的重要一类，包装材料为刚性或半刚性材料，有较高强度且不易变形。

主要包装箱有瓦楞纸箱、木箱、塑料箱、集装箱等。

4. 包装瓶

包装瓶是瓶颈尺寸有较大差别的小型容器，是刚性包装中的一种，包装材料有较高的抗变形能力，刚性、韧性要求一般也较高。包装瓶包装量一般不大，适合美化装潢，主要做商业包装、内包装。主要包装液体、粉状货。

5. 包装罐（筒）

包装罐是罐身各处横截面形状大致相同、罐颈短、罐颈内径比罐身内径稍小或无罐颈的一种包装容器，是刚性包装的一种。包装材料强度较高，罐体抗变形能力强。包装操作是装填操作，然后将罐口封闭。包装罐主要有三种：（1）小型包装罐，容量不大，一般是做销售包装、内包装。（2）中型包装罐，容量较大，一般做化工原材料、土特产的外包装，起运输包装作用。（3）集装罐，是典型的运输包装，适合包装液体、粉状及颗粒状物品。

六、包装技术

1. 防震保护技术

防震包装又称缓冲包装，在各种包装方法中占有重要的地位。防震包装就是为减缓内装物受到冲击和震动，保护其免受损坏所采取的一定防护措施的包装。防震包装主要有三种方法：（1）全面防震包装方法，即内装物和外包装之间全部用防震材料填满进行防震的包装方法。（2）部分防震包装方法，即对于整体性好的产品和有内装容器的产品，仅在产品或内包装的拐角或局部地方使用防震材料进行衬垫的包装方法。（3）悬浮式防震包装方法，即对于某些贵重易损的物品，为了有效地保证在流通过程中不被损坏，外包装容器比较坚固，然后用绳、带、弹簧等将被装物悬吊在包装容器内，而不与包装容器发生碰撞，从而减少损坏。

2. 防破损保护技术

缓冲包装有较强的防破损能力，因而是防破损包装技术中有效的一类。此外还可以采取以下几种防破损保护技术：（1）捆扎及裹紧技术，即使杂货、散货形成一个牢固整体，以增加整体性，便于处理及防止散堆来减少破损。（2）集装技术，即利用集装，减少与货体的接触，从而防止破损。（3）选择高强度保护材料，即通过外包装材料的高强度来防止内装物品受外力作用破损。

3. 防锈包装技术

主要有两类：（1）防锈油防锈蚀包装技术。防锈油防锈蚀包装技术就是将金属涂封防锈油防止锈蚀的技术。（2）气相防锈包装技术，即在密封包装容器中，使用气相缓蚀剂（挥发性缓蚀剂）对金属制品进行防锈处理的技术。在密封包装容器中，气相缓蚀剂在很短的时间内挥发或升华出的缓蚀气体就能充满整个容器的每个角落和缝隙，同时吸附在金属制品的表面上，从而起到抑制大气对金属锈蚀的作用。

4. 防霉腐包装技术

在装运食品和其他有机碳水化合物物品时，物品表面可能生长霉菌，在流通过程中如遇潮湿，霉菌生长繁殖极快，甚至延伸至物品内部，使其腐烂、发霉、变质，因此要采取特别防护措施。防霉烂变质的措施，通常是采用冷冻包装、真空包装或高温灭菌方法。

5. 防虫包装技术

可在包装中放入有一定毒性和气味的驱虫药物，利用药物在包装中挥发出的气体杀灭和驱除各种害虫。常用驱虫剂有萘、对位二氯化苯、樟脑精等。也可采用真空包装、充气包装、脱氧包装等技术，使害虫无生存环境。

6. 危险品包装技术

危险品即爆炸性物品、氧化剂、压缩气体和液化气体、自燃物品、遇水燃烧物品、易燃液体、易燃固体、毒害品、腐蚀性物品、放射性物品等。对于有毒商品的包装要明显地标明有毒的标志。防毒的主要措施是包装严密不漏、不透气。对有腐蚀性的商品，要注意商品和包装容器的材质不会发生化学变化。金属类的包装容器，要在容器壁涂上涂料，防止腐蚀性商品对容器的腐蚀。对于易自燃商品的包装，宜采取特殊包装方式。对于易燃、易爆商品，包装的有效方法是采用塑料桶包装，然后将塑料桶装入铁桶或木箱中，每件净重不超过 50 公斤，并应有自动放气的安全阀，当桶内达到一定气压时，能自动放气。

7. 特种包装技术

（1）充气包装，即采用二氧化碳或氮气等不活泼气体置换包装容器内的空气的一种包装技术，也称为气体置换包装。

（2）真空包装，即将物品装入气密性容器后，在容器封口之前抽成真空，使密封后的容器内基本没有空气的一种包装方法。

（3）收缩包装，即用收缩薄膜裹包物品（或内包装件），然后对薄膜进行适当加热处理，使薄膜收缩而紧贴于物品（或内包装件）的包装技术，

（4）拉伸包装，即由收缩包装发展而来的，依靠机械装置在常温下将弹性薄膜围绕被包

装件拉伸、紧裹，并在其末端进行封合的一种包装方法。

（5）脱氧包装，即继真空包装和充气包装之后出现的一种新型除氧包装方法，是在密封的包装容器中，使用能与氧气起化学作用的脱氧剂与之反应，从而除去包装容器中的氧气，以达到保护内装物的目的。

七、包装标准化及合理化

（一）包装标准化的含义

包装标准化是对产品的包装类型、规格、容量、使用的包装材料、包装容器和结构造型、印刷标志及产品的盛入、衬垫、封装方式、名词术语、检验要求等加以统一规定，并贯彻实施的政策和技术措施。实施包装标准化可以便于提高包装生产率，便于识别、使用和计量，节约包装材料，降低包装成本，保证包装质量，保护产品安全，有利于产品走向国际市场，有利于包装的回收复用。

（二）包装合理化

包装合理化既包括包装总体的合理化，也包括包装材料、包装技术、包装方式的合理组合及运用。要做好包装合理化工作，应从以下三方面着手：

1. 防止包装不足。包装不足指的是以下几个方面：① 包装物强度不足。② 包装材料水平不足。③ 包装容器的层次及容积不足。④ 包装成本过于低下，不能保证有效的包装。

2. 防止包装过剩。包装过剩指的是以下几方面：① 包装物强度设计过高。② 包装材料选择过高。③ 包装技术过高。包装层次过多，包装体积过大，包装成本过高。

3. 从物流管理角度，用科学方法确定最优包装。由于物流诸因素是可变的，包装也是不断发生变化的，确定包装形式，选择包装方法，都要与物流诸因素的变化相适应。这些因素主要有：第一是装卸搬运。在确定包装时，必须对该种产品的装卸搬运手段、方法有所了解，使包装形式、包装方法与之相适应。第二是保管，在确定包装时，必须对保管的条件和方式有所了解。例如，采用高垛就要求包装有很高的强度，否则就会压坏。如果采用低垛或料架保管，包装的强度就可以相应降低，以节约资源和费用。第三是运输。输送工具类型、输送距离长短、道路情况如何都对包装有影响，例如道路情况比较好的短距离汽车输送，就可以采用轻便的包装。同一种产品，如果进行长距离的车船联运，就要求严密厚实的包装。

第三节 装卸搬运

一、装卸搬运的概念

物品在指定地点以人力或机械装入运输设备或卸下称之为装卸；在同一场所内，对物品进行水平移动为主的物流作业称之为搬运。两者全称装卸搬运。有时候或在特定场合，单称“装卸”或单称“搬运”也包含了“装卸搬运”的完整含义。

在物流过程中，装卸活动是不断出现和反复进行的，它出现的频率高于其他各项物流活动，每次装卸活动所消耗的人力也很多，所以装卸费用在物流成本中所占的比重也较高。以我国为例，铁路运输的始发和到达的装卸作业费大致占运费的20%左右，搬运占40%左右。据统计，我国火车货运以500公里为分界点，运距超过500公里，则运输在途时间多于起止的装卸时间；运距低于500公里，则装卸时间超过实际运输时间。为提高物流速度、降低物流成本、减少物流过程损耗，我们应加强对装卸搬运的组织设计和搬运机械的操作管理。

二、装卸作业

主要指物料在短距离范围内的移动、堆垛、拣货、分选等作业。按作业内容可分为：

1. 装货卸货作业。向卡车、火车、船舶、飞机等运输工具上装货，以及从这些运输工具上卸货的活动。

2. 搬运移送作业。对物品进行短距离的移动活动，包括水平、垂直、斜行搬运或由这几种方式组合在一起的搬运移送活动。

3. 堆垛拆垛作业。堆垛是把物品从预先放置的场所移送到运输工具或仓库内的指定位置，再按要求的位置和形状放置物品的作业活动。拆垛是与堆垛相反的作业活动。

4. 分拣配货作业。分拣是在堆垛、拆垛作业前后或配货作业之前发生的作业。它是把物品按品种、出入库先后顺序进行分类整理，再分别放到规定位置的作业活动。配货包括把物品从所定位置，按品种、下一道作业的内容和发货对象整理分类所进行的堆放拆垛作业。

三、装卸的类别

1. 根据方法手段分：

（1）人力装卸。用人工进行装卸。

（2）机械装卸。利用装卸机械进行装卸。

2. 根据被装卸物品分：

（1）普通物品装卸。普通包装物或单件物品装卸，又分为单件处置和集装处理。前者是指将物料一个一个地进行装卸，其实例是传送带装卸纸盒包装物；后者是指将物品汇集成一定规模，集中装在集装箱或托盘中进行处理。

（2）散货装卸。对谷物等颗粒体进行无包装处理的装卸。

3. 根据场所分：

（1）集散装卸。与汽车运输有关的装卸。

（2）车站装卸。与铁路运输有关的装卸。

（3）仓库装卸。与仓库保管有关的装卸。

（3）港湾装卸。与船运有关的装卸。

（4）工厂内装卸。生产过程中的装卸。

（5）其他。在货主院内的装卸等。

四、装卸方法

1. 单件作业法。逐件装卸搬运的人工方法，主要适用于三种情况：一是某些物资出于它本身特有的属性，采用单件作业法有利于安全；二是在某些装卸搬运场合，没有或难以设置装卸机械；三是某些物资体积过大，形状特殊。

2. 重力作业法。利用货物的位能来完成装卸作业的方法，如重力法卸车。

3. 倾翻作业法。将运载工具载货部分倾翻而将货物卸出的方法。

4. 集装作业法。将物资先进行集装，再对集装件进行装卸搬运的方法。主要包括集装箱作业法、托盘作业法、滑板作业法等。

5. 机械作业法。采用各种机械，采用专门的工作机构，通过舀、抓、铲等作业方式，达到装卸搬运的目的。

6. 气力输送法。利用风机在气力输运机的管道内形成单向气流，依靠气体的流动或气压差来输送货物的方法。

7. 人力作业法。完全依靠人力和人工，使用无动力机械来完成装卸搬运的方法。

8. 间歇作业法。在两次作业中存在一个空程准备过程的作业方法，包括重程和空程两个阶段，如门式和桥式起重机作业。

9. 连续作业法。在装卸过程中，设备不停作业，物资可连绵不断，持续流水般地实现装卸作业的方法，如带式输送机、链头装载作业。

五、装卸搬运的合理化

（一）防止无效装卸

无效装卸含义是消耗于有用货物必要装卸劳动之外的多余装卸劳动。一般装卸操作中，无效装卸具体反映在以下几方面：

1. 过多的装卸次数。物流过程中，货损发生的主要环节是装卸环节，过多的装卸次数必然导致损失的增加。从发生的费用来看，一次装卸的费用相当于几十公里的运输费用，因此，每增加一次装卸，费用就会有较大比例的增加。此外，装卸又是降低物流速度的重要因素。

2. 过大的包装装卸。包装过大过重，在装卸时实际上反复在包装上消耗较大的不必要的劳动。

3. 无效物质的装卸。进入物流过程的货物，有时混杂着没有使用价值或对用户来讲使用价值不对路的各种掺杂物，如煤炭中的矸石，矿石中的表面水分，石灰中的未烧熟石灰及过烧石灰等，在反复装卸时，实际对这些无效物质反复消耗劳动，因而形成无效装卸。

（二）充分利用重力和消除重力影响，进行少消耗的装卸

在装卸时考虑重力因素，可以利用货物本身的重量，进行有一定落差的装卸，以减少或根本不消耗装卸的动力，这是合理化装卸的重要方式。例如，从卡车、铁路货车卸物时，利用卡车与地面或小搬运车之间的高度差，使用溜槽、溜板之类的简单工具，可以依靠货物本身重量，从高处自动滑到低处，这就无需消耗动力。

在装卸时尽量消除或削弱重力的影响，也会求得减轻体力劳动及其他劳动消耗的合理性。例如在进行两种运输工具的换装时，可以采取落地装卸方式，即将货物从甲工具卸下并放到地上，一定时间后，或搬运一定距离后再从地上装到乙工具之上。这样起码在“装”时，要将货物举高，这就必须消耗改变位能的动力。如果进行适当安排，将甲、乙两工具进行靠接，从而使货物平移，从甲工具转移到乙工具上，这就能有效消除重力影响，实现合理化装卸。

（三）充分利用机械，实现“规模装卸”

为了更多地降低单位装卸工作量的成本，对装卸机械来讲，也有“规模”问题。装卸机械的能力达到一定规模，才会有最优效果。追求规模效益的方法，主要是通过各种集装实现

间断装卸时一次操作的最合理装卸量，从而使单位装卸成本降低，也通过散装实现连续装卸的规模效益。

（四）提高“物”的装卸搬运活性

装卸搬运活性的含义是，从物的静止状态转变为装卸搬运运动状态的难易程度，即物资进行装卸搬运作业的方便性。如果很容易转变为下一步的装卸搬运而不需过多地做装卸搬运前的准备工作，则活性就高。为提高搬运活性，应把它们整理成堆或是包装成单件放在托盘上，或是放在车上，放在运输机上。由于装卸搬运是在物流过程中反复进行的活动，因而其速度可能决定整个物流的速度，每次装卸搬运的时间虽短，多次装卸搬运的累计效果则十分可观。因此，提高装卸搬运活性是装卸合理化的重要因素。活性指数分为0～4共5个等级。见表6.2所示。

表6.2　装卸搬运活性指数表

放置状态	需要进行的作业				活性指数
	整理	架起	提起	拖运	
散放地上	√	√	√	√	0
置于一般容器	0	√	√	√	1
集装化	0	0	√	√	2
无动力车	0	0	0	√	3
动力车辆或传送带	0	0	0	0	4

物流窗口　“六不改善法”

日本物流界从工业工程的观点出发，总结出改善物流作业效率的“六不改善法”，具体内容如下：

1. 不让等——闲置时间为零。通过正确安排作业流程和作业量，使作业人员和作业机械能连续工作，不发生闲置现象。

2. 不让碰——与物品接触为零。通过利用机械化、自动化物流设备进行物流装卸、搬运、分拣等作业，使作业人员在从事物流装卸、搬运、分拣等作业时，尽量不直接接触物品，以减轻劳动强度。

3. 不让动——缩短移动距离和次数。通过优化仓库内的物品放置位置和采用自动化搬运工具，减少物品和人员的移动距离和次数。

4. 不让想——操作简便。按照专业化（Specialization）、简单化（Simplication）和标准化（Standardization）的“3S”原则分解作业活动和作业流程，并应用计算机等现代化手段，使物流作业的操作简便化。

5. 不让找——整理整顿。即通过作业现场管理，使作业现场工具和物品放置在一目了然的地方。

6. 不让写——无纸化。即通过应用条形码技术、信息技术等使作业记录自动化。

案例分析　包装与流通加工的创新

在过去几年中，为减小包装对生态的影响，耐克进行了大量的包装创新工作。

1995 年，耐克对包装盒进行了一次全面的重新设计，18 种包装盒改为 2 种，然后改为 1 种良性生态包装，用来盛放运动鞋、滑雪板、太阳镜等商品。这种包装采用了一种开创性的折叠式设计，其结构中不使用重金属、油墨、胶水，并且每年为耐克节约 8 000 吨纤维材料。

耐克的旧包装盒作为再生原料，被投入到一个封闭循环系统的粉碎设备中处理。换句话说，在旧包装盒的处理过程中，对周围环境不会造成污染。1998 年 5 月，新的粉碎设备应用到纸箱生产中，提高了纸箱的性能。这些纸箱重量减小了 10%，但强度不变。仅此一项，每年能节约 4 000 吨的纤维原料。

在配送中心，耐克正在试验重新利用包装箱的可行性。由于是新技术纸板，这些纸箱不易被损坏，易于重新使用。但在纸箱的再利用中，上面的标签成为潜在的易导致错误的因素。

阿迪达斯公司在美国的一家超级市场设立了组合式鞋店，摆放着的不是做好了的鞋，而是做鞋用的半成品，款式花色多样，有 6 种鞋跟、8 种鞋底，均为塑料制造的，鞋面的颜色以黑、白为主，搭带的颜色有 80 种，款式有百余种。客户进来可任意挑选自己所喜欢的各个部位，交给职员当场进行组合。只要 10 分钟，一双崭新的鞋便唾手可得。这家鞋店昼夜营业，职员技术熟练，鞋子的售价与成批制造的价格差不多，有的还稍便宜些。所以客户络绎不绝，销售金额是邻近鞋店的 10 倍。

通过此案例请分析你所熟知物品的包装与流通加工的创新策略。

思考题与习题

1. 什么是流通加工？流通加工的必要性和意义是什么？
2. 流通加工与生产加工的区别表现在哪里？
3. 如何实现流通加工的合理化？
4. 包装有哪些功能？你认为生活消费品的包装应注意什么？
5. 如何实现包装的合理化？
6. 如何实现装卸搬运的合理化？
7. 举例说明如何提高“物”的装卸搬运活性。

第七章 企业生产物流管理

【引导案例】上海通用汽车公司的柔性生产与精益物流

毋庸置疑，上海通用汽车公司（简称上海通用）的生产物流是中国乃至全世界柔性生产与精益物流的典范。可以想象，在上海通用的车间，各式各样的零部件汇聚到部件装配车间或者总装配车间，被准确无误地送入自动化生产线，又被丝毫不差地安装到不同类型的汽车上，组成一辆辆具有人类灵气和生命力的汽车。整个生产过程如此复杂，而又如此精益而美丽，这就是现代企业生产物流的无限魅力。

柔性化生产源自汽车业发达的欧美，是20世纪末国际上先进的生产理念，是“以客户为中心”的理念在生产上的延伸，是多品种、小批量产品生产的最优方法，其所带来的时间与成本优势，能快速将具有价格竞争力的优质产品带到市场。国内许多生产厂家，如东风汽车公司都在尝试进行柔性生产。上海通用项目设计规划之初，投资双方就决心改变国人对汽车厂家的看法，以现代国际化企业的要求来进行汽车厂的建设，从而为中国汽车消费者带来最具吸引力的产品，因此必须引进柔性生产系统。上海通用汽车生产线投产后，不同品种、不同规格的各型各款轿车实现了共线生产，成为通用公司全球范围内柔性最强的生产线之一，在世界汽车制造业中也屈指可数。

柔性生产的前提条件是对生产线物料及时准确地供给。如果把资金比作公司的血液，那么物料供应无疑就是生产线的血液，物料供应系统就是生产线的供血系统。与公司的营销体系相对应，上海通用实行的是拉动式的物料供应系统。这是目前国际上较为先进的拉动式经营策略，是保持生产过程中库存量最小的系统。也就是说，公司根据收到的客户订单安排生产，与此同时，生成相应的物料计划发给各个供应商。这样既保证生产时有充足供货，又不会有库存而占用资金和仓库。

如何保证生产线前的物料供应及时准确呢？同样也是依靠高科技信息系统支持的简单实用的看板拉动式体系来完成。当生产线的工人发出物料需求指令时，该指令由处于物料箱内带有条码的看板来传递。当工人开始使用一箱零件时，就把看板卡放在工位旁固定地点；物料人员定时收取看板卡，使用条码、扫描仪和光缆通信等工具，排出下一次供料时间；司机根据看板卡从临时仓库取出新的物料，并在每一箱中放入一张看板卡，然后将新的物料送至操作工处。此外，生产线工人还可通过物料索取系统，使用按钮、灯板等设备作为电子拉动信号传递对消耗物料进行补充的信息。当生产线货架或货盘中用到仅剩最后n个零件时，操作工按动按钮，物料索取灯启动，司机立即将索取卡送到物料存储区，取出物料送到工位，并将物料索取灯关闭，确认物料发送。这套电子拉动系统确保了信息的准确性，基本上消灭了由于数据传递失误而引起的物料短缺现象。

另一部分物料，如保险杠、座椅等较大的选装零件通过联网计算机系统将即时的需求计划传递给供应商，其中包括交货时间、排序信息及交货数量，供应商将经过排序的物料准确及时地送到生产线旁。为了配合柔性生产的需求，物料系统还作了其他调整。其中之一就是对部分零部件实施排序配送。举例来说，三种不同尺寸的车窗玻璃，由同一个工人共线装配，如果不对玻璃进行排序，生产线旁必须安放三个不同的料架，而工人也必须花费时间进行辨别，根据车型不同从不同料架上取货。因此排序法对节省生产线物料空间，提高工作效率有很大作用。此外，物料部门还增加了车间的货物窗口，采用新型料架，改进物料摆放，提高了配送柔性化程度。

上海通用汽车公司物流系统对柔性生产的支持更多地体现在一点一滴的细微之处。无论是生产线大量使用的空中悬链输送系统、随行夹具、标准多样的物流容器等，还是大量使用的地面有轨平移输送车、自动回转输送台以及为生产线配送物料的电动牵引拖挂车等，无一不体现着标准、规范、精益之特色。可以说正是大量物料输送装置的精心设计、标准精巧的物料集装器具的充分使用、现场整齐规范的物料摆放等为上海通用汽车公司实施精益物流管理打下了良好基础。

通过精益物流管理，上海通用汽车公司取得了降低库存、节省占地空间、减少搬运、便于操作、简化系统、使用最少设备等效果，既保障了柔性生产线的正常运行，对产品质量不断提高也有巨大促进作用，从而也强化了企业的核心竞争力。

通过阅读此案例,请思考如下问题：（1）什么是柔性生产？（2）生产物流管理的目标是什么？

第一节　企业生产物流系统

一、生产物流的含义

企业生产物流是指伴随企业内部生产过程的物流活动。即按照工厂布局、产品生产过程和工艺流程的要求，实现原材料、配件、半成品等物料在工厂内部供应库与车间、车间与车间、工序与工序、车间与成品库之间流转的物流活动。

广义的生产物流涉及的内容包括厂址的选择、工厂总平面的布置、车间布置、设备布置、工艺流程设计、生产过程的时间及空间组织、物料搬运等。狭义的生产物流一般指在企业的生产过程中所发生的有关物料移动，加工成半成品、成品到最终成品入库的一系列有关原材料、配件等的空间移动的过程。

二、生产物流系统

企业生产系统是企业大系统中的一个子系统，是支撑企业生产过程运行的物质基础，生产系统由系统的硬件和软件两部分组成。生产系统的硬件通常是指生产机器设备、工具器具、生产场地、厂房、运输车辆、通信设施等，它构成生产系统的物质形式。生产系统的软件指的是生产组织形式、人员配备要求、工作制度、运行方式以及管理上的各种规章制度。

企业的生产系统实质上也是一个物流系统。企业的生产系统是用来支撑生产过程的，而产品生产过程是企业生产系统的核心部分。产品的生产过程就是一个典型的物流过程。它是企业物流系统的主要组成部分，同时它也导致其他的企业物流，如供应物流、销售物流和回收、废弃物流等。

例如汽车装配生产线，它是一个生产系统。这条生产线把车桥、发动机、车轮、变速箱、车厢等装配成一辆汽车，因此它是汽车的生产系统。但是，从物流的角度看，它又是一个物流系统：按照一定节拍运行前进的装配线传送带，载着汽车的骨架前行，经过各个装配工序，依次装配上发动机、车轮、变速箱、车厢等各个部件，最后变成一辆完整的汽车，下线后进入成品库暂存待售。如图 7.1 所示。

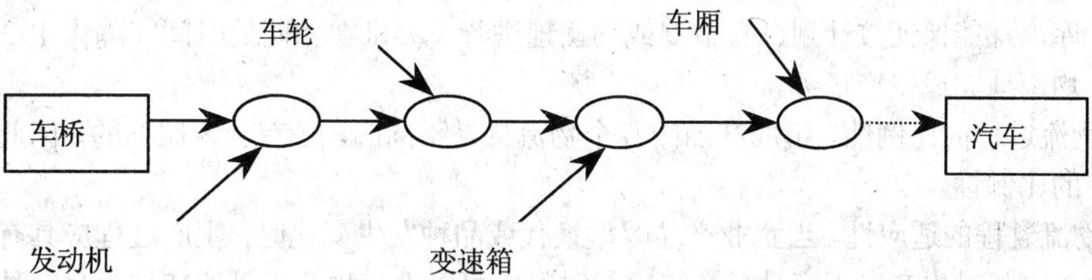

图 7.1　汽车装配示意图

三、生产物流系统设计原则

生产物流系统的设计融合在企业生产系统设计中，但强调了物流环节的整体效益。如仓储系统设计和搬运系统设计等。企业进行生产系统设计时，不仅要考虑生产系统的布置适应生产能力的需要，而且像进料，临时储存，生产系统前、中、后的搬运、调度、装箱、库存、运送等均应一并考虑。生产物流的一般设计原则是：

1．功最小原则。物流过程中不增加任何附加的价值，徒然消耗大量人力、物力和财力，因此，物流“距离”要短，搬运“量”要小。

2．流动性原则。良好的企业生产物流系统应使流动顺畅，消除无谓停滞，力求生产流程的连续性。当物料向成品方向前进时，应尽量避免工序或作业间的逆向、交错流动或发生与其他物料混杂的情况。

3．高活性指数原则。采用高活性指数的搬运系统，减少二次搬运和重复搬运量。

第二节　企业生产物流组织

一、合理组织生产过程的基本要求

生产物流区别于其他物流系统的最显著的特点是它和企业生产紧密联系在一起。只有合理组织生产物流过程，才有可能使生产过程始终处于最佳状态。如果物流过程的组织水平低，达不到基本要求，那么即使生产条件、设备再好，也不可能顺利完成生产过程，更谈不上取得较高的经济效益。

合理组织生产物流的基本要求是：

1. 物流过程的连续性。企业生产是一道工序一道工序地往下进行的，因此，要求物料能顺畅地、最快、最省地走完各个工序，直至成为产品。每个工序的不正常停工就会造成不同程度的物流阻塞，影响整个企业生产的进行。

2. 物流过程的平行性。一个企业通常生产多种产品，每一种产品又包含着多种零部件，在组织生产时，将各个零件分配在各个车间的各个工序上生产，因此，要求各个支流平行流动，如果一个支流发生问题，整个物流都会受到影响。

3. 物流过程的节奏性。物流过程的节奏性是指产品在生产过程的各个阶段，从投料到最后完成入库，都能保证按计划、有节奏或均衡地进行，要求在相同的时间间隔内生产大致相同数量、均衡地完成生产任务。

4. 物流过程的比例性。组成产品的各个物流量是不同的，是有一定比例的，因此形成了物流过程的比例性。

5. 物流过程的适应性。当企业产品改型换代或品种发生变化时，生产过程应具有较强的应变能力。也就是生产过程应具备在较短的时间内可以由一种产品迅速转移为另一种产品的生产能力。物流过程同时应具备相应的应变能力，与生产过程相适应。

二、企业生产物流的组织方式

（一）生产物流类型

企业的生产类型是生产的产品产量、品种和专业化程度在企业技术、组织和经济上的综合反映和表现。它在很大程度上决定了企业和车间的生产结构、工艺流程和工艺装备的特点、生产过程的组织形式及生产管理方法，同时也决定了与之匹配的生产物流类型。通常情况下，企业生产的产品产量越大，产品的品种则越少，生产专业化程度也越高，而物流过程的稳定性和重复性也就越大。反之，企业生产的产品产量越小，产品的品种则越多，生产的专业化程度越低，而物流过程的稳定性和重复性亦越小。可见，物流类型与决定生产类型的产品产量、产品品种和专业化程度有着内在的联系，并对生产组织产生不同的影响和要求。按生产和物流的稳定性和重复性可以把各类生产过程分为大量生产、成批生产和单件生产。

1. 大量生产：生产品种单一，产量大，生产重复程度高。一般这类产品在一定时期内具有相对稳定的需求，生产与物流设备的专用性强。

2. 单件生产：生产品种繁多，但每种仅生产一件，生产重复度低；生产与物流设备必须采用通用设备。

3. 成批生产：介于上述两者之间。即品种不单一，每种都有一定批量，生产有一定的重复性。通常又可划分为大批生产、中批生产和小批生产。划分三种生产类型的标准，如表 7.1 所示。

（二）生产物流的组织形式

生产物流的组织是相对于企业生产区域而言，目标是如何缩短物料在工艺流程中移动距离。一般有三种专业化组织形式：

表 7.1 物流生产类型

生产类型	工作地所承担的工序数目	工作地负荷系数
大量生产	1～2	0.5 以上
大批生产	2～10	0.1～0.5
中批生产	10～20	0.05～0.1
小批生产	20～40	0.025～ 0.05
单件生产	40 以上	0.025 以下

1.按工艺专业化形式组织生产物流

工艺专业化形式也叫工艺原则，就是按照生产工艺的特点来设置生产单位。在工艺专业化的生产单位内，集中着同种类型的生产设备和同工种的工人，对企业生产的各种产品或零件进行相同工艺方法的加工。如图 7.2 所示。

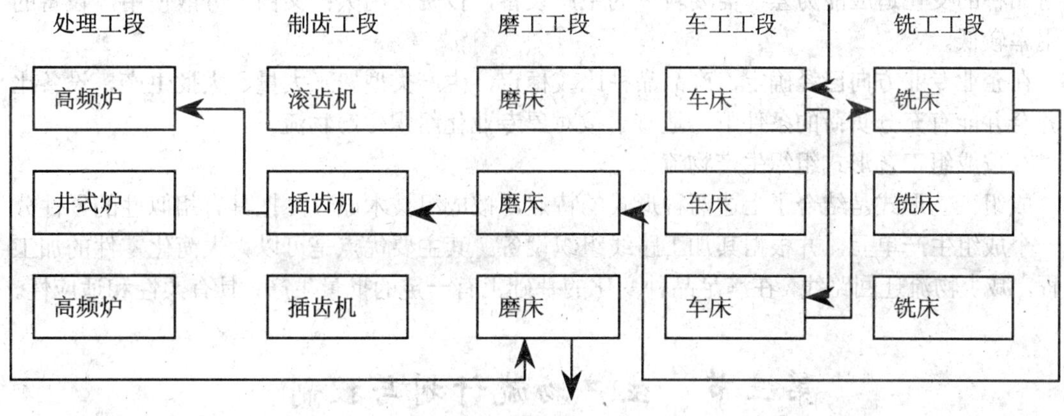

图 7.2 工艺专业化形式

工艺专业化形式的优点是对产品品种的变化和加工顺序的变化适应能力强；便于充分利用生产设备和生产面积，提高了设备的利用率；工艺及设备管理较方便。缺点是物料在加工过程中物流次数及路线复杂；产品在生产过程中停放、等待时间增多，延长了生产周期，增加了在制品，占用了流动资金；各生产单位之间的往来频繁，使计划管理、在制品管理、质量管理以及产品的成套性等工作比较复杂。

在企业生产规模不大、生产专业化程度低、产品品种不稳定的单件小批生产条件下，则适宜于按工艺专业化组织生产物流。

2.按对象专业化形式组织生产物流

对象专业化也叫对象原则，就是以产品（零件、部件）为对象来设置生产单位。在对象专业化的生产单位内，集中了为制造某种产品所需要的各种不同类型的生产设备和不同工种的工人，对其所负责的产品进行不同工艺方法的加工。每一个生产单位基本上能独立完成该种产品的全部或大部分工艺过程，不用跨其他的生产单位。如图 7.3 所示。

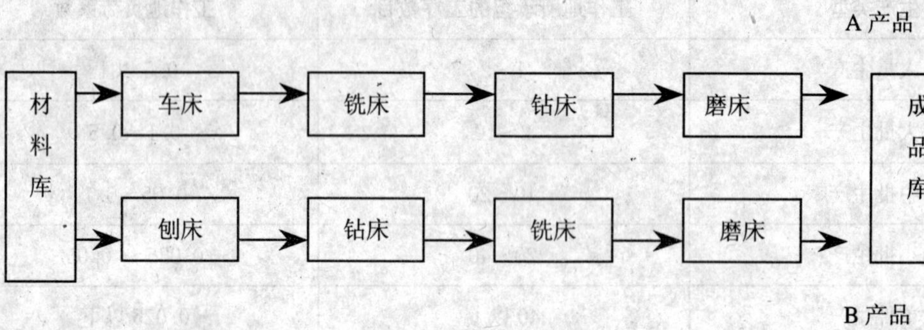

图 7.3　对象专业化形式

对象专业化的优点是可以大大缩短产品在生产过程中的运输路线，减少运输次数；减少产品在生产过程中的停放、等待时间，提高生产过程的连续性，缩短生产周期，减少生产中的在制品占用量，节约流动资金；有利于按期、按质、按量、成套地完成生产任务。其缺点是对品种的变化适应能力差；需要较多的生产设备，投资费用大；又由于分散使用，设备的利用率较低。

在企业专业方向已经确定，产品品种比较稳定，生产类型属于大量、大批生产，设备比较齐全并能有充分负荷的条件下，适宜于按对象专业化组织生产物流。

3. 按成组工艺形式组织生产物流

成组工艺形式是结合了上述两种形式的特点，按成组技术原理，把具有相似性的零件分成一个成组生产单元，并根据其加工路线组织设备。其主要优点是可以大大简化零件的加工流程，减少物流迂回路线，在满足品种变化的基础上有一定的批量生产，具有柔性和适应性。

第三节　生产物流计划与控制

在生产物流的计划与控制中，计划的对象是物料，计划执行的结果要通过对物料的监控来考核。对生产物流进行计划就是根据计划期内规定的出产产品的品种、数量、期限，具体安排物料在各工艺阶段的生产进度，并使各环节上的在制品的结构、数量和时间相协调。而对生产物流进行控制则主要体现在物流（量）进度控制和在制品管理两方面。

多品种小批量生产类型正成为现代加工装配企业的发展趋势，该类企业组织生产物流有三种典型的运营方式。

一、以 MRP、MRPII、ERP 原理为指导的生产物流运营方式

（一）MRP 的原理和应用

1. MRP 的产生过程

在 MRP 产生之前，库存计划通常采用订货点法。但该法只能保证稳定均衡消耗情况下不

出现短缺，不能保证消耗多变情况下不出现短缺。一个制造企业，一种产品往往是由多种部件组装而成，每种部件又由多种零件和材料制造而成，这样产品和零部件及材料之间就构成连动需求关系，因此必须把企业产品中的各种物料分为独立物料和相关物料，将这种需求关系纳入计算机系统并按时间段确定不同时期的物料需求，从而解决库存物料订货与组织生产问题。围绕所要生产的产品，如何在正确的时间、正确的地点、按照规定的数量得到真正需要的物料问题，在 20 世纪 60 年代美国生产管理和计算机应用专家奥利佛·怀特提出了 MRP，IBM 公司首先在计算机上实现了 MRP 处理。

2. MRP 的原理

MRP（Material Requirement Planning——物料需求计划），基于产品结构的物料需求组织生产，即根据产品结构的层次从属关系，以产品零件为计划对象，以完工日期为计划基准倒排计划，按各种零件与部件的生产周期反推出它们的生产与投入时间和数量，按提前期长短区别各个物料下达订单的先后顺序，从而保证在生产需要时所有的物料都能配套齐备。不到需要的时刻不要过早积压，以达到减少库存量和减少占用资金的目的。

MRP 的原理是，由主产品进度计划（MPS）和主产品的层次结构逐层逐个地求出产品所有零部件的出产时间、出产数量。如果是自己加工，就形成了加工任务单。如果是向外采购，就形成了采购任务单。因此，MRP 的基本任务是：

（1）从最终产品的生产计划（独立需求）导出相关物料（原材料、零部件等）的需求量和需求时间（相关需求）；

（2）根据物料需求时间和生产（订货）周期确定其开始生产（订货）的时间。

MRP 的基本任务是编制零件的生产计划和采购计划。MRP 的依据是主产品进度计划(MPS)、物料清单（BOM)、产品库存文件。它们之间的逻辑流程关系如图 7.4 所示。其中：

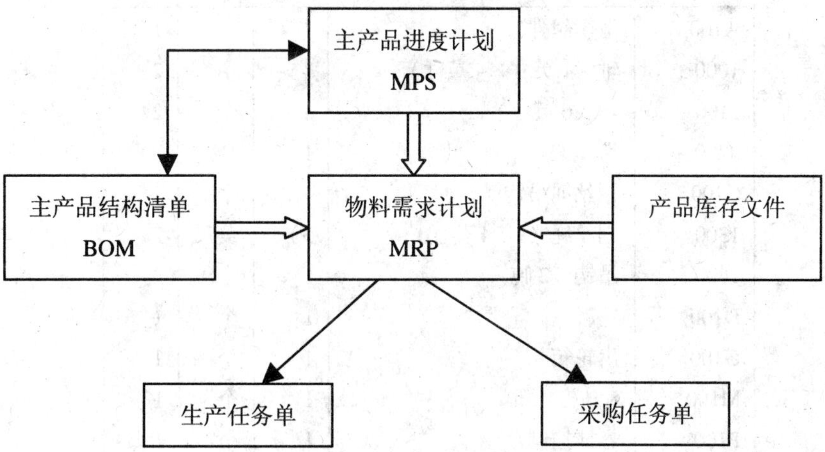

图 7.4 MRP 逻辑图

（1）主产品进度计划（Master Production Schedule，MPS）。主产品进度计划是确定每一具体的最终产品在每一具体时间段内生产数量的计划。这里的最终产品是指企业最终完成、要出厂的完成品，它要具体到产品的品种、型号。这里的具体时间段，通常是以月为单位，在有些情况下，也可以是日、旬、月。主产品进度计划详细规定生产什么、什么时段应该产出，它是独立需求计划。主产品进度计划根据客户合同和市场预测，把经营计划或生产大纲中的产品系列具体化，使之成为展开物料需求计划的主要依据。

（2）主产品结构清单（Bill Of Materials，BOM）。主要反映主产品的层次结构、所有零部件的结构关系和数量组成。根据这一清单，可以确定主产品及其各个零部件的需要数量、需要时间和它们相互间的装配关系。

图 7.5 表示某企业物料代码为 WA01 绞车的层次结构，表 7.2 则表示它的物料清单。

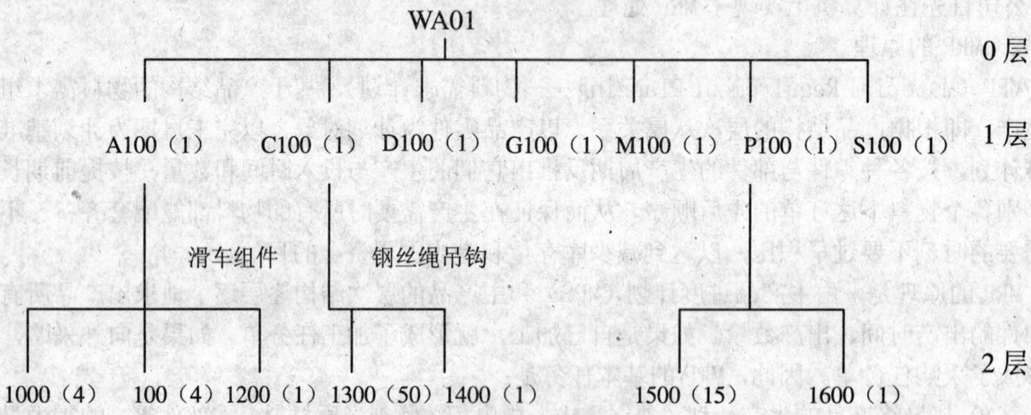

图 7.5 WA01 产品结构层次

表 7.2 WA01 物料清单

物料代码	物料名称及说明	数量	单位	层次
A100	滑车组件	1	个	1
1000	轴（1 英寸×4 英寸）	4	个	2
1100	轮（6 英寸）	4	个	2
1200	滑车架	1	个	2
C100	钢丝绳吊钩	1	个	1
1300	钢丝绳（1 / 4 英寸）	50	英尺	2
1400	吊钩（2 吨）	1	个	2
D100	轮毂	1	个	1
G100	齿轮箱	1	个	1
M100	5 马力电机	1	个	1
P100	悬挂控制盒	1	个	1
1500	电线	15	英尺	2
1600	控制盒	1	个	2
S100	传动轴（1 英寸×24 英寸）	1	个	1

（3）产品库存文件（Product Inventory File）。包括主产品和其所有的零部件的库存量、已订未到量和已分配但还没有提走的数量。

某项物料的净需求量可按下列公式计算：

净需求量 ＝ 毛需求量 ＋ 已分配量 － 已定未到量 － 现有库存量

3．MRP 的特点

① 需求的相关性。不仅需求之间互相相关，需求与资源也互相相关；不仅品种数量相关，而且需求时间也互相相关。

② 需求的确定性。MRP 的需求都是根据主产品进度计划、主产品结构清单、库存文件和各种零部件的生产时间或订货进货时间精确计算出来的，其需要的时间、数量都是确切规定好了的，而且不能够改变。

③ 计划的精细性。MRP 计划有充分的根据，从主产品到零部件，从需求数量到需求时间，从出产先后到装配关系都作了明确的规定，无一遗漏或偏差。计划还全面规定和安排了所有的生产活动和采购活动。不折不扣地按照这个计划进行，能够保证主产品出产计划的如期实现。

④ 计算的复杂性。MRP 计划要根据主产品出产计划、主产品结构文件、库存文件、生产时间和采购时间，把主产品的所有零部件的需要数量、需要时间、先后关系等准确计算出来，其计算量是非常庞大的。特别是当主产品复杂、零部件数量特别多时，如果用人工计算，简直望尘莫及。所以，MRP 的产生和发展，计算机技术的发展和应用是一个非常重要的原因。

（二）制造资源计划（Manufacturing Resource Planning，MRPⅡ）

1．MRPⅡ的含义

MRPⅡ是制造资源计划的简称，是从整体最优的角度出发，运用科学的方法，对企业的各种制造资源和企业生产经营各环节实行合理有效的计划、组织、控制和协调，以达到既能连续均衡生产，又能最大限度地降低各种物品的库存量，进而提高企业经济效益的管理方法。

2．MRPⅡ的产生与发展

MRPⅡ是在 MRP 的基础上发展起来的。20 世纪 70 年代末，一些企业提出，希望 MRP 系统能同时反映财务信息，如：产品销售计划用金额来表示，说明销售收入；对物料以货币计价，以计算成本，方便订价；采购计划以金额来表示，以用于预算；库存以金额表示，以反映库存资金占用情况。此外，货币信息还必须符合企业长远经营目标，满足销售和利润要求。就是说，在系统的执行过程中，要反映出发生的成本，又要把企业的经营规划和销售与生产规划作为系统的宏观层。这样 MRP 进一步发展，将经营、财务与生产管理子系统相结合，形成了制造资源计划即 MRPⅡ。由于 MRPⅡ将经营、财务与生产系统相结合，涵盖了进行生产制造活动的设备、物料、资金等多种资源，并且有模拟功能，因此，它不仅能对生产过程进行有效的管理和控制，还能对整个企业计划的经济效益进行模拟，这对辅助企业高级管理人员进行决策有重大意义。

现代的 MRPⅡ系统完善于 80 年代。它一般分为生产控制（计划、制造）、物流管理（分销、采购、库存管理）、财务管理（账务、成本、资金）三大子系统。生产控制子系统将按照预测的销售前景并考虑销售单的实际情况来编制生产大纲；再按主生产计划的排程编制物料需求计划，据此采购原材料和零件，并安排部件生产，以期将在制品、原材料及成品控制在最优水平上。此外，根据物料需求计划的结果来核算能力，调整主生产计划，尽量维持生产平衡。生产线（车间管理或重复生产）的信息反馈也可以与财务系统、物流管理系统集成。物流管理系统将向供销部门和库房管理部门提供灵活的日常业务处理功能，并能自动将信息转达到财务部门和其他有关部门。财务管理系统除对各往来账目和日常发生的货币支付账目进行处理外，根据销售部门的销售单、发票、采购单，库存资金，还能够向管理人员提供目前库存资金占用情况和企业运营情况。

3．MRPⅡ与MRP的比较

虽然MRPⅡ的核心还是基本MRP，但MRPⅡ在功能上已与MRP有了很大的不同。如果说MRP只是一个物料需求计划，那么MRPⅡ就已经是一个全面的生产管理系统了。

MRPⅡ在MRP的基础上作了三个方面的改进：

① 加进了能力需求与调整功能。在制定出物料需求计划的同时，还制定出合适的能力需求计划，保证物料需求与生产能力的平衡。

能力需求计划分为粗能力计划与细能力计划。粗能力计划是根据主生产进度计划MPS而做出的对生产能力的需求计划；细能力需求计划则是根据物料需求计划MRP而计算出来所有零部件的生产、采购所需的所有生产能力的时间、数量，是为完成主产品进度计划MPS和物料需求计划MRP所必需的，也是充分的。

② 将库存文件改进为库存管理，不仅提供库存状态数据，而且进行物料入库与出库登记、库存更新和统计等工作。

③ 是对MRP执行的延伸，进入车间作业管理与物料采购计划，增加了企业的年度生产计划功能、经营计划功能、财务计划功能；将计划执行的信息结果反馈到库存管理，增加了闭环的信息反馈功能。

（三）企业资源计划（Enterprice Resources Planning，ERP）

1．ERP的产生

ERP是由美国加特纳公司在20世纪90年代初首先提出的。其核心管理思想是供应链管理。即在MRPⅡ的基础上通过前馈的物流与反馈的资金流和信息流，把客户需求和企业内部的生产活动以及供应商的制造资源整合在一起，体现完全按用户需求制造的一种供应链管理思想的功能网络结构模式。它强调通过企业间的合作，强调对市场需求快速反应、高度柔性的战略管理以及降低风险成本、实现高收益目标等优势，从集成化的角度管理供应链问题。

2．ERP的特征

（1）ERP是一个面向供应链管理的管理信息集成。ERP除了传统MRPⅡ系统的制造、供销、财务功能外，还增加了以下功能：支持物料体系的运输管理、仓库管理；支持在线分析处理、售后服务及质量反馈，实时准确地掌握市场需求的脉搏；支持生产保障体系的质量管理、实验室管理、设备维修和备用件管理；支持跨国经营的多国家地区、多工厂、多语种、多币制需求；支持多种生产类型或混合型制造企业，汇合了离散型生产、流水作业生产和流程型生产的特点；支持远程通信、电子商务、电子数据交换；支持工作流（业务流程）动态模型变化与信息处理程序命令的集成。此外，还支持企业资本运作和投资管理、各种法规及标准管理等。事实上，当前一些ERP软件的功能已远远超出了制造业的应用范围，成为一种适应性强、具有广泛应用意义的企业管理信息系统。但是，制造业仍然是ERP系统的基本应用对象。

（2）系统功能模块化。ERP的第二个特点是运用应用程序模块来对供应链上的所有环节实施有效的管理。这些模块可以分成三类：物流、财务与人力资源。它们相互协作，共同作用，处理企业中的经营管理任务。“物流”模块实现对供应、生产、销售整个过程和各个环节的物料管理。“财务”模块提供一套通用记账系统，保证资产负债表与损益表的及时更新。除此之外，还能够进行资产管理，提供有关经营成果的报告，使企业管理决策建立在客观、及时的信息基础之上，协助完成企业的整体控制。“人力资源”模块可以提供一个综合的人力资源管理系统。它综合了诸如人事计划、新员工招聘、工资管理和员工个人发展等各项业务活动。

（3）采用计算机和网络通信技术的最新成就，实现信息的高度共享。 网络通信技术的应用和信息的高度共享是 ERP 的又一个显著特点。ERP 系统除了已经普遍采用的诸如图形用户界面技术（GUI）、SQL 结构化查询语言、关系数据库管理系统（RDBMS）、面向对象技术（OOT）、第四代语言 / 计算机辅助软件工程、客户机 / 服务器和分布式数据处理系统等技术之外，还要实现更为开放的不同平台之间的相互操作，采用适用于网络技术的编程软件，加强了用户自定义的灵活性和可配置性功能，以适应不同行业用户的需要。网络通信技术的广泛应用，使 ERP 系统得以实现供应链管理的信息高度集成和共享。

（4）ERP 系统同企业业务流程重组是密切相关的。 信息技术的发展加快了信息传递速度和实时性，扩大了业务的覆盖面和信息的交换量，为企业进行信息的实时处理、作出相应的决策提供了极其有利的条件。为了使企业的业务流程能够预见并响应环境的变化，企业的内外业务流程必须保持信息的快捷通畅。正如局限于企业内部的信息系统是不可能实时掌握瞬息万变的全球市场动态一样，多层次臃肿的组织结构也必然无法迅速实时地对市场动态变化做出有效的反应。因此，提高企业供应链管理的竞争优势，必然会带来企业业务流程、信息流程和组织机构的改革。这个改革，已不限于企业内部，而是把供应链上的供需双方合作伙伴包罗进来，系统考虑整个供应链的业务流程。ERP 系统应用程序使用的技术和操作必须能够随着企业业务流程的变化而相应地调整。只有这样，才能把传统 MRPⅡ系统对环境变化的“应变性”上升为 ERP 系统通过网络信息对内外环境变化的“能动性”。ERP 的概念和应用已经从企业内部扩展到企业与需求市场和供应市场整个供应链的业务流程和组织机构的重组。

二、以 JIT 思想为宗旨的生产物流运营方式

（一）JIT 的含义

JIT（Just In Time），一般译为即时生产或准时生产。该技术是在日本丰田汽车公司生产方式的基础上发展起来的一种先进的管理模式。随着这一管理模式的不断完善，JIT 不仅是一种组织生产的新方式，而且是一种旨在消除无效劳动与浪费、实现企业资源优化配置、全面提高企业经济效益的物质资源配置技术。

（二）JIT 基本原理

企业的生产线是由一系列工序构成的。这些工序依次组成了相互衔接的供需链状结构，并由一系列的“供需节点”组成。在通常的工艺中，包括在前面所说的 MRP 系统中，货物一般是根据既定的计划由供应方到需求方逐个地流动的，需求方是根据供应的产品数量、到达时间进行加工的。可以想象，这时的需方是一种被动式的接受方式。供方来多少，就要接受多少，不管需方是否马上需要，都要接受下来。如果不马上需要，就只有送仓库储存起来。这样必然导致库存量增加、费用增多。

JIT 技术就是要改变这种做法，改由供方向需方的推进式计划，为由需方向供方的拉动式计划，即需方居主动地位。需方需要什么品种、需要多少、什么时候要、在什么地点要，完全由需方向供方发出指令。供方根据需方的指令，将需方所需的品种按需求的数量，在所

需的时间运送到指定的地点。不多送，也不少送；不早送，也不晚送。运送的品种要保证质量，不能有废品。这种思想，是以需定供的。这种物资的配置技术在物资资源配置上体现了以下几个要点：

（1）品种配置上，保证了品种的有效性，拒绝不需要的品种；

（2）在数量的配置上，保证了数量的准确性，拒绝了多余的数量；

（3）在时间的配置上，保证了所需的时间，拒绝了不按时的供应；

（4）在供应的产品质量方面，保证了产品质量，拒绝了次品或废品的供应。

这种供应方式的优点表现为：

（1）可以实现线边零库存。生产线需要多少，就供应多少。生产线运行结束时线边没有多余的库存品；

（2）可以实现最大的节约。生产不需要的或多生产的物资就是一种浪费，不但浪费材料和工时，还要花费装卸、搬运以及库存费用去保管；

（3）可以最大限度地消除废品损失，提高工作效率。JIT 能最大限度地限制废品的流动所造成的损失；废品只停留在供应方，不可能进入生产线继续流动而贻害下面各个工序，因为每一个需方都只接受合格产品，拒绝废品。所以这样做的结果，大大提高了工作效率和经济效益。

（三）JIT 的目标

对于整个系统的总装线来说，JIT 的目标是彻底消除无效劳动和浪费，具体包括：

1．废品量最低（零废品）

JIT 要求消除各种引起不合理的原因，在加工过程中每一工序都要求达到最好水平。

2．库存量最低（零库存）

JIT 认为，库存是生产系统设计不合理、生产过程不协调、生产操作不良的证明。

3．准备时间最短（零准备时间）

准备时间长短与批量选择相联系，如果准备时间趋于零，准备成本也趋于零，就有可能采用极小批量。

4．生产提前期最短

短的生产提前期与小批量相结合的系统，应变能力强，柔性好。

5．减少零件搬运，搬运量低

零件送进搬运时非增值操作，如果能使零件和装配件运送量减少，搬运次数减少，可以节约装配时间，减少装配中可能出现的问题。

6．机器损坏低

7．批量小

（四）JIT 的特点

1．JIT 技术具有普遍意义

它既可适用于任何类型的制造业，也可应用于服务业中的各种组织。JIT 能够以有效和可靠的方式消除生产经营过程中的浪费，改善质量，提高用户需求的满意度。

2．JIT 的核心是消除无效劳动和浪费

在市场竞争环境下，获取更多利润的有效途径之一即降低成本，而降低成本的关键就在于杜绝浪费。凡是对产品不起增值作用，或不增加产品附加值却增加成本的劳动都加以控制。

例如，多余的库存，多余的搬运和操作，造成返修品、次品和废品的作业，停工待料，没有销路的超产等正是JIT技术控制的对象。

3．JIT非常重视人的因素

强调全员授权参与管理。JIT 把企业员工看成是主动创新的主力，认为最了解管理中存在问题的是企业的一线员工，因而应当首先由他们提出解决问题的办法。为此，一般由上级提出目标、处理问题的原则，提供信息和培训，并对员工进行授权，各级员工在自己的权限内处理工作范围中的问题。

4．JIT重视员工多种技能的培训

员工必须是多面手，能在不同设备上操作与维护，因而减少因人员缺勤造成的停工，同时增加工人对职业的荣誉感。在JIT的实施过程中，要成立合理化建议小组和质量控制小组，提供合理化建议，将体力劳动与脑力劳动结合起来。

5．JIT追求尽善尽美

不懈进取，遇到问题就一定要找出问题发生的根源，并运用工业工程方法和其他方法，将问题彻底解决，使之不再发生。 JIT认为，不懈进取与一个组织的整体效果的提高有着密切的关系，必须为组织的每一个员工所接受，以有效地、连续地改进其生产操作和为用户服务。

6．JIT着重对物流的控制

采用成组单元、U形机床布置；改进工装设计，压缩准备时间，减小批量；组织标准化生产，采用拉式作业，保持各生产单元之间的物流平衡。

7．JIT强调全面质量管理

仅靠检验只能发现而不能防止和消除缺陷，即使补救，也已造成浪费。因此，必须建立质量保证体系，从根本上保证产品质量。同时，坚持预防性设备维护制度，一旦出现设备故障，就全线停工，群策群力查明事故根源，一次性彻底解决问题。

8．JIT追求最优的质量成本比

JIT 致力于开发旨在实现零缺陷的工艺流程。表面上看起来，这似乎是个不切现实的目标；但是，从长远的角度看，由于消除了一些冗余的功能，因此就可使企业大大降低成本费用，实现最优的质量成本比。

三、以TOC理论为依据的生产物流运营方式

（一）TOC理论的基本思想

生产系统是将一定生产要素转换为特定输出的有机整体。也是物流的输入输出系统。系统的特征表明：在一定的目标下，任何系统都可以想象成由一连串的环构成的，环环相扣，并且存在着一个或者多个相互矛盾的约束关系。因此，要想提高系统产出，必须尽可能打破各种约束，找到整个系统的强度中最弱的一环。这就是TOC理论的出发点。

约束理论把企业看作是一个完整的系统，认为任何一种体制至少都会有一个约束因素。犹如一条链子，是链条中最虚弱的那环决定着整个链条的作用。正是各种各样的制约（瓶颈）因素限制了企业生产产品的数量和利润的增长。因此，基于企业在实现其目标的过程中现存的或潜伏的制约因素，通过逐个识别和消除这些约束，使得企业的改进方向和改进策略明确化，从而更有效地实现其“有效产出”目标才是最关键的。

为了达到这个目标，约束理论强调，第一，在能力管理和现场作业管理方面寻找约束因素（约束是多方面的，有市场、物料、能力、工作流程、资金、管理体制、员工行为等，其中，市场、物料和能力是主要的约束）。第二，应该把重点放在瓶颈工序上，保证瓶颈工序不发生停工待料，提高瓶颈工作中心的利用率，从而得到最大的有效产出。第三，根据不同的产品结构类型、工艺流程和物料流动的总体情况，设定管理的控制点。例如，如果约束来自于市场，则根据市场的约束制定物料的初步生产规划，同步地用能力约束修订，生成主生产计划（MPS）；物料需求计划（MRP）、能力需求计划（CRP）同步运行。

（二）TOC 理论的核心内容

1．重新建立企业目标和作业指标体系

TOC 认为，一个企业的最终目标就是：在现在和将来赚取更多的利润。生产系统衡量的作业指标应该有以下三种：（1）有效产出。指企业在某个规定时期通过销售获得的货币。（2）库存。指企业为了销售有效产出，在所有外购物料上投资的货币。（3）运行费用。指企业在某个规定时期为了将库存转换为有效产出所花费的货币。运行费用包括了除材料费以外的成本。库存保管费也包括在运行费用中。

2．寻找系统资源的瓶颈约束

TOC 认为，在生产系统中，是有效产出最低的环节决定着整个系统的产出水平。因此，任何一个环节只要它阻碍了企业更大程度的增加有效产出，或减少产出和运行费，那么它就是一个约束（瓶颈）。所以，（1）找出系统的瓶颈；（2）充分利用瓶颈；（3）由非瓶颈配合瓶颈；（4）打破瓶颈；（5）再找下一个瓶颈，别让惰性成了最大的约束，也就是应持续不断地改善。

3．以“物流”为中心建立企业特征

TOC 根据不同类型“物流”的特点来对企业进行分类，从而为企业准确识别出各自的薄弱点或者说“约束”所在提供了帮助，并对其实施有针对性的计划与控制。

（三）以九条管理原则来细化理论

TOC 的基本思想是由九条具体的原则来描述的，而有关生产物流计划与控制的算法和软件，就是按照这九条原则提出和开发的。

1．有关对生产系统瓶颈资源的原则

原则一，瓶颈控制了库存和有效产出。

原则二，非瓶颈资源的利用程度不由其本身决定，而是由系统的约束决定的。

原则三，瓶颈上一个小时的损失则是整个系统的一个小时的损失。

原则四，非瓶颈资源节省的一个小时无益于增加系统有效产出。

原则五，资源的“利用”和“活力”不是同义词。

原则六，编排作业计划时考虑系统资源约束，提前期是作业计划的结果，而不是预定值。

2．有关系统中物流的原则

原则七，平衡物流，而不是平衡生产能力。

原则八，运输批量可以不等于（在许多时候应该不等于）加工批量。

原则九，批量大小应是可变的，而不是固定的。

物流窗口 精益物流

以实现客户的最大价值为出发点。剔除物流过程中的一切无效和不增值作业，用尽量少的投入满足客户需要，从而获取高效益的现代物流方式。

精益物流的目标可概括为：企业在提供满意的客户服务水平的同时，把浪费降到最低程度。企业物流活动中的浪费现象很多，常见的有：不满意的客户服务、无需求造成的积压和多余的库存、实际不需要的流通加工程序、不必要的物料移动、因供应链上游不能按时交货或提供服务而等候、提供客户不需要的服务等，努力消除这些浪费现象是精益物流最重要的内容。

（1）精益物流的内涵

① 精益物流前提：正确认识价值流

价值流是企业产生价值的所有活动过程，这些活动主要体现在三个关键的流向上：从概念设想、产品设计、工艺设计到投产的产品流；从客户订单到制定详细进度到送货的全过程信息流；从原材料制成最终产品、送到客户手中的物流。因此，认识价值流必须超出企业这个世界上公认的划分单位的标准，去考察创造和生产一个特定产品所必需的全部活动，弄清每一步骤和环节，并对它们进行描述和分析。

② 精益物流的保证：价值流的顺畅流动

消除浪费的关键是让完成某一项工作所需步骤以最优的方式联接起来，形成无中断、无绕流和排除等候的连续流动，让价值流顺畅流动起来。具体实施时，首先要明确流动过程的目标，使价值流动朝向明确。其次，把沿价值流的所有参与企业集成起来，摒弃传统的各自追求利润最大化而相互对立的观点，以最终客户的需求为共同目标，共同探讨最优物流途径，消除一切不产生价值的行为。

③ 精益物流的关键：客户需求作为价值流动力

在精益物流模式中，价值流的流动要靠下游客户的拉动，而不是靠上游来推动，当客户没有发出需求指令时，上游的任何部分都不要去生产产品，而一旦客户的需求指令发出后，则快速生产产品，提供服务。当然，这不是绝对的现象，在实际操作中，要区分是哪几种类型的产品，如是需求稳定、可预测性较强的功能型产品，可以根据准确预测进行生产；而对需求波动较大、可预测性不强的创新型产品，则要采用精确反应、延迟技术，缩短反应时间，提高客户服务水平。

④ 精益物流的生命：不断改进，追求完善

精益物流对物流活动的改进和完善是不断循环的，每一次改进，消除一批浪费，形成新的价值流的流动，同时又存在新的浪费而需要不断改进。这种改进使物流总成本不断降低，提前期不断缩短而使浪费不断减少。实现这种不断改进需要全体人员的参与，上下一心，各司其职、各尽其责，达到全面物流管理的境界。

案例分析　海尔“五定送料”物流配送管理模式

早在1999年流程再造之初，海尔集团面临着与其他大型家电企业同样的问题：物流分散管理，库存难于控制，没有规范的订单执行体系，在订单的执行过程中，不是因为人的问题，就是因货的问题造成停线，期间对保管员、送料工工作区间难于控制，工作难于量化，车间宝贵用地不能得到有效的利用，物流耗费长期得不到量化控制，严重制约了海尔集团订单执行的完成率。随着企业规模的扩大及生产量的大幅度增加，所暴露出来的问题越来越严重。

针对以上的问题，海尔集团的决策者在实践中成功总结出“五定送料”的精益物流配送管理模式，解决了订单执行、物耗、人员管理、现场管理等方面长期悬而未决的难题。

精益物流是运用精益思想对企业物流活动进行管理。所谓精益思想是指以尽可能少的人力、物力投入，以最快速度创造出尽可能多的满足顾客需求的价值。它起源于日本的生产方式。主要管理技术是：及时制造生产、全面质量管理、并行工程、充分协作的团队工作方式和集成的供应链关系管理，以及多品种、小批量、高质量和低消耗的精益生产方法。

精益生产方法外延到企业活动的各个方面，不再局限于生产领域，从而促使管理人员重新思考企业流程，消灭浪费，创造价值。

海尔集团根据精益生产的思想，成功地在制造业企业中实施了以精益思想的理论为核心的供应链物流管理模式，对物流内部工作流程实施了流程再造，其中在订单执行中推行的“五定送料”模式最具代表性。它首先在海尔的零部件配送环节中得到了广泛的应用，2001年在海尔物流内部推广，这是目前海尔最有代表性的精益物流管理的应用范例。

“五定送料”模式是以保障订单为核心的物流工作模式的成功应用，“五定”的具体含义是：

1．订单：

达到按单拉料、按单配送，消灭无订单送料。

2．定点：

（1）准确的物料配送工位地点；

（2）任何现场物料、器具均放在定置区内，工装器具具有明确的定置标志；

（3）物料、工装器具有明确的动态流动路线。

3．定量：

（1）现场所有的物料均有市场订单，超过24小时物料为0；

（2）现场工位物料存放量超出最大工位限量物料种类为0。

4．定时：

按五定送料频次，4小时送料到工位。

5．定人：

所有物料有明确的订单配送员、工位接收人，并有清楚的交接记录。

请根据此案例，进一步阐述精益物流思想的内涵。

思考题与习题

1. 什么是生产物流？广义的与狭义的生产物流管理包括哪些内容？
2. 生产物流系统的原则有哪些？
3. 什么是工艺专业化形式？什么是对象专业化形式？
4. 合理组织生产物流的基本要求是什么？
5. MRP、ERP 的基本内涵是什么？
6. 什么是准时制生产？实行准时制生产应具备哪些条件？
7. 准时制生产的特点有哪些？
8. 准时制生产的目标是什么？
9. 什么是 TOC？其基本内涵是什么？
10. 什么是精益物流？

第八章　企业购销物流管理

【引导案例】GE 公司的电子采购物流

制造和销售任何产品都需要很多合作伙伴：零部件供应商、设备维护公司、制造和销售厂商等。GE 公司照明器具公司对良好合作导致高效的生产这一点深有体会。该灯泡制造商位于 Cleveland，26 家组装工厂的产品线一天 24 小时不停生产，不同机器互相配合，生产数以百计型号的灯泡。任何单独机器上的一个部件出了毛病，也就意味着整个生产线停工，以前这家公司对付这种问题只能用老办法：当机器部件故障导致生产停止时，就向机器部件供应商提交紧急订单。但现在通用照明器具公司用一种全新的眼光看这个问题：利用 Internet 来和商业伙伴保持更亲密的关系，使得生产不再停止。

利用 Internet，商业合作者之间可以创造一种无缝的、自动化的供应链系统，使得合作者之间配合默契，就像一个实体一样，从而能够更快地处理订单，改进库存管理，更灵敏地完成订单，支持敏捷制造。

以前，GE 照明器具公司采购代理每天浏览领料请求并处理报价。要准备零部件的工程图纸，还要准备报价表，这样，一个发给供应商的信件才算准备好了。简单地申请一次报价要花几天时间，一个部门一个星期通过 100～150 次这样的申请。公司然后把完成的申请寄给供应商。全球原料系统经理斯特勒说道："机器零部件单位中的一些人一天的工作基本上就是往信封里塞东西。"一般地说，通用照明器具公司的采购过程要花 22 天。

1996 年 GE 公司开发了一个以提高原材料采购效率和缩短生产制造周期为目的，利用互联网进行全球原材料零部件采购的开放式在线网络 TPN（Trading Process Network），该采购系统首先在 GE 照明器具分公司得到应用。GE 照明器具公司在全世界拥有 45 个工厂，每天公司的采购部需要接收来自世界各地工厂采购部门的多达数百件的原材料或零部件采购申请书。在应用 TPN 系统之前，采购部需要从超过 200 万份的设计图纸中找出对应每次采购所需要的设计图纸，并把这些设计图纸复印向希望参加投标的零部件供应商邮寄，完成这个作业至少需要 7 天时间。

从整理内部采购申请、邮寄招标采购信息开始，经过收到零部件供应商的投标信息，到最后确定采购供应商并发出订单为止的整个采购过程通常要花 3 周以上的时间，无疑采购过程的长时间化必定使得整个交纳周期延长。在应用 TPN 系统之后，GE 照明器具公司分布在世界各地的生产工厂把零部件采购申请通过企业内部网传送给采购部，采购部把这些采购申请和设计图纸集中起来，通过 TPN 系统建立的公开电子市场进行招标，零部件供应商通过互联网获得招标信息，进行在线投标。采购部将零部件供应商的在线投标书进行比较，最终确定中标企业，并向该企业发出在线订单。

据 GE 照明器具公司统计，企业在采用 TPN 系统之后，从事采购作业事务的职员减少了 60%，相关费用减少了 30%，采购周期从原来的 18～23 天减少到 9～11 天，缩短了近一半。由于 TPN 系统是一个开放的系统，世界各地的相关供应商都有参与投标的机会，增加了采购的竞争性，降低采购成本的幅度达到 5%～20%，而且从中可以发现、培养优良的供应商。

另外，供应商可以在企业招标信息发布开始后的 2 小时内获得具体采购信息，一般可以在 7 天以内发出投标信息。现在 TPN 作为有效的企业间的原材料和零部件在线采购系统已开始推广普及。

根据通用照明器具公司咨询服务副总管的统计，用上 TPN 后，几个通用公司的电子分公司，平均采购周期缩短了一半，降低了 30%的采购过程费用，而且由于联机报价降低成本，使原材料供应商也降低了原材料价格。

通过阅读本案例，讨论购销物流的发展趋势。

第一节　采购管理概述

一、采购的含义

采购是通过交易从资源市场获取资源的过程。企业生产经营所需要的各种物资，包括原材料、机器设备、工具、办公用品等，都是通过采购从资源市场获得的。

采购是企业物资资源的总入口，是企业生产经营的起点，也是企业生产经营正常进行的先决条件和保障条件。没有采购，企业就不可能正常生产经营。采购环节所花费的购买费用、采购费用、进货费用、保管费用、管理费用等，在企业生产成本中占绝大部分。采购的原材料的质量，直接构成企业产品质量的组成部分；采购的设备工具的质量，也直接影响企业生产工作的效率和质量。采购进货本身就是企业库存管理、库存控制的中心环节，直接关系到企业库存水平、生产成本和经营效益。所以，采购是企业的一个非常重要的环节。

采购物流管理的目标可分为四个方面：获取企业所需数量和质量的产品和服务；以最低的成本获取这些产品和服务；确保供应商提供尽可能最好的服务和最快的送货；掌握资源市场信息，巩固与供应商之间良好的供需关系，进行供应链操作和供应商管理。

二、采购分类

按采购方法分，物资采购可以分成传统采购和科学采购两大类。

（一）传统采购

1. 传统采购的含义

一般模式是，每个采购期的期末，企业各个单位报下期的采购申请单，列出需要采购的物资的品种数量，制定出统一的采购计划并实施采购。采购回来的物资存放于企业的仓库中，满足各个单位的物资需要。这种采购以各个单位的采购申请单为依据，以填充库存为目的，管理比较简单、粗糙，市场响应不灵敏，库存量大，资金积压多，库存风险大。

2. 传统采购的流程

（1）申请采购订单；（2）认证供应商；（3）发出采购订单；（4）进货控制；（5）物料入库验收；（6）不符与退货处理；（7）结案；（8）记录与档案维护。

3. 传统采购的特点

（1）传统采购过程是典型的非信息对称博弈过程。为了能够从多个竞争性的供应商中选择一个最佳的供应商，往往会保留私有信息，而供应商也在和其他的供应商竞争中隐瞒自己的信息。

（2）供需关系是临时的或短时期的合作关系，而且竞争多于合作。

（3）对质量和交货期只能进行事后把关，采购方很难参与供应商的生产过程和有关质量控制活动。

（4）响应用户需求能力迟钝。由于供应与采购双方在信息的沟通方面缺乏及时的信息反馈，在市场需求发生变化的情况下，采购一方也不能改变供应一方已有的订货合同，因此采购一方在需求减少时库存增加，而在需求增加时则出现缺货现象。并且重新订货需要增加谈判过程，因此供需之间对用户需求的响应没有同步进行，缺乏应对需求变化的能力。

（二）科学采购

科学采购是运用现代的采购技术，革新传统的采购流程，以响应用户需求为主要目的的订单驱动式采购方式。科学采购又包括订货点采购技术、MRP 采购技术、JIT 采购、供应链采购和电子商务采购技术等。

1. 订货点采购

这是根据需求的变化和订货提前期的大小，精确确定订货点、订货批量或订货周期、最高库存水准等，建立起连续的订货启动操作机制和库存控制机制，达到既满足需求又使得库存总成本最小的目的。这种采购模式以需求分析为依据，以填充库存为目的，采用一些科学方法、兼顾满足需求和库存成本控制的实际，原理比较科学，操作比较简单。但是由于市场的随机因素多，使得该方法同样具有库存量大、市场响应不灵敏的缺陷。

2. MRP 采购

主要应用于生产企业。它是生产企业根据主生产计划和主产品的结构以及库存情况，逐步推导出生产主产品所需要的零部件、原材料等的生产计划和采购计划的过程。这个采购计划规定了采购的品种、数量、采购时间和采购回来的时间，计划比较精细、严格。它也是以需求分析为依据，以满足库存为目的。它的市场响应灵敏度及库存水平都比以上方法有所进步。

3. 电子商务采购

也就是网上采购，是在电子商务环境下的采购模式。它的基本特点是，在网上寻找供应商，寻找所需的商品，网上洽谈贸易，网上订货甚至在网上支付货款，但是在网下送货进货。这种模式的好处在于扩大了采购市场的范围，缩短了供需距离，简化了采购手续，减少了采购时间，减少了采购成本，提高了工作效率。最近几年，随着计算机网络和信息技术的发展，通过 Internet 的 B to B 的在线采购已经成为一个快速减少采购成本的解决办法。在线竞价通常能取得 5%～40%的总节约，典型的采购成本下降范围是 15%～20%。物料采购成本的显著减少，直接带来企业产品成本的下降，提高了企业的市场竞争能力。电子商务采购是一种很有前途的采购模式，但是它有赖于电子商务的发展和物流配送水平的提高。

4. 供应链采购

准确地说，这是一种供应链机制下的采购模式。在供应链机制下，采购不再由采购者操作，而是由供应商操作。采购者只需要把自己的需求规律信息即库存信息向供应商连续及时传递，供应商自己根据自己产品的消耗情况不断及时、连续、小批量地补充库存，保证采购者既满足需要又使总库存量最小。供应链采购对信息系统、供应商操作要求都比较高。它也是一种科学的、理想的采购模式。

供应链采购强调协同采购的理念。它包括企业内部协调、外部协同、“为库存采购”转化到“为订单采购”、采购过程中的外部资源管理等内容。通过帮助供应商完善成本结构、完善供货质量、降低成本、提高效率而建立最佳供货商组合，逐步实现供应价值链的最优化，这一策略将有助于双方共享节约，缩短产品开发周期和提高效率，改进质量和交货性能，并为进一步扩大合作、提供增值服务创造了机会。

（1）企业内部协同

由于采购的内容包括正确的物料、合适的数量、正确的交付时间和地点、合适的货源和合适的价格，而这些信息的获得需要来自于销售和市场部门，涉及部门、生产部门、采购部门的信息，企业要进行高效的采购行为，就需要企业内部各部门的协同合作。此外，随着新产品急剧增加，需要采购的新零件的数量也大大增加。为达到物料数据的一致性协同，各部门需要及时维护相关数据，如物料单数据、供应商数据、采购价格数据等。该项基础工作将保证企业能够长期动态地保持业务流程的稳定性。

（2）企业外部协同

企业外部协同是指企业和供应商在共享库存、需求等信息的基础上，企业根据供应量的供应情况实时在线地调整自己的计划和执行交付的过程。同时，供应商根据企业实时的库存、计划等信息实时调整自己的计划，可以在不牺牲服务水平的基础上降低库存。

（3）“为库存采购”转化为“为订单采购”

在传统的采购模式中，采购的目的是为了补充库存，即为库存采购。在供应链管理的环境下，采购活动是以订单驱动方式进行的，制造订单的需求是在用户需求订单的驱动下产生的。这种为订单采购的方式使得供应链系统得以准时响应用户的需求，同时降低了库存成本。

（4）采购过程中的外部资源管理

传统采购管理的不足之处就是与供应商之间缺乏合作，缺乏柔性和对需求快速响应的能力。有效的外部资源管理就是制造商在采购活动中，建立一种新的、有不同层次的供应商网络，并通过逐步减少供应商的数量，致力于与供应商建立一种长期的、互惠互利的合作关系。一方面，通过提供信息反馈和教育培训，促进供应商质量改善和质量保证；另一方面，参与供应商的产品设计和产品质量控制过程，并协调供应商的计划。

5. JIT 采购

JIT 采购也称准时化采购，是一种完全以满足需求为依据的采购方法。它对采购的要求是，要供应商恰好在用户需要的时候，将合适的品种、合适的数量送到用户需求的地点。它是以需求为依据，改造采购过程和采购方式，使它们完全适合于需求的品种、需求的时间和需求的数量，做到既灵敏响应需求的变化，又使得库存趋近零库存。这是一种比较科学、比较理想的采购模式。

由以上可知，科学采购重在流程的变革。其现代采购流程的特点表现为：第一，电子化订货。利用电话、传真、EDI、电子邮件等进行电子化订货。第二，基于需求的采购，基于订单而生产。供应商的生产活动是以用户的采购订单来驱动的，由采购订单驱动供应商，供应商生产出来直接供应到需求点。这样可大大降低库存成本，提高物流的速度和库存周转率。第三，与供应商形成战略协作伙伴关系，实现信息共享、资源共享、责任共担、利益共享。第四，实施小批量、多频次连续补充货物机制，向零库存进军。

三、准时采购（JIT 采购）

准时战略源于多品种小批量生产线的生产要求，是为了生产中消除库存和不必要的浪费而进行持续性改进的结果。显然，在 JIT 中，要保持生产物流连续性、平行性、均衡性、柔性等组织生产的要求，位于生产物流前端的采购物流必须是准时化的。亦即采购部门根据生产经营的情况形成订单时，供应商立刻着手准备作业。与此同时，在详细采购计划编制的过程中，生产部门开始调整生产线，做到敏捷生产；而在订单交给供应商的时候，供应商要以最短的时间将最优的产品交付给用户。所以，如果企业从“准时”的战略高度重视其采购、生产、销售各环节，就形成了准时采购、准时供应战略。

1．准时采购的含义及意义

准时采购指的是企业和供应商建立起稳定的契约供需关系，由供应商进行多频次、小批量的连续供货，实现在合适的时间、把合适的物品、按合适的数量送到合适的地点的准时化供货机制。

准时采购是准时化生产系统的一个重要部分。其基本思想是制造商与供应商签订“在需要的时候，向需要的地点，提供能保证质量的所需要物料”的协议。这意味着供应商可能随时（必须是需要的准时）向制造商提供采购物料。准时采购的核心要素是：建立伙伴关系，减少批量，进行频繁而可靠的交货，提前期压缩并且可靠，始终保持采购物料的高质量。

准时采购的意义表现为：

（1）大幅度减少原材料和外购件的库存。根据国外实施 JIT 采购策略的一些企业的测算，JIT 采购可以使原材料和外购件的库存降低 40%～85%。原材料和外购件库存的降低，有利于减少流动资金的占用，加速流动资金的周转，同时也有利于节省原材料和外购件库存占用的空间，从而降低库存成本。

（2）提高采购物品的质量。一般说来，实施 JIT 采购策略，可以使购买的原材料和外购件的质量提高 2～3 倍。而且，原材料和外构件质量的提高，又会导致质量成本的降低。据估计，推行 JIT 采购可使质量成本减少 26%～63%。

（3）降低原材料和外购件的采购价格。由于供应商和制造商的合作以及内部规模效益与长期订货，再加上消除了采购过程中的一些浪费（如订货手续、装卸环节、检验手续等），就使得购买的原材料和外购件的价格得以降低。例如，生产复印机的美国施乐公司，通过实施 JIT 采购，使其采购物品的价格下降了 40%～50%。

此外，推行 JIT 采购，不仅缩短了交货时间，节约了采购过程中所需资源，而且提高了企业的劳动生产率，增强了企业的适应能力。

2．准时采购方式与传统采购的区别

准时采购方式与传统采购的区别如表 8.1 所示。

表 8.1　准时采购方式与传统采购的区别

比较项目	准时采购	传统采购
供应商的选择	单源供应，关系稳定	多源供应，短期合作
供应商评价	合同履行能力、生产设计能力、物料配送能力、产品研发能力	合同履行能力
采购批量	小批量、送货频率高	大批量、送货频率低
进货检查	逐步减少，最终取消	每次进货检查
运输	准时送货、运输次数多	配送频率低、运输次数相对减少
交货方式	由供应商安排，确保交货准时性	由采购商安排，按合同交货
包装	有一定要求	常规包装
信息交流	采购、供应双方高度共享准确实时信息，快速、可靠，易建立信任	信息不对称、容易暗箱操作

3．准时采购的特点

（1）采购商与少数供应商建立了稳固的战略合作伙伴关系，双方基于以前签订的长期协议进行订单的下达和跟踪，不需要再次询价、报价过程。

（2）在同步化供应链计划的协调下，制造计划、采购计划、供应计划能够同步进行，缩短了用户响应时间。

（3）采购物资直接进入制造部门，减少了采购部门的库存占用和相关费用。

（4）进行了企业和供应商之间的外部协同，提高了供应商的应变能力。

4．准时采购的实施步骤

（1）组建准时采购小组。参加的人员包括生产人员、产品技术人员、质量人员、物资人员、会计人员，并且对这些人员进行培训。

（2）制定采购实施计划。采购小组要制定出实施计划，明确未来的采购策略和具体的实施步骤。

（3）同供应商建立伙伴关系。

（4）选择某一生产线作为试点。

（5）对供应商进行准时采购培训。

（6）给供应商颁发产品免验证书。

（7）实施配合进度的交货方式，即交货进度与采购企业的生产线的节拍相适应。

第二节　销售物流管理

销售物流是企业物流系统的最后一个环节，是企业物流与社会物流的又一个衔接点。它与企业销售系统相配合，共同完成产成品的销售任务。

一、销售系统的功能

销售活动的作用是企业通过一系列营销手段，出售产品，满足消费者的需求，实现产品的价值和使用价值。销售系统的主要功能有：

1. 市场调查和需求预测。为企业的产品开发和生产技术系统提供准确的市场信息。调查和预测的对象包括国内外的传统市场、新市场和潜在市场。

2. 开拓市场和制定销售产品的方针和策略。包括销售渠道、营销组合、产品定价等。

3. 编制销售计划。正确确定计划期产品销售量和销售收入两个指标，满足社会需要，保证产品衔接。

4. 组织、管理订货合同。包括组织签订合同、检查执行合同和处理执行合同中的问题。

5. 组织产品推销。包括产品的商标与装潢设计、广告宣传、试销试展、派员推销以及市场信息反馈等。

6. 组织对用户的服务工作。包括产品安装调试，使用与维修指导，实行“三包”，提供配件以及售前、售后征求用户意见等。

7. 成本分析。对销售费用与销售成本进行分析，不断提高销售的经济效益和销售管理工作的水平。

二、销售物流合理化

1. 产成品包装的合理化

包装可视为生产物流系统的终点，也是销售物流系统的起点。包装具有防护功能、仓储功能、运输功能、销售功能和使用功能，是物流系统中不可缺少的一个环节。

因此，在包装材料、包装形式上，除了要考虑物品的防护和销售外，还要考虑储存、运输等环节的方便。包装标准化、轻薄化，以及包装器材的回收、利用等也是重要问题。

2. 成品储存合理化

成品储存合理化包括仓储作业、物品养护和库存控制。改善仓储作业，提高作业质量及作业生产率；使用科学的物品养护方法；成品库存控制应以市场需求为导向。合理控制成品存储量，并以此指导生产。

3. 销售渠道选择的合理化

销售渠道的结构有：

（1）生产者→消费者，销售渠道最短；

（2）生产者→批发商→零售商→消费者，销售渠道最长；

（3）生产者→零售商或批发商→消费者，销售渠道介于以上两者之间。

影响销售渠道选择的因素有政策性因素、产品因素、市场因素和生产企业本身因素。生产企业对影响销售渠道选择的因素进行研究分析以后，结合本身的特点和要求，对各种销售渠道的销售量、费用开支、服务质量经过反复比较，找出最佳销售渠道。

销售物流的组织与产品类型有关，如钢材、木材等商品，其销售渠道一般选用第一种结构渠道和第三种结构渠道（生产者→批发商→消费者）；而诸如日用百货、小五金等商品的销售渠道，则较多地选用第二、三种结构渠道。

正确运用销售渠道，可使企业迅速及时地将产品传送到用户手中，达到扩大商品销售、加速资金周转、降低流通费用的目的。

4. 产成品发送的合理化

根据产成品的批量、运送距离、地理条件决定运输方式。对于第一种销售渠道，运输形式有两种，一是销售者直接取货，二是生产者直接发货给消费者。对于第二、三种销售渠道，除采用上述两种形式外，配送是一种较先进的形式，可以推广。

由生产者直接发货时，应考虑发货批量大小问题，它将直接影响到物流成本费用，应采取使发货批量达到运输费用与仓储费用之和最小的原则。

5. 订单处理合理化

为使库存保持最低水平，客户会在考虑批量折扣、订货费用和存货成本的基础上，合理地频繁订货。企业为客户提供的订货方式越方便、越经济，越能影响客户，如免费电话服务、预先打印好的订货表，甚至为客户提供远程通信设备。客户非常关心交货日期，希望供货方能够将订单处理与货物装运的进程及时通知客户，特别当与预期的服务水平已经或将要发生偏差时更是这样。随着计算机和现代化通信设备的广泛应用，电脑订货方式被广泛采用，企业跟踪订货状态的能力也大大提高，使得客户与供应商的联系更加密切。对于购买生产线产品的工业客户来说，了解订货与装运状态虽然重要，但他们最关心的还是保持生产原料的可靠的连续供应，因此他们更关心交货日期的可靠性。

6. 信息处理合理化

完善销售系统和物流系统的信息网络，加强二者协作的深度和广度，并建立与社会物流沟通和联系的信息渠道，建立订货处理的计算机管理系统及顾客服务体系。

7. 装卸搬运合理化

客户希望在物料搬运设备方面的投资最小化，例如，客户要求供应商以其使用尺寸的托盘交货，也有可能要求将特殊货物集中在一起装车，这样他们就可以直接再装运，而不需要重新分类。

第三节 分销需求计划 DRP

一、DRP 的概念

DRP 是分销需求计划（Distribution Requirement Planning）的简称。它是流通领域中的一种物流技术，是 MRP 在流通领域应用的直接结果。它主要解决分销物资的供应计划和调度问题，以期达到既保证有效地满足市场需要又使得配置费用最省的目的。

二、DRP 的原理

DRP 在两类企业中可以得到应用。一类是流通企业，如储运公司、配送中心、物流中心、流通中心等。这些企业的基本特征是，不一定搞销售，但一定有储存和运输的业务，它们的目标是在满足用户需要的原则下，追求有效利用资源（如车辆等），达到总费用最省；另一类是一部分较大型的生产企业，它们有自己的销售网络和储运设施。这样企业既搞生产又搞流通，产品全部或一部分自己销售。企业中有流通部门承担分销业务，具体组织储、运、销活动。这两类企业的共同之处是：

（1）以满足社会需求为自己的宗旨；

（2）依靠一定的物流能力（储、运、包装、装卸搬运能力等）来满足社会的需求；

（3）从制造企业或物资资源市场组织物资资源。

DRP 的原理如图 8.1 所示。

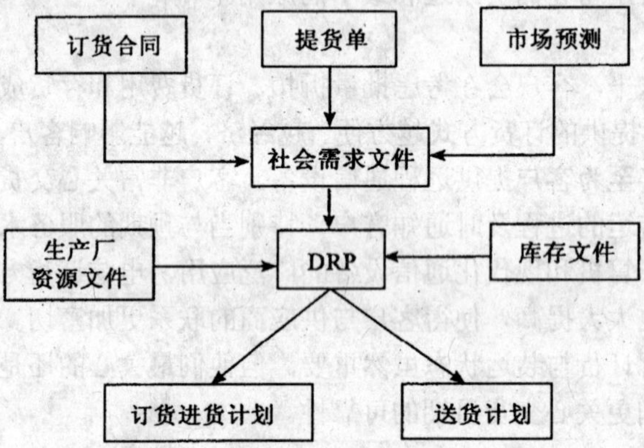

图 8.1 DRP 原理图

实施 DRP 时，输入三个文件，输出两个计划。

输入文件是：

（1）社会需求文件。包括所有用户的订货单、提货单和供货合同，以及下属子公司、企业的订货单，此外还要进行市场预测，确定一部分需求量。所有需求要按品种和需求时间进行统计，整理成社会需求文件。

（2）库存文件。对自有库存物资进行统计列表，以便针对社会需求量确定必要的进货量。

（3）生产厂资源文件。包括可供应的物资品种和生产厂的地理位置等，地理位置和订货提前期有关。

DRP 原理图中输出的两个计划是：

（1）送货计划。对用户的送货计划，为了保证按时送达，要考虑作业时间和路程远近，提前一定时间开始作业。对于大批量需求可实行直送，而对于数量众多的小批量需求可以进行配送。

（2）订货进货计划。是指从生产厂订货进货的计划。对于需求物资，如果仓库内无货或者库存不足，则需要向生产厂订货。当然，也要考虑一定的订货提前期。

这两个文件是 DRP 的输出结果，是组织物流的指导文件。

三、实施 DRP 的意义

应用 DRP 的潜在经济效益很大。据资料介绍，在北美地区，企业在物资流通领域的花费约占总产值的 20%。这部分物流成本的构成分析表明，其中 89% 主要集中在库存维持、仓库管理、运输费用上，这些正是DRP能够发挥其作用的领域。据一些成功实施DRP的企业总结，它们取得的成绩为：（1）顾客服务水平从85%提高到97%；（2）物流系统库存量减少25%；（3）物流成本减少15%；（4）库存积压物资减少80%。更为重要的是，实施DRP还能为企业带来难以用数字描述的、更广泛的潜在效益。

四、DRP的发展——DRPⅡ

DRP和MRP一样，只提出了需求，而没有考虑执行计划的能力问题。在DRP的基础上，增加物流能力计划，就形成了一个集成、闭环的物资资源配置系统，称为DRPⅡ，其原理如图8.2所示。DRPⅡ具有以下主要特点：

（1）在功能方面，DRPⅡ除了对物资进、销、存管理外，还具有对车辆、仓库的配置利用以及成本、利润核算等功能。此外，还有物流优化、管理决策等功能。

（2）在具体内容上，DRPⅡ增加了车辆管理、仓储管理、物流能力计划、物流优化辅助决策系统和成本核算系统。

（3）具有闭环性。DRPⅡ是一个自我适应、自我发展的闭环系统。信息系统也是一个闭环反馈系统，订货信息和送货信息都反馈到仓库和车队。

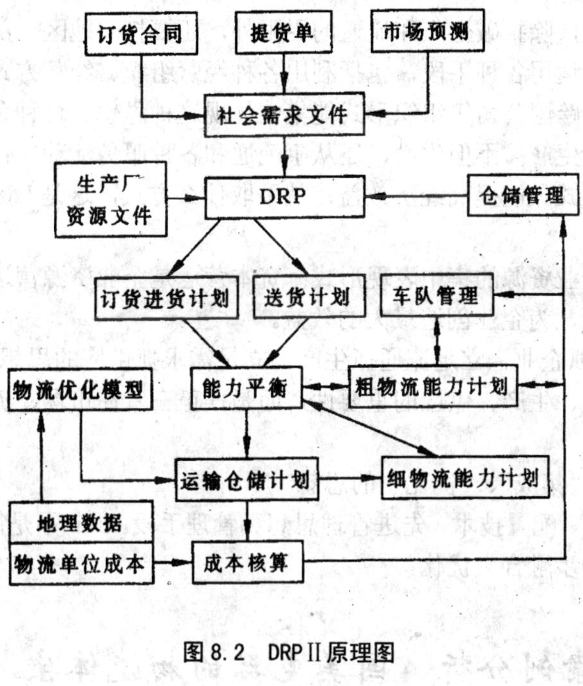

图8.2　DRPⅡ原理图

物流窗口　LRP技术

LRP（Logistics Resource Planning）是物流资源计划的简称，是在MRPⅡ、DRP的基础上发展起来的物资资源优化技术。LRP是在制造资源计划、能力资源计划、分销需求计划的基础上进行功能集成的结果，其基本目标是通过与物资采购、制造支持以及实体分销有关的作业计划的实施，优化配置物资资源，提高物流效率，以实现企业发展战略的经营计划。

LRP 的基本原理是：

LRP 的基本思想是面向大市场，以物流为基本手段，打破生产和流通的界限，为企业生产和社会流通的物资需求进行经济有效的资源配置。

1）LRP 的宗旨

站在社会的角度，为市场需求进行经济有效的物资资源配置，满足社会的物资需要。

站在大市场的角度，为企业生产和流通的经济高效运行组织资源，包括从社会和企业内部经济有效地组织资源，改善企业内部物流，提高企业生产效益。

通过上述两个方面的操作，最大限度地提高企业经济效益和社会经济效益。

2）打破生产和流通的界限

生产和流通的界限是在传统经济条件下形成的。商品无论从生产领域到流通领域，还是从流通领域到生产流域，都存在着渠道单一、环节繁多、手续复杂、流通不畅问题。其结果使企业资源处在一种束缚状态，不能得到充分有效发挥，因而经济效益上不去。所以，只有打破生产和流通的界限，解放资源，使得资源处于一种活性配置状态，才能达到资源的优化组合、提高经济效益的目的。

3）灵活运用各种手段

为达到上述的宗旨，除打破生产和流通的界限外，还要打破地区、部门、所有制界限等多种多样的界限，灵活运用各种手段，包括利用各种经营组织、经营方式等组织企业经营活动。特别是企业集团、跨国公司等组织形式能集中体现这种思想。这种公司，不是单一产品的生产，而是系列产品生产；不但生产，还从事流通和各种服务活动。什么方式能实现资源的有效配置，用什么方式最能提高经济效益，就采取什么方式，这是 LRP 的指导思想。

4）资本营运

资本，实际上是企业资源的集中表现形式；资本营运是企业资源营运的关键，它能最有效地配置企业各种资源，为企业创造最大的效益。

5）树立立足市场抓企业、立足流通抓生产、立足需求抓供应的思想原则。

这并不是否定企业、生产、供应的重要性，而是摆正三者在市场、流通、需求中的位置关系。

6）树立“统一”、“集成”、“优化”的思想

综合运用各种资源、配置技术、先进管理思想和管理手段。LRP 不是简单地将 MRP 和 DRP 相加，而是将两者进一步融合、优化。

案例分析　国美电器的物流体系

谈起购买家电，北京人都会想到国美电器。1990 年的北京国美电器，不过是北京珠市口大街一个 100 平方米左右的普通电器商店。2003 年国美电器在北京、天津、上海、成都、重庆、河北等地区发展了 80 多家大型家用电器专业连锁超市，成为北京屈指可数的几家专营进口与国产名优品牌家用电器、计算机、通信产品及发烧音响器材，影响辐射全国的著名电器连锁经营企业。2000 年，在家电行业激烈竞争的价格战中，出现了国美电器斥巨资采购的“商

业资本”现象，提出了建立全国性最大家电体系的发展目标。为支持高速扩张的国美电器连锁，势必要建立和发展能够适应这种发展速度的国美电器物流配送体系。

从供应链的角度看，国美电器的物流系统可以简单地分为采购、配送和销售三个部分。在这三个部分中，产品的销售是核心部分，也是构成国美电器核心竞争能力的部分。

国美电器的经营理念是薄利多销、优质低价、引导消费、服务争先，依托连锁经营搭建强大的销售网络。国美电器凭借强大的销售体系和较大的市场份额，和生产厂家合作，创建了承诺经销这种新型供销模式，以大规模集团采购来降低采购成本，增强采购能力，支撑销售，保障利润。为了保障这个庞大的销售体系的正常运转，国美电器还必须建立强有力的仓储与配送体系。正是采购、销售、配送这三个重要环节的有机而有力地和谐运转造就了国美电器今天的辉煌。

国美电器的大单采购已经成为国美电器的基本供销模式。在传统的供销模式下，下游的供货商从上游的供货商手中进货，同时承受上游供应商的加价，从而将较高的累积经销利润转嫁给最终消费者。国美电器针对这一特征，经过充分的调查研究，提出了承诺经销的模式，即厂家给国美电器优惠政策和优惠价格，而国美电器则承担经销的责任，即在一定的时间段内，国美电器保证厂家一定的承诺经销量。承诺经销具有较高的市场风险，也具有较好的价格竞争优势，依据庞大的市场销售体系和低廉的价格，国美电器初步完成了对市场的扩张。

国美电器在采购上采取了统一的采购和招标采购等先进的采购模式。统一采购可以凭借巨额的采购数量来压低进货价格，各分部汇总上报总部，总部负责确定总的补货计划。采购的高度集中增加了国美电器的价格优势，同时也使国美电器增加了和厂家谈判的筹码。厂家不但提供给国美电器较低的供货价格，而且也能够及时供货。此外国美电器还依靠自己雄厚的资金实力，通过互联网和组织招标会议向生产厂家抛出巨额采购订单，产品涉及彩电、视盘机系列等，这样国美电器不仅可以进一步压低价格，而且还可以增加对新品新厂的接触机会，提高社会美誉度。

完成集中采购的同时，必须加大市场建设力度。市场是所有企业实现价值的惟一途径。国美电器从创业开始，就采用“坚持零售，薄利多销”的经营策略，低价入市，勤进快销，既确保了国美电器的利润，又树立了国美电器品牌。此策略 13 年从未改变，成为国美电器的根本策略。国美电器的市场战略眼光也可谓独到。在国美电器创业的时代，家电完全是卖方市场，可是国美电器还是投入一定的资金来进行企业广告宣传。国美电器通过广告宣传，彻底改变了一般家电经销商的形象，走出店堂，让广大客户能够了解自己的商品，能够放心地去购买自己需求的产品。国美电器属于电器专卖店，其店面的社会定位就决定了其所销售商品的价格必须比大商场低。因为在客户的心目中，电器专卖店就是价廉物美的形象。国美电器充分利用了这一低价的不利定位，进行了快速扩张。同时，国美电器也充分认识到，随着国民收入水平的增加和消费心理的成熟，客户对于所购买商品的质量、品牌、服务的要求也会越来越高。国美电器适时调整经营策略，对于经销的各类家电全国排名前 10 位的品牌，都直接从厂家进货，从根本上保障进货质量和服务质量。国美电器不仅重视进货，而且更注重服务，比如开通 800 电话，免费送货入户，建立客户档案，电话回访等。国美电器目前正处于高速扩张阶段，2001 年 5 月，在西安、郑州地区设分部，开连锁店。2001 年底又增加三四个地区，使门店数达到 80 家。到 2003 年，又开辟 6 个地区分部，使门店数达到 150 家。此时的国美电器真正地成为遍布全国、规模最大的家用电器连锁经营体系，市场的占有率更高，竞争力更强。

采购和销售只是完成了整个家电产品的商流过程，而作为整个销售过程的重要部分，仓储配送是销售不可或缺的部分，可以说是销售的命脉。国美电器并没有设立物流部，而是将物流职能分解，各部室各司其职，协调运作，共同保证了国美电器正常运转。配送中心由各分部直接管理，完成货物储存、保管、配送等工作。国美电器门店业务负责人每天上班的第一件事情是填写需货通知单，传真到“大库”(各地区配送中心)，在那里排上队，随后门店所属的大货车开到那里提货。中午时分，所需商品便能运到门店，进入门店的小库，一般门店每天都要从大库调货，多的时候一天要调货 7～8 次。大库和小库构成了国美电器全国连锁体系的物流系统枢纽。

请说明国美电器销售物流体系的特点。

思考题与习题

1．现代科学采购与传统采购的区别是什么？

2．科学采购的方式有哪些？各自的含义是什么？

3．销售物流合理化要做哪些工作？

4．DRP 的基本原理是什么？DRPⅡ有哪些特点？

第九章　第三方物流

【引导案例】海尔的第三方物流的发展模式

海尔集团的超常规发展，已在全国乃至全球产生巨大影响。1999 年，海尔集团首席执行官张瑞敏提出海尔的全球化战略，使海尔 2000 年全球营业额突破 400 亿元人民币，连续 16 年以 80%以上的增长率高速度地向世界 500 强的目标挺进。这些业绩的取得，用张瑞敏总裁的话说，就是对市场链流程的再造与创新，而物流则是在企业流程再造过程中最关键的因素。这就说明海尔物流对海尔集团的高速发展功不可没。中国仓储协会秘书长沈绍基总结说，海尔物流是“中国物流管理觉醒第一人”。海尔的第三方物流也成为一种成功的发展模式。

1．市场定位。即以大型生产企业、商业企业和电子商务公司为服务对象，以对包括原材料物流、生产物流、成品转移和销售物流在内的供应链过程提供物流支持为服务内容，以提供物流能力评估、系统设计与咨询和全过程物流代理为服务方式的国际化专业的第三方物流企业。

2．发展战略。整合企业内外物流资源，联合专业物流公司，进行物流结盟，走低成本、高扩张的规模发展道路。构建开放式的物流信息平台，完善物流功能，提供以市场营销为核心的全过程物流服务，走品牌化发展之路。

3．技术创新。物流容器的标准化、单元化；搬运的机械化和供应商供货的标准化；信息的实时化，采用条形码和无线传输；实施 ERP，实现网络化；B to B、B to C 业务流程设计及信息支持系统开发；建设现代化的全自动立体库；从货物发出到客户接收货反馈，全方位的信息跟踪监控。

4．市场创新。物流市场的创新突出一点，即支持 JIT。由于全球化战略的实施，海尔生产尽量当地化，搭建全球范围内的本土化框架。目前海尔的 7 个工业园主要分为三个部分：一是以青岛地区的工业及周边的工厂为出口基地，可以用比较廉价的劳动力，利用成本上的竞争优势和青岛的区位优势出口；二是以合肥为主的工业园，包括在广东、贵州、湖北等地的工厂，组成了一个在当地本土化生产的 BtoB 的生产基地；三是以美国为代表的包括其他 10 个海外工厂形成本土化的名牌基地，生产、采购、销售全部当地化，使物流成本大大降低。物流市场的创新，即是指从全球供应方采购的 JIT，物料配送到全球生产线的 JIT，产成品配送到全球用户的 JIT。

讨论：第三方物流发展的必然性如何？

第一节　第三方物流概述

一、第三方物流的概念

第三方物流（Third Party Logistics, TPL），是由物流业务的供方和需方之外的第三方去承担的物流，是第三方物流服务提供者在特定的时间段内按照特定的价格向使用者提供的个性化的系列物流服务。这种物流服务是建立在现代电子信息技术基础上的，企业之间是联盟关系。第三方物流服务业这一称呼中的所谓“第三方”，是相对于“第一方”托运人和“第二方”收货人而言的。它是通过与第一方或第二方，或者与这两方合作，承包提供其专业化的物流服务。第三方物流因为它常常以物流外包合同的形式进行操作，因此有时又被称作合同物流、物流外包。又因为第三方物流公司是比较专业化的物流公司，能够承担全部的物流服务，所以有时又被称为全方位物流公司或物流联盟。

二、第三方物流的产生和发展

1．第三方物流的产生可以说是社会分工的必然结果。社会生产和流通的分工，形成了生产企业和运输、储存等传统物流企业。一般地，生产企业既搞生产又搞物流，这时是自营物流为主，也有少量的外包。物流企业则是靠承包一些社会物流业务而生存。这个时候没有“第三方物流”的概念，其原因一是“外包”没有成为一种显著的潮流，二是“外包”没有体现出一种效益源泉。进入20世纪90年代后，市场竞争非常激烈。企业在激烈竞争面前，不得不集中企业的资金、人力、物力投入到其核心业务上，努力提高其核心竞争力，取得市场竞争的优势，保证企业的生存和发展。生产企业的核心竞争力就是生产，物流业务对于它们来说，一是物流量不算太大，二是高投资、高成本，所以它们觉得让自己营运，还不如外包给一些物流企业更合算、成本更低、质量更高。而恰好物流企业也在集中资金、人力、物力发展自己的核心竞争力，它们的核心竞争力就是物流管理和操作。它们由于增强了物流能力，所以愿意承包各个企业的物流业务。正是由于一方面物流业务的需求方愿意外包物流，另一方面物流业务的提供方愿意承包物流业务，所以第三方物流服务业也就应运而生了。

2．第三方物流运行的良好效益，促进了第三方物流的立足与发展。

许多外部资源配置服务提供者都拥有比本企业更有效、更便宜的完成业务的技术和知识，因而他们可以实现规模效益，并且通过这种方式获利。企业可以通过外向资源配置避免在设备、技术、研究开发上的大量投资。采用物流外包不仅可以减少资金投入，而且得到了更好的物流服务和质量。

第三方物流企业自身也通过承包物流业务，扩大了业务规模，充分利用了设备资源，提高了效益和竞争力，也增强了办好第三方物流的积极性，并以其服务专业化、高效化、一体化给全球经济的发展带来了强大的推动力。

3．信息技术的发展是第三方物流出现的必要条件。信息技术实现了数据的快速、准确传递，提高了仓库管理、装卸运输、采购、订货、配送发运、订单处理的自动化水平，使订货、包装、保管、运输、流通、加工实现一体化；企业可以更方便地使用信息技术与物流企业交流和协作。常用于支撑第三方物流的信息技术有：实现信息快速交换的EDI技术、实现资金快速支付的EFT技术、实现信息快速输入的条形码技术和实现网上交易的电子商务技术等。

4．随着经济自由化和贸易全球化的发展，物流领域的政策不断放宽，同时也导致物流企业自身竞争的激化，物流企业不断地拓展服务内涵和外延，这也加速了第三方物流的出现。

5．第三方物流的产生也是新型管理理念的要求。

随着市场需求的多样性、个性化以及随之而产生的敏捷制造等工业组织方式的发展，以及社会分工的进一步细化，管理技术和管理经营思想迅速不断地更新，产生了供应链、虚拟企业等一系列强调外部协调和合作的新型管理理念。这些既增加了物流活动的复杂性和多样性，又提出了零库存、准时制、快速反应、有效顾客反应等更高的物流服务要求，由此而产生了高度专业化的物流服务需求。

三、第三方物流的基本特征

（一）合同导向的一系列服务

第三方物流有别于传统的外协。外协只限于一项或一系列分散的物流功能，如运输公司提供运输服务、仓储公司提供仓储服务等。第三方物流虽然也包括单项服务，但更多的是提供多功能、甚至全方位的物流服务，它注重的是客户物流体系的整体运作效率与效益。同时，第三方物流都是根据合同条款的要求，而不是客户的临时需求，提供规定的物流服务。

（二）个性化物流服务

第三方物流服务因为面向一个一个的具体企业承包物流业务，企业不同，业务的具体内容就不同。因此要求第三方物流服务应按客户的业务流程来定制，体现个性化的物流服务理念。

（三）第三方物流企业与客户之间建立长期的战略合作伙伴关系

在西方的物流理论中，非常强调企业之间的“相互依赖”关系。也就是说，一个企业的迅速发展光靠自身的资源、力量是远远不够的．必须寻找战略合作伙伴，通过同盟的力量获得竞争优势。而第三方物流企业扮演的就是这种同盟者的角色，与客户形成的是相互依赖的市场共生关系。客户通过信息系统对物流全程进行管理控制，物流服务企业则对客户的长期物流活动负责。

（四）以现代信息技术为基础

在网络经济时代和信息技术高度发展的今天，市场竞争非常激烈，第三方物流企业只有运用现代信息技术及时地与客户交流和协作，才能够赢得客户、赢得市场，才能生存和发展。

四、第三方物流企业的类型

（一）第三方物流服务商的转变形式

第三方物流是一个约有10到15年历史的行业，第三方物流业被认为尚处于生命周期的发展期。第三方物流市场具有潜力大、渐进性和高增长率的特征。目前，大多数第三方物流服务公司是以传统的“类物流”业为起点而发展起来的，如仓储业、运输业、空运、海运、货运代理和企业内的物流部等。

1. 基于运输业务的第三方物流服务企业

这些企业通常是大型运输公司的分公司，有些服务项目是利用其他公司的资产，其主要优势是基于母体企业运输资源的利用，能够提供综合性的物流服务。

2. 基于仓储和配送企业的第三方物流服务商

在现代物流的理念下，仓储与配送企业开始从传统的业务扩展到更大范围的物流服务业务。基于原有的业务，这些公司主要表现在以仓储、配送为业务展开的基础，来拓展其他物流服务空间。

3. 由货代企业转型的第三方物流服务商

货代企业与客户有着长期的服务关系，拥有物流需求资源；熟悉整个物流过程，了解每个环节，积累了丰富的物流服务经验。因此，具有开展多种综合物流服务的能力，容易满足客户的物流服务需求。这种企业是较容易由传统业务转型为第三方物流服务商的企业。

这类企业在开展物流服务时，一般是通过整合社会上的其他物流资源，如运输资源、仓储资源来实施物流服务。

4. 货主自身组建的第三方物流服务商

这类服务商一般是从大型企业的物流部门，通过剥离、建立子公司、整合其他社会资源等手段建立的。其优势是具有比较丰富的物流服务经验、拥有具有物流专业知识的专业人员队伍、一定规模的物流服务资源，如信息技术等。

（二）第三方物流企业的类型

1. 按提供服务的种类划分

第三方物流企业有资产型、管理型和综合型三种基本类型。资产型第三方物流公司主要通过运用自己的资产来提供专业的服务；管理型第三方物流公司主要提供物流规划与策划、物流管理咨询服务等。综合型第三方物流公司则兼具以上两种公司所具有的能力，既能够提供管理咨询，又拥有必要的物流设施装备系统，能够承担各种物流业务。

2. 按物流业务划分

有综合性物流公司和各种专业性物流公司。

综合性物流公司能够提供运输、储存、包装、装卸、流通加工、物流信息、物流管理等各种物流服务；专业性物流公司只能提供某一种或者几种物流服务，例如运输公司、仓储公司、搬运公司、物流管理咨询公司等。

五、第三方物流的效益原理

（一）第三方物流企业的规模效益源泉

第三方物流企业最基本的特征是集多家企业的物流业务于一身，物流业务的规模扩大了。物流业务规模的扩大，可以让企业的物流设施、人力、物力、财力等资源充分利用，发挥效益；有的还可以采用专用设备、设施，提高工作效率；有的甚至采用先进技术，跟高科技接轨、跟全国甚至全世界接轨，取得超级效益。这些都是扩大规模带来的好处。规模效益是第三方物流的一个最重要的效益源泉。第三方物流企业要扩大规模，就要努力扩大物流市场的覆盖面，增加客户数量，增加物流业务量。规模越大，需要的运输车辆越多，需要的装卸搬运设施越多、越先进，需要的仓储能力越大、吞吐能力越大，需要的通信能力越强、技术越先进。总之，规模大，就会促进企业发展，大大提高企业效益。

（二）系统协调是第三方物流企业的第二个利润源泉。系统协调是指第三方物流公司在自己所占有的供应商及其各自的客户群中进行的协调活动。这些协调活动包括：

1. 联合调运活动打破各个供应商、各个客户群之间的界限。在这些供应商、客户之间统一组织运输，这样不但可以更节省车辆，还可以更充分利用车辆。

2. 打破各个客户群之间的界限，统一组织配送，即进行联合配送，这样将比在原来的各个客户群内部组织配送更节省。

3.因为掌握了众多的供应商和他们各自的客户群，其相互之间可能会有互为供需的关系，通过自己的协调促使他们之间形成新的更合理的供需关系。这种新的供需关系不但可以帮助供应商开拓市场，而且也可以大大有利于第三方物流公司节约物流费用。

4. 统一批量化作业，例如订货、质检、报关、报审等，实行批量化作业可以节省时间、提高工作效率。

这种协调效益是第三方物流企业最主要的效益源泉。第三方物流企业要学会利用协调效益来提高自己的效益水平。要提高协调效益，就应努力做到：

① 要努力培养系统和系统工程的观点和思想方法。

② 要努力学习掌握物流优化的理论与方法，提高物流管理水平。

③ 在客户的选择上，除了注意数量之外，还要注意加强客户之间的相关性。这种相关性，主要表现为同一行业、同一地区、同一类物资甚至同一种产品等。客户之间的相关性越强，则互为供需的可能性越大，系统协调的可能性也越大。

（三）专业化效益，即通过专业化来提高企业的效益。在第三方物流企业当中，由于业务量大，所以多个物流作业可以实现专业化，例如运输、仓储、装卸、搬运、包装、信息处理等都可以实现专业化。专业化就可以导致科技化和先进化，从而导致经济效益的大幅度提高。专业化不但是指作业专业化、设备专业化，而且指人的专业化。

（四）群体效益。即第三方物流企业不但能够提高自身的效益，而且也可提高自己的客户企业的效益。客户企业的物流业务交给第三方物流企业承包后，不但自己的物流任务可以完成得更好，而且自己甩开这些烦琐的物流事务活动，可以集中精力发展自己的核心竞争力，提高企业的优势，使企业取得更大的经济效益。因此，第三方物流企业能够使自己和客户群都增强各自的核心竞争力，使整个群体共赢共荣，获取很好的群体效益。

（五）社会效益

第三方物流企业的运作，除了本身的效益、客户的效益之外，还能够给社会环境带来好处：它能够促进经济区域的发展；能够节省车次、缓解社会交通紧张的矛盾、减少运输噪声和汽车尾气等交通污染等。

六、第三方物流的选择及其业绩考评

作为物流服务需求方的工商企业，在选择第三方物流服务之前，应考虑以下几个方面的问题：使用第三方物流后产品和服务质量是否会更好；是否可以改善现金流和降低库存水平；是否对企业和客户都有利；一般要进行外包风险的分析，才能作出购买物流服务的决策。

第三方物流的选择步骤一般包括以下方面：

（1）组成跨职能的团队；

(2) 设定目标；

(3) 确定客户服务需求；

(4) 制定选择标准；

(5) 列出候选名单；

(6) 候选者征询；

(7) 发出招标书；

(8) 现场考察；

(9) 候选者资格评审；

(10) 利用分析工具选择第三方物流。

第三方物流的业绩评价考评，主要依据以下指标：

(1) 准时发货率；

(2) 准时交付率；

(3) 提货准确率；

(4) 订货完成率；

(5) 产品线完成率；

(6) 库存准确率；

(7) 缺货损失；

(8) 每公里成本；

(9) 货物进库时间；

(10) 仓储运营成本等。

七、第三方物流的发展趋势

第三方物流的发展趋势将主要表现在两个方面：一是第三方物流将进一步发展壮大、成熟完善，所涉及的层面将更加广泛。这主要是指第三方物流服务业将会优化整条物流供应链，大力发展信息技术和通信技术，建立战略联盟合作伙伴关系，组织高效率的物流作业网络，以及网罗高素质的物流专业人才。二是随着第三方物流的逐步发展，其系统复杂性也将逐步提高，这将会导致第三方物流的某些领域的分化，但是这种分化不是第三方物流的灭亡，而是第三方物流成熟的标志。

第二节　第四方物流概述

一、第四方物流的含义

物流服务提供者是一个供应链的集成商，它对公司内部和具有互补性的服务提供者所拥有的不同资源、能力和技术进行整合和管理，提供一整套供应链解决方案，称为第四方物流（Fourth Party Logistics，FPL）。

第三方物流供应商为客户提供所有的或一部分供应链物流服务，以获取一定的利润。然而，在实际的运作中，第三方物流公司缺乏对整个供应链进行运作的战略性专长和真正整合供应链流程的相关技术。第四方物流正日益成为一种帮助企业实现持续运作成本降低和区别于传统外包业务的真正的资产转移。它依靠业内最优秀的第三方物流供应商、技术供应商、管理咨询顾问和其他增值服务商，为客户提供独特的和广泛的供应链解决方案。这是任何一家公司所不能单独提供的。

二、第四方物流的特点

1．第四方物流提供一整套完善的供应链解决方案

第四方物流集成了管理咨询和第三方物流服务提供者的能力。更重要的是，一个前所未有的、使客户价值最大化的统一的技术方案的设计、实施和运作，只有通过咨询公司、技术公司和物流公司的齐心协力才能够实现。

（1）再造：供应链过程协作和供应链过程的再设计。第四方物流最高层次的方案就是再造。供应链过程中真正的显著改善，要么是通过各个环节计划和运作的协调一致来实现，要么是通过各个参与方的通力协作来实现的。再造过程就是基于传统的供应链管理咨询技巧，使得公司的业务策略和供应链策略协调一致；同时，技术在这一过程中又起到了催化剂的作用，整合和优化了供应链内部和与之交叉的供应链的运作。

（2）变革：通过新技术实现各个供应链职能的加强。变革的努力集中在改善某一具体的供应链职能，包括销售和运作计划、分销管理、采购策略和客户支持。在这一层次上，供应链管理技术对方案的成败变得至关重要。领先和高明的技术，加上战略思维、流程再造和卓越的组织变革管理，共同组成最佳方案，对供应链活动和流程进行整合和改善。

（3）实施：流程一体化，系统集成和运作交接。一个第四方物流服务提供者帮助客户实施新的业务方案，包括业务流程优化，客户公司和服务提供者之间的系统集成，以及将业务运作转交给 FPL 的项目运作小组。项目实施过程中应该对组织变革多加小心，因为“人”的因素往往是把业务转给 FPL 管理的成败的关键。最大的目标是避免把一个设计得非常好的策略和流程实施得非常无效，因而限制了方案的有效性，影响了项目的预期成果。

（4）执行：承担多个供应链职能和流程的运作。FPL 开始承接多个供应链职能和流程的运作责任。其工作范围远远超越了传统的第三方物流的运输管理和仓储管理的运作，包括：制造、采购、库存管理、供应链信息技术、需求预测、网络管理、客户服务管理和行政管理，尽管一家公司可以把所有的供应链活动外包给 FPL，然而通常的 FPL 也只是从事供应链功能和流程的一些关键部分。

2．第四方物流通过其对整个供应链产生影响的能力来增加价值

FPL 充分利用了一批服务提供者的能力，包括 TPL、信息技术供应商、合同物流供应商、呼叫中心、电信增值服务商等，再加上客户的能力和 FPL 自身的能力。总之，FPL 通过提供一个全方位的供应链解决方案来满足今天的公司所面临的广泛而又复杂的需求。这个方案关注供应链管理的各个方面，既提供持续更新和优化的技术方案，同时又能满足客户的独特需求。

三、第四方物流公司的运作方式

1．超能力组合（1＋1＞2）

FPL 和 TPL 共同开发市场，第四方向第三方提供一系列的服务，包括：技术，供应链策略技巧，进入市场能力和项目管理专长。FPL 往往会在 TPL 公司内工作，双方要么签有商业合同，要么结成战略联盟。

2．方案集成商

FPL 为客户提供运作和管理整个供应链的解决方案。FPL 对其本身和 TPL 的资源、能力和技术进行综合管理，为客户提供全面的、集成化的供应链方案。FPL 可以集成多个服务供应商的能力和客户的能力。

3．行业创新者

FPL 为多个行业开发和提供供应链解决方案，并以供应链整合和同步为重点，同时第四方物流会通过卓越的运作策略、技术和供应链运作实施来提高整个行业的效率。

四、成为第四方物流的前提条件

第四方物流的前景非常诱人，但是成为第四方物流的门槛也非常高。美国和欧洲的经验表明，要想进入第四方物流领域，企业必须在某一个或几个方面具备很强的核心能力，并且有能力通过战略合作伙伴关系很容易地进入其他领域。专家列出了一些成为第四方物流的前提条件：

1．世界水平的供应链策略制定，业务流程再造，技术集成和人力资源管理能力；

2．在集成供应链技术和外包能力方面处于领先地位；

3．在业务流程管理和外包的实施方面有一大批富有经验的供应链管理专业人员；

4．能够同时管理多个不同的供应商，具有良好的关系管理组织能力；

5．具有全球化的地域覆盖能力和支持能力；

6．对组织变革问题的深刻理解和管理能力。

正宗的第四方物流不仅控制和管理特定的物流服务，而且对整个物流过程提出策划方案，并通过电子商务将这个过程集成起来。预测表明，作为能与客户的制造、市场及分销数据进行全面、在线连接的一个战略伙伴，第四方物流与第三方物流一样，它是可以在可预见的将来得到广泛应用的。

物流窗口　第四方物流的运作模型

1）协同运作模型

第四方物流和第三方物流共同开发市场，第四方物流向第三方物流提供一系列的服务，包括：技术、供应链策略、进入市场的能力和项目管理的能力。第四方物流在第三方物流公司内部工作，其思想和策略通过第三方物流这样一个具体实施者来实现，以达到为客户服务的目的。第四方物流和第三方物流一般会采用商业合同的方式或者战略联盟的方式合作。

2）方案集成商模型

在这种模式中，第四方物流为客户提供运作和管理整个供应链的解决方案。第四方物流对本身和第三方物流的资源、能力和技术进行综合管理，借助第三方物流为客户提供全面的、集成的供应链方案。第三方物流通过第四方物流的方案为客户提供服务，第四方物流作为一个枢纽，可以集成多个服务供应商的能力和客户的能力。

3）行业创新者模型

在行业创新者模型中，第四方物流为多个行业的客户开发和提供供应链解决方案，以整合整个供应链的职能为重点，第四方物流将第三方物流加以集成，向下游的客户提供解决方案。在这里，第四方物流的责任非常重要，因为它是上游第三方物流的集群和下游客户集群的纽带。

第四方物流无论采取哪一种模式，都突破了单纯发展第三方物流的局限性，能真正地低成本运作，实现最大范围的资源整合。因为第三方物流缺乏跨越整个供应链运作以及真正整合供应链流程所需的战略专业技术。第四方物流（FPL）可以不受约束地去寻找每个领域的“行业最佳”提供商，把这些不同的物流服务整合，以形成最优方案。而 TPL 要么独立，要么通过与自己有密切关系的转包商来为客户提供服务，它不太可能提供技术、仓储与运输服务的最佳结合。

FPL 的成功关键是以“行业最佳”的方案为客户提供服务与技术。FPL 方案的开发对 TPL 提供商、技术服务提供商和业务流程管理者的能力进行了平衡，通过一个集中的接触点，提供了全面的供应链解决方案。FPL 将客户的供应链活动和贯穿于这些“行业最佳”的服务商中的支持技术，以及他们自己组织的能力集成到一起。随着联盟与团队关系的不断发展壮大，一种新的外包选择开始出现。企业正在向单一的组织外包其整个供应链流程，由它们评估、设计、制定及运作全面的供应链集成方案，这正是第四方物流。因此，第四方物流是我国物流业发展和提升的助推器。

案例分析　第三方物流在中国的成功应用

三峡工程是举世瞩目的特大型工程。民用爆破器材又是极易引发重大事故的特殊材料，其在采购、储存、运输、使用等物流环节中都有特殊的要求，因为稍有不慎，就会影响整个工程的质量、安全与进度。

1995 年 4 月，宜昌京昌民用爆破器材公司（简称京昌公司）与三峡工程业主单位正式签约，独家代理三峡工程所需民用爆破器材的供应管理业务。几年来，已累计供应炸药 3 万余吨、雷管 850 万发、索类 1 200 万米，及时满足了工程需要，杜绝了因产品质量或管理不善出现的安全事故。作为甲乙方之外的第三方，京昌公司的工作得到了甲乙双方及库区安全管理部门的肯定，取得了较好的社会经济效益。这一解决方案，被业主单位称为“京昌模式”。其作业要点如下：

1. 签约。三峡工程开工初期，民用爆破器材供应无序竞争，管理分散，致使多头进货，产品质量无法保证，价格差距拉大，事故隐患增多，给工程进度和库区安全造成了直接的影响。为了克服旧体制的弊端，探索市场经济条件下的重点工程物资供应管理的解决方案，在原内贸部民爆办的协调下，业主单位经过多方比较、论证，最后选定京昌公司，双方签订了《三峡工程民爆器材供应管理协议》，具体规定了双方业务范围、工作内容和相应的权利和义务。这样，就以合同契约的形式，把以“甲方监管，乙方使用，第三方独家代理、全程负责供应管理”为基本框架的“京昌模式”固定下来。

2. 进货。三峡工程所需民爆器材数量大、品种多、质量要求高。由多头进货改为独家代理后，京昌公司发挥专业经营的优势，根据业主要求和国家有关质量方面的法规，认真筛选进货厂家，实现了择优定点进货。公司在与厂家签订供货合同的同时，签订质量保证合同并按供货量建立质量保证基金。产品到货后，由京昌公司设立的质量检测站进行抽检，并全部加贴盖有京昌公司安全管理专用章的封签。否则，不准进入三峡工程施工区域。这样，就从源头上彻底堵住了假冒伪劣产品的入口。

3. 储存。民爆器材作为三峡工程建设六大主材之一，不仅是重要的施工材料，更是易爆易燃的危险物品，如何保证储存与使用的绝对安全，是供应管理工作的首要任务。京昌公司独家代理后，业主将三峡工程施工区域惟一的爆破器材仓库委托其管理。按照公安治安、消防部门的要求，京昌公司投资对仓库进行了改造，配备安全设施，聘请武警战士 24 小时值守，制定并严格执行了一整套入库、运输、安检制度，使在途、在库、在用的爆破器材始终处于严密的监控之下。凡三峡工程使用的民用爆炸物品，只能由这个仓库独家储存、出入、管理，除此之外，不论甲方、乙方，或是别的生产经营单位，都不准设立仓库和储存爆炸物品，这就为安全供应无事故创造了条件。

4. 配送。在三峡工程爆破施工的高峰期，不同施工区域或同一施工面，有数家施工单位实施爆破作业，而施工现场不准设立临时仓库，所需爆破器材全部由京昌公司按需配送供应。施工单位需向业主提报使用计划，经批准后由京昌公司负责配送到爆破现场。为了保证众多施工单位的正常需要和施工安全，公司员工深入工地调查研究，掌握情况，听取意见；组织生产企业成立爆破服务队，进行技术指导和爆破设计；根据施工进度要求，对各爆破器材进行拆包、配装和封签，坚持 24 小时送货到现场；随时收回工程余料，防止爆破器材流入社会；及时向生产厂家反馈施工单位的特殊要求，组织定制生产供应。

5. 结算。由京昌公司垫付采购资金，按照双方签约价格定期滚动结算。这样，不仅减少了业主单位的资金占用，还节省了管理费用，直接降低了工程造价。

第三方代理制的成功实施，取得了一系列的效果：

1. 体现了物流主体的专业性。从我国现行的重点工程材料供应体制来看，承担物流主体业务的有业主供应制、施工单位包工包料制和生产厂家直供制等。与这些体制相比，第三方代理制更体现了物流主体的专业性。重点工程所需材料设备的供应，是十分复杂而又有机配合的系统工程，客观上要求训练有素的专业组织来承担。专业性的物流公司，具有专业网络、专业设施、专业人才和专业经验，由它们代理工程所需材料的供应管理业务，有着其他主体不可比拟的优越性：与生产单位直供制相比，物流企业可以通过代理、配送等现代营销方式，发挥集零为整的作用，免除了业主单位面对千家万户的烦恼。业主单位可以从具体的物流业务中解脱出来，站在更高的层次上实施监控。第三方代理供管制的推行，可以使业主、施工单位、物流企业和生产厂家在各自熟悉的领域，按照合同契约的规定，在各自的范围内，从不同角度为工程服务。

2. 实现了供应链的完整性。工程材料从出厂、运输、储存、加工到使用，是一个完整的供应链。这个链如果不能整体运作，势必降低物流效果，影响工程需要。第三方代理为供应链完整而有机地运作创造了条件。在这里，物流企业承担的不仅仅是某一环节、某一部分的任务，而是要全权负责物流运动的全过程：合理选择进货渠道，确定最佳运输路线；检测产品质量，确保产品质量符合工程施工要求；进行合理库存和科学保管；对产品进行分类、包装、整理和流通加工；开展及时配送；并根据业主要求和产品特点提供诸如安全管理、技术指导和信息反馈等多项服务。由此所带来的流通经济效益是其他传统物资供应体制所无法比拟的。

3. 提高了流通效益的经济性。物流主体的专业性和供应链的完整性，势必带来流通效益的经济性。第一，第三方的全程服务，有利于减少中转环节，为节约采购、运输、储存费用创造了条件；第二，中转环节的减少，必然缩短流通时间，不仅可以保证及时供应，而且可以减少资金占用；第三，把物流服务延伸到供、管、用各个环节，有利于材料的安全、合理使用，使提供全方位的服务成为可能；第四，相对稳定的供需关系，有利于价格上的批量优惠，质量上的相对稳定，资金上的互相融通和信息上的及时交流，使供需双方都能从中得到好处。此外，第三方物流方式的推行，有利于现代物流方式的建立，对于减少不合理的运输和环境污染，提升经济运行的质量，保障可持续发展战略的实现，同样具有积极意义。

通过此案例分析，进一步说明第三方物流发展的客观必然性。

思考题与习题

1. 什么是第三方物流？
2. 第三方物流的优势是什么？
3. 你认为第三方物流的发展趋势如何？第三方物流遇到的阻碍是什么？
4. 什么是第四方物流？其主要特征表现在哪里？

第十章　供应链物流管理

【引导案例】利丰实现信息科技与供应链管理的结合

现今的采购业务已经不可能再是“左手交右手” 的中介人模式，而是应该在客户与供货商之间作出合适的搭配，利用信息科技去缩短订单的完成时间、降低成本和增强灵活性。利丰贸易公司通过制定客户供应链中的采购及生产流程，能将由接到订单至产品出厂的时间从3 个月缩短到 5 个星期。要在最短时间内以最低成本为客户采购，就需要拥有一套完善的管理运作机制，而以信息科技推动之供应链管理就能够令信息流和物流更顺畅，从而提升整体的供应链效率。

举一个例子，利丰贸易公司专门为硬产品客户开发了一个电子商贸应用软件 “Import Direct”，是利丰公司经营硬产品贸易部门的核心管理系统。Import Direct 为供货商和客户提供一个网上商务交易平台，不但为供货商提供一个产品推广的接口，亦为客户提供一个极方便的产品采购及追踪工具。供货商可把旗下产品的相片上传到 Import Direct，系统中的软件便会把相片整理成一个个产品目录（catalogue），供客户查阅；客户亦能够在系统中查询采购资料及提交订单。Import Direct 亦连接了利丰贸易公司的“订单追踪系统”（ Order Tracking System ，OTS）和出口贸易系统 XTS-5。供货商、客户和利丰贸易公司员工在互相交换信息的同时，也可以实时在 Import Direct 系统里进行产品订购，形成一个信息与商贸合二为一的网络。

利丰贸易公司的信息管理系统不仅可以整合公司的内外部信息，亦能够与公司的业务伙伴，包括客户、生产商和物流公司随时保持联系与沟通，缩短了供应链成员的反馈时间，并借着这些信息与合作伙伴建立更紧密的关系。

问：试从此案例出发，说出一种产品的供应链形成情况。

第一节　概述

一、供应链的概念

供应链是围绕核心企业，通过信息流、物流、资金流的控制，从采购原材料开始，制成中间产品以及最终产品，最后由销售网络把产品送到消费者手中的将供应商、制造商、分销商、配送中心、零售商直到最终用户联成一个整体的功能网络结构模式。

供应链的概念是从扩大的生产概念出发，它将企业的生产活动进行了前伸和后延。例如，日本丰田公司的精益协作方式，就是将供应商的活动视为生产活动的有机组成部分加以控制和协调，这就是向前延伸；后延是指将生产活动延至产品的销售和服务阶段。因此，供应链就是通过计划、获得、存储、分销和服务等这样一些活动在顾客和供应商之间形成的一种衔接，从而使组织能满足内外部顾客的需求。企业从原材料采购开始到将其进行加工，直到产品最终送到顾客手中为止的这一过程，都被看成是一个环环相扣的链条，而其中的主要活动被视为链条上的节点。

通常，一条完整的供应链包括供应商（原材料供应商和零配件供应商）、制造商（加工厂或装配厂）、分销商（代理商或批发商）、第三方物流公司（储运公司或配送中心）、零售商（百货商场、超市、专卖店、便利店和杂货店等）以及消费者。任何一个企业都必然处于某条供应链当中。见图 10.1。

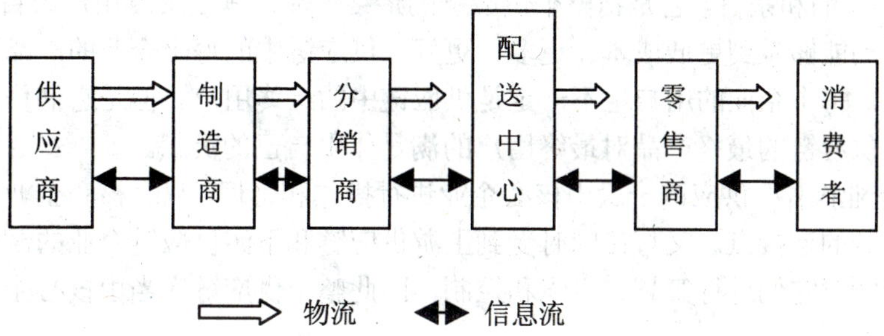

图 10.1 供应链示意图

一般地，供应链模式可按图 10.2 表示。

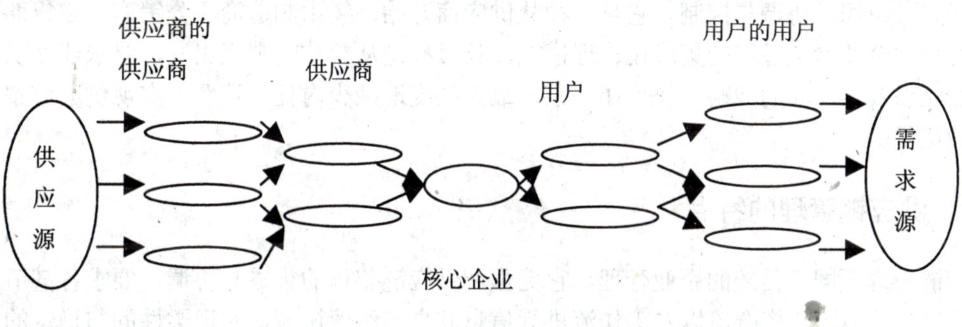

图 10.2 供应链模式

二、供应链的特点

1. 以物资产品为核心、以产品运作为主要内容。产品运作主要包括产品的制造支持（原材料、零部件、设备工具的供应）、装配或筹集（产品购进、储存）以及产品分销（销售、配送）等。

2. 由多个单元构成。这里的单元，不仅是指企业，也可以指事业单位、机关、学校等非企业单位，也可以是指企业单位内部的各个部门、车间、班组甚至个人。从根本意义上说，供应链中的单元，是指需求链中相互连接的所有的需求源和需求。

3. 多层次结构。包括核心企业、供应商、供应商的供应商、分销商、用户、用户的用户等多个层次。

4. 多功能集成。供应链集成了产品运作的多种功能，包括购进、加工和分销的业务功能，同时包括策划、设计和作业等多种操作功能，也包括包装、装卸、运输、搬运、储存和信息等多种物流功能。

5. 协调配合。供应链是由多个单元结合起来，综合完成多种功能的有机结合体，这就要求供应链各个单元进行很好的协调配合。没有协调配合，供应链就不可能很好运行。供应链的协调配合的特点，主要是指多个企业之间的协调配合，这在通常情况下是不容易实现的。

6. 有特定的目的和宗旨。它是指整个供应链的最终产品以满足最终用户为目的，并使这种满足需求的活动能够做到更低成本、更多、更好。供应链中的每个企业的产品不一定是供应链的最终产品，每个企业的用户也不一定是供应链中的最终用户。但是它们作为供应链中的成员，都要为供应链的最终产品对最终用户的满足作出自己的贡献。

7. 由核心企业操作。供应链一般由核心企业进行操作和管理，只有核心企业才是上游供应链和下游供应链的连接点，又直接同时受到上游供应链和下游供应链企业的制约，所以它既有必要又有可能对它们进行策划、组织和控制，因此整个供应链应当由核心企业进行操作和管理。

三、供应链管理的含义

一般认为，供应链管理指的是对供应链中的物流、信息流、资金流、价值流以及对工作流进行计划、组织、协调与控制。它是一种从供应商开始，经由制造商、分销商、零售商直到最终客户的全要素全过程的集成化管理模式。其目标是从整体的观点出发，寻求建立供、产、销企业以及客户间的战略合作伙伴关系，最大限度地减少内耗与浪费，实现供应链整体效率的最优化。

四、供应链管理的特点

供应链管理不同于传统的企业管理，它更强调供应链整体的集成与协调，要求各链节企业围绕物流、信息流、资金流以及工作流进行信息共享与经营协调，实现柔性的与稳定的供需关系。其特点是：

1. 供应链管理是一种基于流程的集成化管理模式。传统的管理以职能部门为基础，往往由于职能矛盾、利益目标冲突、信息分散等原因，各职能部门无法完全发挥其潜在效能，因而很难实现整体目标最优。供应链管理则是以流程为基础，物流、信息流、价值流、资金流、工作流贯穿于供应链的全过程。通过业务流程重构，消除各职能部门以及供应链成员企业的自我保护主义，实现供应链组织的集成与优化；通过核心企业管理思想在整个供应链上的扩散和移植，实现管理思想的集成；通过准时制管理、企业资源计划、物流资源计划、快速反应、有效客户反应、全面质量管理等管理技术方法的综合运用，实现供应链管理方法的集成；

通过现代信息技术手段Internet、Intranet的运用，信息共享，实现供应链管理手段的集成；通过资源整体优化配置，有效运用价值链激励机制，寻求非增值活动及相应结构的最小化，实现供应链管理效益的优化与集成。

2. 供应链管理是全过程的战略管理。供应链是由供应商、制造商、分销商、零售商、客户组成的网链结构，链中各环节不是彼此分割的，而是环环相扣的一个有机整体。因此，从总体上考虑，如果只依赖于部分环节的信息，则由于信息的局限或失真，就可能导致决策失误、计划失控、管理失效。进一步地，由于供应链上供应、制造、分销等职能目标之间的冲突是经济生活中不争的事实，这样，只有最高管理层才能充分认识到供应链管理的重要性与整体性；只有运用战略管理思想才能有效实现供应链的管理目标。

3. 供应链管理提出了全新的库存观。传统的库存思想认为，库存是维系生产与销售的必要措施，因而企业与其上下游企业之间在不同的市场环境下只是实现了库存的转移，整个社会库存总量并未减少。供应链的形成使链上各个成员建立了战略合作伙伴关系. 通过快速反应致力于总体库存的大幅度降低，库存是供应链管理的平衡机制。

4. 供应链管理以最终客户为中心。不管供应链的链节企业有多少类型，也无论供应链是长还是短（层次多少），供应链都是由客户需求驱动的——正是最终客户创造的需求，才使得供应链得以存在；而且，只有客户取得成功，供应链才能延续与发展。因此，供应链管理必须以最终客户为中心，将客户服务（Customer service）、客户满意（Customer satisfaction）与客户成功（Customer success）这“3CS”作为管理的出发点，并贯穿供应链管理的全过程。

利益的做法是不可取的。于是，有战略眼光的企业便开始寻求一种变通方法，转向实施供应链管理，与供应链伙伴进行物流协作，共同寻求降低物流成本、改善物流服务的途径。

到了第四阶段后，企业已不再把目光局限在企业内部的物流系统，而是把供应链当作一个系统，把物流管理延伸到企业外部。物流管理发展到了外部一体化的阶段，即供应链管理阶段。

五、供应链管理的主要领域和内容

1. 供应链管理的四个主要领域

供应链管理主要涉及四个主要领域：供应、生产计划、物流、需求。供应链管理是以同步化、集成化生产计划为指导，以各种技术为支持，尤其以因特网为依托，围绕供应、生产作业、物流（主要指制造过程）、满足需求来实施的。供应链管理主要包括计划、合作、控制从供应商到用户的物料（零部件和成品等）和信息。供应链管理的目标在于提高用户服务水平和降低总的交易成本，并且寻求两个目标之间的平衡。

在以上四个领域的基础上，我们可以将供应链管理细分为职能领域和辅助领域。职能领域主要包括产品工程、产品技术保证、采购、生产控制、库存控制、仓储管理、分销管理；而辅助领域主要包括客户服务、制造、设计工程、会计核算、人力资源、市场营销。

2. 供应链管理的主要内容

供应链管理关心的不仅仅是物料实体在供应链中的流动；除了企业内部与企业之间的运输问题和实物分销以外，供应链管理还包括以下主要内容：

（1）战略性供应商和用户合作伙伴关系管理。

（2）供应链产品需求预测和计划。

（3）供应链的设计（全球节点企业、资源、设备等的评价、选择和定位）。

（4）企业内部与企业之间物料供应与需求管理。

（5）基于供应链管理的产品设计与制造管理、生产集成化计划、跟踪和控制。

（6）基于供应链的用户服务和物流（运输、库存、包装等）管理。

（7）企业间资金流管理（汇率、成本等问题）。

（8）基于因特网的供应链交互信息管理等。

供应链管理注重总的物流成本（从原材料到最终产成品的费用）与用户服务水平之间的关系，为此，要把供应链各个职能部门有机地结合在一起，从而最大限度地发挥供应链整体的力量，达到供应链企业群体获益的目的。

第二节 供应链物流管理

一、供应链物流管理的概念

供应链物流管理，是指以供应链核心产品或核心业务为中心的物流管理体系。前者主要是指以核心产品的制造、分销和原材料供应为体系而组织起来的供应链的物流管理，例如汽车制造、分销和原材料的供应链的物流管理，就是以汽车产品为中心的物流管理体系。后者主要是指以核心物流业务为体系而组织起来的供应链的物流管理，例如第三方物流、或配送、或仓储、或运输供应链的物流管理。

二、供应链物流管理的特点

供应链物流管理区别于一般物流管理的特点有：

1．供应链物流是一种系统物流，而且是一种大系统物流。这个系统涉及供应链这个大系统的各个企业，而且这些企业是不同类型、不同层次的企业，有上游的原材料供应企业，下游的分销企业和核心企业，这些企业既互相区别，又互相联系，共同构成一个供应链系统。这个大系统物流包括企业之间的物流，但也可能要包括企业内部的物流，直接和企业生产系统相连。

2．供应链物流是以核心企业为核心的物流。它是要站在核心企业的立场上、以为核心企业服务的观点来统一组织整个供应链的物流活动，要更紧密地配合核心企业运作，满足核心企业的需要。

3．供应链物流管理应当在更广泛的范围内进行资源配置，包括充分利用供应链各个企业的各种资源，这样可以使供应链物流更加优化。

4．企业间关系。供应链的企业之间区别于一般企业的特点，就是供应链企业之间是一种相互信任、相互支持、共生共荣、利益相关的紧密伙伴关系。可以在组织物流活动时充分利用这种有利条件，组织更有效的物流活动。

5．信息共享。供应链本身具有信息共享的特点，供应链企业之间通常都建立起计算机信息网络，相互之间进行信息传输，实现销售信息、库存信息等的共享。组织物流活动时可以充分利用这个有利条件，在物流信息化、效率化上有较强的支持作用。

三、供应链物流管理的方法

（一）联合库存管理

联合库存管理就是建立起整个供应链以核心企业为核心的库存系统。这是一种供应商与客户同时参与，共同制定库存计划，利益共享、风险分担的库存管理策略。具体来说，一是要建立起一个合理分布的库存点体系，二是要建立起一个联合库存控制系统。

传统的库存设置是每个企业都自设仓库， 自发库存，不考虑共享的问题，所以物资从一个生产过程产出以后，必须经过几个仓库的入出库和储存的处理过程才能够到达另一个生产过程的需求点。

而联合库存分布一般是供应商企业取消自己的成品库存，而将自己的成品的库存直接设置到核心企业的原材料仓库中，或者直接送上核心企业的生产线。有两种模式：

第一种模式是集中库存模式，即变各个供应商的分散库存为核心企业的集中库存。各个供应商的货物都直接存入核心企业的原材料库，变各个供应商的分散库存为核心企业的集中库存。

第二种模式是无库存模式，核心企业也不设原材料库存，实行无库存生产。这个时候供应商的成品库和核心企业的原材料库都取消，则这时供应商与核心企业实行同步生产、同步供货，直接将供应商的产成品送上核心企业的生产线。这就是准时化供货模式。这种准时化供货模式，由于完全取消了库存，所以效率最高、成本最低。但是对供应商和核心企业的运作标准化、配合程度、协作精神则也要求越高，操作过程也要求越严格。

库存控制也有两种模式：第一种是合理库存量控制模式；第二种是无库存控制模式。合理库存量控制模式主要适用于核心企业设有原材料库存的情况，无库存控制模式主要适用于核心企业实行无库存生产的情况。

合理库存量控制，就是要根据企业生产的需要，对仓库的库存量进行控制。控制的目的，就是要保持仓库的合理库存量，这样既能满足需要，总成本又最小。由于供应商的库存都已经存到了核心企业的原材料仓库中，所以供应链系统的库存控制问题实际上就转化成了普通企业的库存量控制的问题了。其方法主要运用我们在第五章中讲的库存控制方法。

无库存控制模式，就是要取消原材料库存，让供应商直接向核心企业的生产线上的需求点进行连续小批量、多频次的补充货物，实现“在需要的时候，把所需要的品种、所需要的数量送到所需要的地点”的操作模式。这样在生产线开动、需要货物时，保证有适量的货物连续不断地进行供应，生产线一停、不需要货物的时候，现场没有多余的货物，实现零库存。

（二）供应商掌握库存

供应商掌握库存（Vendor Managed Inventory，VMI），是供应链管理理论出现以后提出来的一种新的库存管理方式。就是供应商掌握核心企业库存的一种库存管理模式。其定义很多，一般表述为：“供应商等上游企业基于其下游客户的生产经营和库存信息，对下游客户的库存进行管理与控制。”

传统的库存都是企业自己的库存自己设立、自己掌握。这样做，有以下的问题：（1）自己要花费一笔库存资金，而且在库存没有消耗以前，就一直占用着，这样不但给企业造成资金紧张，而且要花费一笔资金使用费用（银行利息）；（2）不但占用仓库、增加保管费用，还增加了采购、进货、入库、保管、出库、检验等许多工作环节和工作量，分散了企业的资金和人力、物力，降低了核心竞争能力；（3）存在库存风险：自己设立的库存的数量是靠自己的市场未来需求量的预测而确定的，但是预测难免不准确，再加之市场是随时变化的，因此常常出现库存过量或过时滞销的情况，造成库存积压和死库存，给企业造成经济损失。

由供应商管理库存有很大的好处：（1）供应商是商品的生产者，它掌握核心企业的库存具有很大的主动性和灵活机动性。它可以根据市场需求量的变化，及时调整生产计划和采购计划，库存消耗速率大，就主动地多生产一些，库存消耗速率小了，就少生产一些，所以既不会造成超量库存积压，又可以灵活响应市场的变化。既不存在占用资金的问题，又不存在增加费用、造成浪费的问题。（2）供应商掌握库存，就可以把核心企业从库存陷阱中解放出来。它们不需要占用库存资金，不需要增加采购、进货、检验、入库、出库、保管等一系列的工作，使它们能够集中更多的资金、人力、物力用于提高它们的核心竞争力，更好地搞它们自身的工作，大大提高效益，扩大市场，从而提高了整个供应链的活力，给整个供应链（包括供应商企业）创造一个更加有利的局面。（3）供应商掌握库存，就是掌握市场。核心企业的库存消耗就是市场需求的组成部分，它直接反映了客户的消费水平和消费倾向，这对于供应商改进产品结构和设计、开发销售对路的新产品，对于企业的生产决策和经营决策起着有力的信息支持作用，使它们也能够获得一个更好的发展局面。

实施VMI管理，需要有几个前提条件：

第一，供应商要详细掌握核心企业的销售信息和库存消耗信息，也就是核心企业的销售信息和库存消耗信息要对供应商透明。

第二，为了使供应商能够及时详细地掌握核心企业的销售信息和库存消耗信息，就要建立起通畅的信息传输网络，建立供应链系统的管理信息系统，实现信息的及时传输和处理。

第三，建立起供应链系统的协商机制和互惠互利的机制，要加强沟通，及时协商处理出现的各种问题。要本着责任共担、利益共享的精神，建立起企业之间的友好协作关系。可以建立起某种组织的或规章制度的保证系统，订立合作框架协议。

（三）供应链运输管理

供应链运输管理的任务，重点就是三个，一是设计规划运输任务，二是找合适的运输承包商，三是运输组织和控制。

供应链运输问题，是一个多点系统的运输问题，涉及供应商到核心企业、核心企业到分销商以及供应商之间、分销商之间等多个企业、多个品种、多种运输方式、多条运输路线的组织规划等问题。要根据供应链正常运行的节拍，确定各点之间的正常运量，然后统一组织联合运输、配送和准时化供货。通常要建立模型，仔细地优化计算得出运输方案、建立运输蓝图；寻找运输承包商，建立稳定的合作关系，甚至可以把它们拉入供应链系统之中来。运输的方式有长途的输送运输、短途配送运输和准时化供货等形式。长途输送运输，是长距离大批量的快速运输；短途配送运输是短距离多用户多品种的循环送货；准时化供货是更短距离的供应点对需求点的连续多频次小批量补充货物。运输组织和控制，就是按照给定的运输方案、运输蓝图对运输承包商的运输活动过程和运输的效果进行组织、管理和控制。

（四）连续补充货物

连续补充货物（Continuous Replenishment Process，CRP），就是供应点连续地多频次小批量地向需求点补充货物。它基本上是与生产节拍相适应的运输蓝图模式，主要包括配送和准时化供货方式。配送供货一般用汽车将供应商下了线的产品按核心企业所需要的批量进行频次批量送货。准时化供货，一般用汽车、叉车或传输线进行更短距离、更高频次的小批量多频次供货（按生产线的节拍，一个小时一次、二次）或者用传输线进行连续同步供应。

（五）分销资源计划（DRP）

分销资源计划主要是指供应商对分销网点或客户的有计划的组织供应送货。

（六）准时化技术（JIT）

准时化技术，包括准时化生产、准时化运输、准时化采购、准时化供货等一整套JIT技术。这些在供应链中基本上可以全部用上。它们的思想原理都一样，就是“四个合适(Right)”：在合适的时间、将合适的货物、按合适的数量、送到合适的地点。

（七）快速有效的响应系统

快速反应（Quick Response，QR）是供应链管理的主要方法之一。它并不单纯是一种技术，而是一种全新的业务方式，是一种由技术支持的业务管理思想，即在供应链中，为了实现共同的目标，至少在两个环节之间进行的紧密合作。这种合作的实施将会取得巨大的成功，如：增加销售额、加快库存周转。尤其重要的是，降低了成本，提高了企业的效益与核心竞争力。

QR是指在供应链中，为了实现共同的目标，零售商和制造商建立战略伙伴关系，利用EDI等信息技术，进行销售时点的信息交换以及订货补充等其他经营信息的交换。用多频度小数量配送方式连续补充商品，以实现缩短交货周期、减少库存，提高客户服务水平和企业竞争力的供应链管理办法。

从根本上说，QR背后所隐含的意义是需求信息的获取，尽量实时并且贴近客户。物流的反应速度最终要受到信息的直接影响。宝洁公司（P&G）就是一例。它从北美最大的零售商沃尔玛的收银台直接获取销售数据，运用这些信息制订其生产计划和安排配送计划以便补货。这样一来，沃尔玛只保留很少的一部分库存，却能保证较少的缺货，P&G则得益于因对需求的可预知性而能更经济地进行生产和物流运作，最重要的是大大增加了对沃尔玛的销售额。对信息系统的投资尽管很高，但是回报也是巨大的。

有效客户反应（Efficient Customer Response，ECR）是以满足客户要求，最大限度降低物流过程费用为原则，能及时做出迅速、准确反映，使提供的物品供应或服务流程最佳化而组成的协作系统。

ECR的最终目标是建立一个具有高效反应能力和以客户需求为基础的系统，使零售商及供应商以业务伙伴方式合作，提高整个供应链的效率，而不是单个环节的效率，从而大大降低整个系统的成本、库存和物资储备，同时为客户提供更好的服务。

要实施“有效客户反应”这一战略思想，首先，应联合整个供应链所涉及的供应商、分销商以及零售商，改善供应链中的业务流程，使其最合理有效；然后，再以较低的成本，使这些业务流程自动化，以进一步降低供应链的成本和时间。具体地说，实施ECR需要将条形码、扫描技术、POS系统和EDI集成起来，在供应链（由生产线直至付款柜台）之间建立一个无纸系统，以确保产品能不间断地由供应商流向最终客户，同时，信息流能够在开放的供应链中循环流动。这样，才能满足客户对产品和信息的需求，即给客户提供最优质的产品和适时准确的信息。

“有效客户反应”是一种运用于工商业的策略，供应商和零售商通过共同合作（如建立

供应商 / 分销商 / 零售商联盟)，改善其在货物补充过程中的全球性效率，而不是以单方面不协调的行动来提高生产力，这样能节省由生产到最后销售的贸易周期的成本。

案例分析　英国航空公司的餐饮供应链

英国航空公司（BA）是世界上最大的国际客运航空公司，每年有 293 架飞机运送 3 610 万乘客到达 175 个终点站。一百多年来，这个私有化的国家航空公司通过追求优质和创新的顾客服务，建立和维持着“全球最受欢迎的航空公司”的地位。服务导向的战略在 BA 颇有成效，1997 年 5 月，公司又宣布创下了另一个利润纪录。它们没有满足于现有的荣誉，公司的首席执行长官 Robert Aylag 宣布，他的意图是增加 BA 的全球经营范围，同时通过实施增长客运收入、改进资产利用率和降低运营成本的五年计划，进一步提高利润。此决策是有针对性的，因为公司认识到，以往的提供完美的顾客服务的最高目标没有根据对成本的现实性理解而加以调整。

英国航空餐饮公司，是 BA 客户服务部门的一部分。它力图通过供应链管理的即期和远期改进为新的公司目标做出重大贡献。BA 餐饮公司每年负责运送由基地设在伦敦希思罗和盖特威克机场的第三方餐饮承办商或其他分布在世界各地的150家由第三方运营的小型的BA供应站提供的 4 400 万件食物。它的经营规模是相当大的，仅伦敦食品加工厂每年就需要大约 250t 鸡肉、73t 鸡蛋和 38 000 箱酒和香槟。BA 餐饮公司并不负责向食品加工厂供应这些易腐物品，它负责管理向上运送完工的食品和许多其他非食用物品，包括盘子、玻璃杯、塑料纸、垫布和不易腐烂的干食品，还有用于途中移送和盛载食物的设备。当每架喷气式飞机起飞时，约有 4 000 件物品通过这个供应链运送到飞机上。

对此供应链的调查表明，世界各地共有 250 家供应商为它供应 1 400 种物品。绝大多数是通过希思罗配送中心发送。经调查，希思罗配送中心持有的缓冲库存的价值约为 1 500 万英镑。存货根源于季节波动，可是进一步的调查揭示，在小型供应中心的网络中也普遍保持着相当数量的缓冲库存（总价值也在 1 500 万英镑左右）。在需求拉动的基础上，物品可以自由地从配送中心调拨到供应基地，但是在餐饮承办商合同中缺少对库存管理的核算责任，导致了习惯性的存货过剩，反过来产生了大量的逆向物流活动（主要指过期物品）。

餐饮承办商持有缓冲库存以预防不可靠的供给系统的波动，偶尔会有较长的运送提前期。问题的根本在于，早期带有良好初衷的降低成本运动虽然实现了即期的目标，但是它的实施并没有考虑到更大范围的供应链效益。例如，为使向海外基地供应的运送成本最小化，BA 利用了 BA 货机的剩余能力，如果有可能的话，费用很优惠。这就意味着运送的时间安排是以货机的可用性为依据，而不是以顾客为依据。类似地，把配送中心活动外包，使得以成本为中心的经营者通过餐饮承办合同卸下存货包袱，从而降低了自身的库存成本。但是综合地考虑一下这些问题，配送中心上游的劣质采购会造成进场运送的不及时和不合格。

为逐步改变 BA 餐饮公司的绩效，需要建立新的存货管理系统。但是执行和安装要花费大量的时间。同时设计一个三点计划，以求在短期内提高运作效率，为更根本性的改革铺平道路。这个计划旨在重新调整 BA 餐饮公司中服务与成本之间的不平衡，同时缩短供应链的时间并提高经营伙伴之间的协作水平。

提前期的缩短成为起始点。通过提高运送的频度、准确度和可靠度，餐饮承办商被说服同意降低缓冲库存，腾出昂贵的存储空间给那些食品准备活动。在三个月之内，在服务水平提高的同时，由于使用了过剩的库存而使配送中心下游的需求减少，从而节省了100万英镑。最重要的是从长期来看，这种做法向BA自己的物料管理团队展示了供应链提前期、准确性和成本之间的联系。同时也说明了不必以牺牲服务水平为代价来获取成本的降低，从而鼓舞了团队的自信心，为实行更复杂的新供应链管理系统做好准备。

新的支持系统的安装始于1997年，采用了软件供应商支持迈忒克的ESS系统。新的系统是BA餐饮公司供应链中至关重要的一个环节，这个项目在五年之内总共将会节省5 000万英镑。而且，这个系统在满足职能化需求进而不断提高效率之外，还可以带来更大的价值。ESS系统能够集成BA餐饮公司的供应链计划软件和BA的生产管理与乘客俱乐部数据库，使得航空公司能够平衡两者的力量。通过把关键的供应商集成进系统，并依据乘客簿通盘监测库存水平，BA 餐饮公司就能够随时将它的存货调整至最佳水平，并能按照终点站、航班和最终顾客来跟踪存货。随着系统进一步扩展至所有的非食用物品，随之将会提供完善顾客服务的机会，提高对独立顾客的偏好的反应能力。也许，乘客俱乐部“金卡”会员会在旅途中收到一杯他最喜爱的酒或者一本特别的杂志。重要的是：这个系统使BA能够准确地计算出提供这种或其他服务的真实成本，从而更周密地计划如何管理未来服务变革的方向和要求。

请分析：英国航空公司的餐饮供应链有何特点？

思考题与习题

1. 什么是供应链？其特点是什么？
2. 供应链管理的含义及特点是什么？
3. 为什么要进行供应链管理？
4. 为什么供应链管理要由核心企业进行管理？
5. 应当怎样进行供应链管理？
6. 供应链物流管理的特点有哪些？
7. 供应商掌握库存有什么意义？
8. 什么叫连续补充货物？它有哪些方式？
9. 什么叫QR？什么叫ECR？

第十一章 现代物流信息技术

【引导案例】大和公司的物流运输信息系统

大和运输公司是日本最大的从事商品运输、配送的专业公司。企业深知信息管理系统是支撑整个物流体系的支柱，没有先进的信息管理系统就不可能有完善的物流管理系统，所以，信息管理系统已经成为物流管理的必要组成部分。大和运输公司完善的物流管理是靠发挥信息管理职能的控制中心来支持的。大和运输公司的控制中心主要是通过与物流中心相连接，建立起包括顾客信息、物流信息等的数据库，向顾客提供有关商品开发、生产、销售等各种信息服务。从控制中心的职能看，主要有三种机能：一是订货机能，即通过因特网、电话、明信片等多种沟通手段，对应客户企业的订货服务；二是查询机能，帮助顾客随时查询商品的处理情况和配送情况；三是销售促进机能，即通过客户数据、商品在库数据、销售店铺数据、市场调查数据等各种数据的处理与分析，对客户企业的经营予以支持。从信息支持的具体形式看，主要有针对产地生产商的信息支持、针对通信销售等业务的信息支持和消费者个体的信息支持。针对产地生产商的信息支持主要是通过构筑因特网上商店帮助客户企业对应消费者的需求，一方面协助客户企业接受顾客的订货，及时用 E-Mail 作出应答；另一方面加强对顾客信息的管理，通过数据的统计分析，帮助客户企业了解需求动向，并制定销售计划和经营战略。针对通信销售等业务的信息支持是通过对从订货到配送全过程的顾客管理、商品管理、出货管理和收账管理等烦琐业务予以支持的顾客信息管理系统。该系统的特点表现在输入顾客订货数据时，配送单、入账单等各种票据会自动生成；同时在个别顾客购买日、购买频度、购买金额等数据的基础上自动形成不同商品、不同顾客群体的数据库，并根据这些数据作出销售分析；而销售分析之后，针对不同顾客制作出形式多样的商品宣传单；此外，该系统还能代收货款。消费者个体的信息支持也是大和运输公司信息支持的一个重要方面。该系统是通过对消费者个人信息的蓄积、分析，对实现与消费者需求相吻合的销售活动予以支持，从而建立与顾客之间稳定的关系，并开展一对一营销的管理系统。该系统实施的效果和机能表现为：一是进一步加强了与顾客个体之间的沟通，利用该系统只要一次输入消费者的电话等信息，就能在很短的时间内判断客户是老顾客还是新顾客，并且迅速了解上次购买的情况，从而便于企业对消费者的购买行为作出对应和适应性的销售服务；二是对消费者来讲，只要输入商品代码，就能看到商品的照片，了解商品特点、用途以及在库情况等等；三是该系统还能对顾客的意见、反馈信息等进行分析，以便于改进企业的经营活动。

阅读此案例，讨论现代物流信息技术的应用情况。

第一节 物流信息概述

一、物流信息

物流信息是指有关物流活动本身的以及与物流活动有关的其他活动的信息。物流信息是伴随着物流活动而产生的，经过采集处理、传播形成的“信息流”。它引导和调节物流的数量、方向、速度，使物流按规定的目标和方向运动，提高物流活动的效率和效益。

从狭义来看，物流信息是指与物流活动（如运输、仓储、包装、装卸、流通加工等）有关的信息。在物流活动的管理与决策中，运输工具的选择，运输路线的确定，每次运送批量的确定，货物的跟踪，仓库的有效利用，最佳库存数量的确定，订单管理，顾客服务等都需要详细和准确的物流信息。信息对这些活动具有支持保证的功能。

从广义来看，物流信息不仅指与物流活动有关的信息，而且包括与其活动相关的其他信息，如商品交易信息和市场信息等。

商品交易信息指与买卖各交易过程有关的信息，如销售和购买信息，订货和接受订货信息等。市场信息是指与市场活动有关的信息，如消费者的需求信息、竞争性商品信息、促销活动信息、交通通信等基础设施信息等。在现代经济活动中，物流信息与商品交易信息、市场信息相互交叉、融合，并具有密切的联系。

商家根据对消费者需求的预测以及库存状况制订订货计划，向批发商或直接向生产商订货。批发商在接到零售商的订货信息后，在确认现有库存水平不能满足订单时，向物流部门发出发货与配货信息。

广义的物流信息不仅能起到连接生产厂家、批发商和零售商到消费者的整个供应链的作用，而且在应用现代信息技术的基础上能实现整个供应链活动的效率化。利用信息对供应链各个环节的计划、协调、顾客服务和控制活动进行有效的管理。

物流是一个集中和产生大量信息的领域。由于物流活动的动态性，物流信息随时间不断产生、汇集、消失。如果这么庞大的信息流出现混乱，那么所支持的物流活动将陷于停滞，从而出现传统物流的运作局面，甚至更差。因此，物流信息的处理、传输的方法和手段构成了物流信息工作的重要内容。

物流信息是指伴随着物流业务活动而发生的，以及在物流业务活动以外发生的但对物流业务活动有影响的一切信息。信息系统是物流系统的中枢神经，物流业务要想得以成功开展，必须紧密围绕流畅、及时、准确的信息流进行。

二、物流信息和商流信息的关系

在流通过程中存在四流，即商流、物流、信息流和资金流。商流、物流、信息流和资金流四者既相互区别又相互联系，它们融合在同样的流通过程中，但拥有彼此独立的运动形式和客观规律。

信息流产生于商流和物流活动中，并为商流和物流活动服务。信息流是商流和物流活动的描述和记录，反映商流和物流的运动过程。信息流对商流和物流活动起着引导和控制作用，为商流和物流活动提供决策依据。

在商流、物流和信息流三者之间，信息流是导向，商流是前提，物流是基础。信息流既制约商流，又制约物流，并且将商流和物流联系起来，完成商品流通全过程。

物流信息主要是物资数量、物流空间及方向、物流管理等信息；商流信息主要是与商业交易有关的信息，如物价信息、货源信息、合同信息、市场信息等。商流中交易、合同等信息，不但提供了交易的结果，也提供了物流的依据，是两种信息流的主要交汇处。物流信息中的库存量信息，不但是物流的结果，也是商流的依据，是两种信息流的交汇处。

三、物流信息的分类

1．按信息领域分类

根据信息的产生领域和作用领域，物流信息可分成物流活动所产生的信息和提供物流使用的其他信息源产生的信息两类。一般而言，在物流信息工作中，前一类是发布物流信息的主要信息源，其作用不但可以指导下一个物流循环，也可提供给社会，成为经济领域的信息。后一类则是信息工作收集的对象，是其他经济领域产生的对物流活动有用的信息，主要用于指导物流。

2．按信息的作用分类

（1）计划信息。指的是尚未实现的但已当作目标确认的一类信息，如物流量计划、仓库吞吐量计划、车皮计划等。只要尚未进入具体业务操作的，都可以归入计划信息之中。它的特点是带有相对稳定性，信息更新速度较慢。计划信息对物流活动有非常重要的指导意义。

（2）控制及作业信息。指的是物流活动过程中发生的信息，带有很强的动态性，是掌握物流现实活动状况不可缺少的信息，如库存种类、库存量、在运量、运输工具状况、物价、运费、收发货等情况。它的特点是动态性非常强，更新速度很快，信息的时效性很强。主要作用是控制和调整正在发生的物流活动和指导即将发生的物流活动，以实现对过程控制和对业务活动的微调。

（3）统计信息。是物流活动结束后，对整个物流活动的一种归纳性信息。这种信息是一种恒定不变的信息，有很强的资料性，如上一年度发生的物流量、物流种类、运输方式、运输工具等。它的特点是信息所反映的物流活动已经发生了，再也不能改变了。主要作用是用于正确掌握过去的物流活动及规律，以指导物流战略计划的制定。

（4）支持信息。是指能对物流计划、业务操作有影响或有关的文化、科技、产品、法律、教育、民俗等方面的信息，如物流技术革新、物流人才需求等。这些信息不仅对物流发展战略有价值，而且也对控制、操作起到指导、启发的作用，是可以从整体上提高物流水平的一类信息。

3．按信息的加工程度分类

（1）原始信息。指未加工的信息，是信息工作的基础，也是最具权威性、凭证性的信息，它是加工信息的来源和保障。

（2）加工信息。指对原始信息进行各种方式、各个层次处理之后的信息。它是原始信息的提炼、简化和综合，可大大缩小信息量，并将信息梳理成规律性的东西，便于使用。加工信息需要各种加工手段，如分类、汇总、精选、制成文献资料、制成数据库等，同时还要制成各种指导使用的资料。加工信息按加工程度的不同可以进一步分为一次信息、二次信息和三次信息等。

4．按物流活动领域分类

物流的各个不同应用领域的信息是具体指导物流各个领域活动，使物流管理细化必不可少的信息。物流各个分系统、各个不同功能要素领域，由于物流活动性质不同，信息也有所不同，按这些领域分类，有运输信息、储存信息、配送信息等，甚至更细化分成集装箱信息、托盘交换信息、库存量信息、汽车运输信息等。

四、物流信息的特点

物流信息除了具备一般信息的基本属性（如事实性、等级性、可压缩性、扩散性、传输性、分享性、增值性、转换性）以外，作为一个新兴的行业，物流信息还具有以下特点：

1．自动化

物流自动化设施非常多，如条码、语言、射频自动识别系统，自动分拣系统，自动存取系统，自动导车、货物自动跟踪系统等。这些设施在发达国家已普遍用于物流管理中，它们扩大了物流作业的能力，提高了劳动生产率，减少了物流中的差错。这些自动化设备所采集和处理的信息能被转化成用于管理的信息，比人工输入的信息更准确，更及时，更便于监督和控制。

2．网络化

随着物流活动中的计算机网络系统的建立和电子商务的发展，物流信息的处理越来越体现出网络化的特点。物流配送中心与供应商、制造商及顾客之间的联系是通过物流配送系统的计算机通信网络实现的。如物流配送中心向供应商提出的订单，就是使用计算机通信方式，借助于增值网（VAN）上的电子订货系统和EDI技术来自动实现的。物流配送中心还可以通过计算机网络处理下游客户的订单。

互联网的应用和电子商务的产生使虚拟企业得以实现。它的运作模式是按照客户订单组织生产，生产方式采取分散的形式，即采取外包的形式，将产品所需的零部件外包给世界各地的制造商，然后通过物流网络将这些零件发往配送中心，按客户的需求进行组装，最后由配送中心将最终产品送给用户。这一过程需要高效的信息网络支持。

3．智能化

物流管理过程中有大量运筹与决策工作，比如库存水平的确定、运输或搬运路径的选择、自动导向车的运行轨迹、自动仓库中出入库库位的选择等。物流配送中心经营管理的决策支持也需要大量的知识才能解决。在物流管理自动化过程中，物流信息的智能化是一个技术难题。为了提高物流管理现代化的水平，必须运用专家系统、机器人等相关技术。物流管理的智能化是物流信息发展的新趋势。

4．再生化

物流信息在物流管理过程中可以被不断地扩充和再生。整个物流过程中的数据经过整理、分析、加工得到的信息，再经过联想、推理、演绎得出一些有用的结论，从而产生二次信息。同时，通过对物流信息的分析，将历史信息与现状结合起来，可以预测未来的物流动向，产生出三次信息。不断利用物流信息的再生性，可以帮助物流管理者提高物流管理的效率与物流管理的决策水平。

物流信息对整个物流系统起着联系、传输、支持的作用。物流信息系统是将各种物流活动作为一体化过程链接在一起的通道。物流系统内各子系统的相互衔接是通过信息沟通完成的，且系统内基本资源的调度也是通过信息的传递来实现的。通过信息流的指导，才能保证物流各项活动灵活运转；正因为有了信息的支持，现代物流系统才不同于传统物流，它不再是各个独立活动机构的组合，而是有机的联系、密切的组合和系统的效率提高。

五、物流信息系统的目标

1．实现货物跟踪。依据信息跟踪系统对货物的位置、状态、何时到达等进行跟踪，使货主对自己的货物动态了如指掌；

2．库存的合理化。依靠电子计算机技术和严密的库存管理，压缩库存，并防止积压或脱销；

3．调节需求和供给。物流企业把订货信息和库存信息，及时反馈给生产计划、生产活动、需求预测等部门，使生产、物流、销售形成一系列的连贯活动，以提高工作效率；

4．采取有效措施，尽可能缩短从订货到发货的时间；

5．提高运输效率和装卸作业效率；

6．提高作业的精确度，要有能控制错发货、错配货、漏配送的信息系统，减少事故发生；

7．实现物流合理化，降低物流总成本。

第二节 现代物流信息技术

现代物流认为，物流活动不是单个生产、销售部门或企业的事，而是包括供应商、批发商、零售商等有关关联企业在内的整个统一体的共同活动，因而现代物流通过这种供应链强化了企业间的关系。具体说，这种供应链通过企业计划的连接、企业信息的连接、在库风险承担等机能的连接，使供应链包含了流通过程的所有企业，从而使物流管理成为一种供应链管理。供应链管理通过有市场参与者的联盟追求流通生产全过程效率的提高。这种供应链管理带来的一个直接效应是产需的结合在时空上比以前任何时候都要紧密，并带来了企业经营方式的转变，即从原来的投机型经营转向时需型经营。同时伴随着这种经营方式的转变，在经营、管理要素上，信息已经成为物流管理的核心，因为没有高度发达的信息网络和信息的支撑，时需型经营是无法实现的。相对于国内物流活动来说，全球物流活动中信息量和信息来源更大和更广。从企业内部角度来看，企业需要把分布在世界各地生产、销售、物流等子公司连接起来，建立全球零部件采购信息系统、全球制造物流销售信息系统。同时需要和它的全球供应商中的合作伙伴建立物流信息系统、分享信息。从企业外部角度来看，许多国家为了促进国际投资、方便全球贸易，建立了综合的报关信息系统。这种综合的报关信息系统把与报关活动有关的货主企业、运输企业、物流服务企业、银行保险企业、商品检验部门、关税仓库、海关等部门紧密地联系在一起，提高报关速度和全球物流活动的效率。

因此，物流信息在现代企业的经营战略中占有越来越重要的地位。建立物流信息系统，提供迅速、及时、准确、全面的物流信息是现代企业获得竞争优势的必要条件。

一、电子商务技术

（一）电子商务的含义

“电子商务”源于英文Electronic Commerce，简写为EC。顾名思义，其内容包含两个方面：一是电子方式，二是商务活动。电子商务指的是通过网络以电子数据流的方式在全世界范围内进行并完成的各种商务活动、交易活动、金融活动和相关的综合服务活动。就其本质而言仍然是“商务”，其核心仍然是商品的交换，与传统商务活动的差别主要体现在商务活动的形式和手段上。

电子商务可以通过多种电子通信方式来完成。简单的，比如通过打电话或发传真的方式来与客户进行商务活动，似乎也可以称为电子商务；但是，现在人们所探讨的电子商务主要是指以EDI（电子数据交换）和Internet来完成的商务活动。尤其是随着Internet技术的日益成熟，电子商务真正的发展将是建立在Internet技术上的，所以也有人把电子商务称为IC（Internet Commerce）。

从贸易活动的角度分析，电子商务可以在多个环节实现，由此也可以将电子商务分为两个层次。较低层次的电子商务如电子商情、电子贸易、电子合同等；而最完整的也是最高级的电子商务应该是利用Internet能够进行全部的贸易活动，即在网上将信息流、商流、资金流和部分的物流完整地实现，也就是说，可以从寻找客户开始，一直到洽谈、订货、在线付（收）款、开据电子发票以至到电子报关、电子纳税等通过Internet一气呵成。

当然，要实现上述完整的电子商务还会涉及很多方面，除了买家、卖家外，还要有银行或金融机构、政府机构、认证机构、配送中心等机构的加入。由于参与电子商务的各方是互不谋面的，整个电子商务过程并不是物理世界商务活动的“电子化”翻版，网上银行、在线电子支付等条件和数据加密、电子签名等技术在电子商务中发挥着重要的不可或缺的作用。

（二）电子商务的特性

1. 商务性：电子商务最基本的特性为商务性，即提供买卖交易的服务、手段和机会。同时，电子商务作为一种新型的交易方式，将生产企业、流通企业以及消费者和政府带入了一个网络经济、数字化生存的新天地。

2. 方便性：在电子商务环境中，人们不再受地域的限制，客户能以非常简捷的方式完成过去较为繁杂的商务活动，如通过网络银行能够全天候地存取资金、查询信息等。同时对于企业来说，企业能够记录客户每次访问、购买的方式和购货动态以及客户对产品的偏爱，这样就可以通过统计这些数据来获知客户购买产品时的心态，从而可以大大提高客户的服务质量。

3. 整体性：电子商务能够规范事务处理的工作流程，使人工操作和电子信息处理成为一个不可分割的整体，这样不仅能提高人力和物力的利用率，也可以提高系统运行的严密性。

4. 安全性：在电子商务中，安全性是一个至关重要的核心问题，它要求网络能提供一种端到端的安全解决方案，如加密机制、签名机制、安全管理、存取控制、防火墙、防病毒保护等等，这与传统的商务活动有着很大的不同。

5. 协调性：商务活动本身就是一种协调过程，它需要客户与公司内部、生产商、批发商、零售商间的协调。在电子商务环境中，它更要求银行、配送中心、通信部门、技术服务等多个部门的通力协作。电子商务的全过程往往是一气呵成的。

二、数据库技术

实现物流信息化管理，开发物流管理信息系统，必须由数据库技术作为主要支撑技术。数据库系统的功能和技术水平往往决定整个信息系统的功能和效率。

数据库技术是一个总称，它包括数据库（DB）、数据库管理系统（DBMS）与数据库系统（DBS）三个部分。

1. 数据库（DataBase，简称 DB）

数据库是长期存储在计算机内、有组织、可共享的数据集合。数据库中的数据按一定的数据模型组织、描述、存储，具有较小的冗余度、较高的数据独立性和易扩展性，并可为各种用户共享。

数据库中的数据不仅存储用户的数据，而且还存储有关数据的结构描述信息（称为元数据和数据字典），包括元数据记录表的名称、列的名称、列的类型、列的宽度、小数位数以及数据的所属权限等其他相关的定义。

2. 数据库管理系统（DataBase Management System，简称 DBMS）

数据库管理系统是位于用户与操作系统之间的一层数据管理软件，是数据库系统的一个重要组成部分。它的主要功能包括以下几个方面：

（1）数据定义功能。用户通过 DBMS 提供的数据定义语言，可以方便地对数据库中的数据对象进行定义。

（2）数据操作功能。用户通过 DBMS 提供的数据操作语言，可以方便地实现对数据库的基本操作，如查询、插入、删除和修改等。

（3）数据库的运行管理。数据库在建立、运用和维护时由数据库管理系统统一管理、统一控制，以保证数据的安全性、完整性、多用户对数据的开发使用及发生故障后的系统恢复。

（4）数据库的建立和维护功能，包括数据库初始数据的输入、转换功能，数据库的转储、恢复功能，数据库的重组织功能和性能监视、分析功能等。这些功能通常是由一些实用程序完成的。

目前数据库管理系统的产品主要有：Oracle、Sybase、DB2、SQL-Server、Access、FoxPro 等。

3. 数据库系统（DataBase System，简称 DBS）

数据库系统是指在计算机系统中引入数据库后的系统，一般由数据库、数据库管理系统（及其开发工具）、应用系统、数据库管理员和用户构成。应当指出的是，数据库的建立、使用和维护等工作只靠一个 DBMS 是远远不够的，还要有专门的人员来完成，这些人被称为数据库管理员。

数据库系统的结构如图 11.1 所示。

三、条形码技术

（一）条形码的概念

条形码是由一组规则排列的条、空及字符组成的用以表示一定信息的代码。

在流通和物流活动中，为了能够迅速准确地识别商品、自动读取有关商品的信息，条形码技术被广泛运用。条形码是有关生产厂商、批发商、零售商、运输业者等经济实体进行订货和接受订货、销售、运输、保管、出入库检验等活动的信息源。由于在活动发生时点能及时自动读取信息，因此便于及时捕捉到消费者的需要、提高商品销售效果，也有利于促进物流系统提高效率。

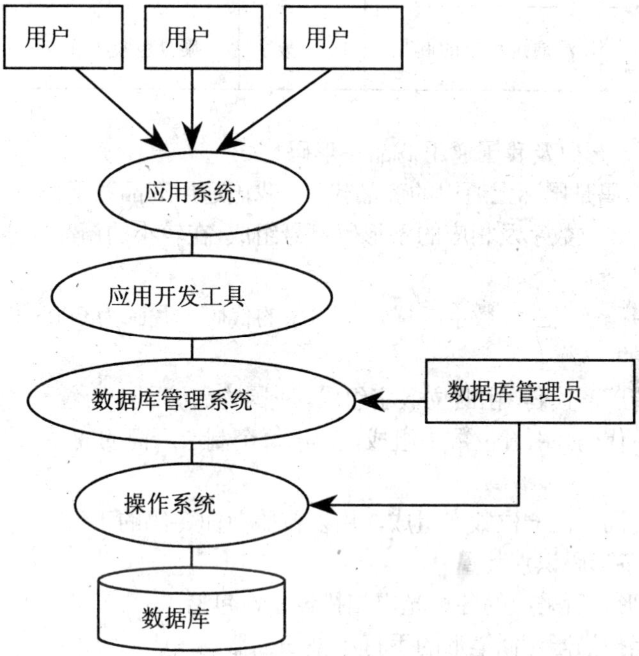

图 11.1　数据库系统

（二）条形码的分类

1．商品条形码

这是以直接向消费者销售的商品为对象、以单个商品为单位使用的条形码。它由 13 位数字组成，最前面的两个数字表示国家或地区的代码，中国的代码是 69，接着的 5 个数字表示生产厂商的代码，其后的 5 个数字表示商品品种的代码，最后 1 个数字用来防机器发生误读错误。例如，商品条形码 6902952880041 中，69 代表中国，02952 代表贵州茅台酒厂，88004 代表 53%（v / v）106PROOF、500 毫升的白酒。

2．物流条形码

这是物流过程中的以商品为对象、以包装商品为单位使用的条形码。标准物流条形码由 14 位数字组成，除了第 1 位以外，其他位数字代表的意义与商品条形码的相同。物流条形码第 1 位数表示物流识别代码，在物流识别代码中 1 代表集合包装容器装 6 瓶酒，2 代表装 24 瓶酒。例如，物流条形码 26902952880041 代表该包装容器装有中国贵州茅台酒厂的白酒 24 瓶。商品条形码与物流条形码的比较见表 11.1。

表 11.1　商品条形码和物流条形码的比较

	应用对象	数字构成	包装形状	应用领域
商品条形码	向消费者销售的商品	13 位数字	单个商品包装	POS 系统、补充订货管理
物流条形码	流通过程中的商品	14 位数字	集合包装	出入库管理、运输保管分拣管理

3．EAN 条形码及我国通用商品条形码

EAN 条形码是国际上通用的商品代码，我国通用商品条形码标准也采用 EAN 条形码结构。它主要是由 13 位数字及相应的条形码符号组成，在较小的商品上也采用 8 位数字码及其相应的条形码符号。

① 前缀码。由三位数字组成，是国家的代码，我国为 690、691、692，是国际物品编码会统一决定的。

② 制造厂商代码。由四位数字组成，我国物品编码中心统一分配并统一注册，一厂一码。

③ 商品代码。由五位数字组成，表示每个制造厂商的商品，由厂商确定，可标识十万种商品。

④ 校验码。由一位数字组成，用以校验前面各码的正误。

（三）条形码识别装置

识别条形码所采用的各种光电扫描设备，包括：

1．光笔扫描器。似笔形的手持小型扫描器。

2．台式扫描器。固定的扫描装置，手持带有条形码的卡片或证件在扫描器上移动，完成扫描。

3．手持式扫描器。能手持使用和移动使用的较大的扫描器，用于静态物品扫描。

4．固定式光电及激光快速扫描器。由光学扫描器和光电转换器组成，是现在物流领域应用较多的固定式扫描设备，安装在物品运动的通道边，对物品进行逐个扫描。

各种扫描设备都和后续的光电转换、信息信号放大及与计算机联机形成完整的扫描阅读系统，完成电子信息的采集。

（四）条形码的应用

条形码技术在物流中有较为广泛的应用，主要在以下几个方面：

1．销售信息系统（POS 系统）。在商品上贴上条形码就能快速、准确地利用计算机进行销售和配送管理。其过程为：对销售商品进行结算时，通过光电扫描读取并将信息输入计算机，然后输进收款机，收款后开出收据，同时，通过计算机处理，掌握进、销、存的数据。

2．库存系统。在库存物资上应用条形码技术，尤其是规格包装、集装、托盘货物上，入库时自动扫描并输入计算机，由计算机处理后形成库存的信息，并输出入库区位、货架、货位的指令，出库程序则和 POS 系统条形码应用一样。

3．分货拣选系统。在配送方式和仓库出货时，采用分货、拣选方式，需要快速处理大量的货物，利用条形码技术便可自动进行分货拣选，并实现有关的管理。其过程如下：一个配送中心接到若干个配送订货要求，将若干订货汇总，每一品种汇总成批后，按批发出所在条形码的拣货标签，拣货人员到库中将标签贴于每件商品上并取出用自动分拣机分货，分货机始端的扫描器对分货机上处于运动状态的货物扫描，一方面确认所拣出货物是否正确，另一方面识读货物条形码上的用户标记，指令商品在确定的分支分流，到达各用户的配送货位，完成分货拣选作业。

总之，条形码技术的应用解决了数据录入和数据采集的“瓶颈”问题，为供应链管理提供了有力的技术支持。

四、电子数据交换（EDI）

电子数据交换（EDI）是指按照统一规定的一套通用标准格式，将标准的经济信息通过通信网络的传输，在贸易伙伴的电子计算机系统之间进行数据交换和自动处理，俗称“无纸贸易”。以往全世界每年花在制作文件的费用高达 3 000 亿美元，所以，“无纸化贸易”被誉为一场“结构性的商业革命”。

（一）EDI 工作流程

一个典型的 EDI 工作过程及文件流程图如图 11.2 所示。

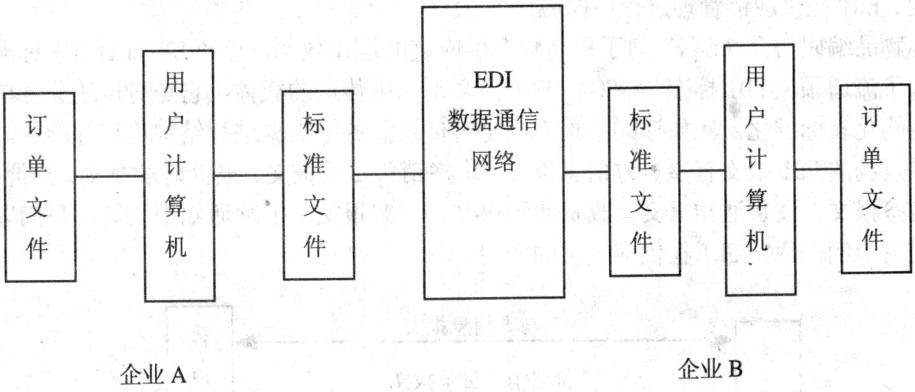

图 11.2　EDI 工作流程图

（1）文件的结构化和标准化处理，就是用户将原始的纸面商业或行政文件，经计算机处理，形成具有标准格式的 EDI 数据文件。

（2）传输和交换，将标准的报文数据经过 EDI 数据通信和交换网传送到对方用户的计算机系统。

（3）文件接收和自动处理，用户计算机接收到报文数据后，立即按特定的程序自动处理，还原出订单文件。

（二）EDI 系统要素

构成 EDI 系统的三个要素是 EDI 软硬件、通信网络以及数据标准。一个部门或企业若要实现 EDI，首先必须有一套计算机数据处理系统；其次，为使本企业内部数据比较容易地转换为 EDI 标准格式，必须采用 EDI 标准；另外，通信环境的优劣也是关系到 EDI 成败的重要因素之一。

（三）EDI 系统的构成

EDI 技术是指不同的企业之间为了提高经营活动的效率在标准化的基础上通过计算机联网进行数据传输和交换的方法。EDI 目的是通过建立企业间的数据交换网来实现票据处理、数据加工等事务作业的自动化、省力化、及时化和正确化，同时通过有关销售信息和库存信息的共享来实现经营活动的效率化。因此，利用它，当事者之间必须预先确定 EDI 系统的结构和标准。

一般来说，EDI 系统由四个方面构成：一是关于信息传输方式的规定；二是关于信息表示方式的确定；三是关于系统运行操作的规定；四是关于交易业务的确定。这些规定或称为议定书，是利用 EDI 系统的各方达成的共识。这些规定实际上是对这个方面涉及的内容进行标准化工作，其中最重要的标准化工作是信息传输方式标准化和信息表示方式的标准化。信息传输方式标准化是指为了在不同的计算机之间传输信息对通信线路的类型及传输控制方式等方面进行决策，具体的内容包括通信速度、数据格式、检查方法等方面的标准化，信息传输方式标准化工作还包括应用系统界面与数据格式之间相互转换方式的标准化。信息表示方式的标准化是指对应 EDI 网络传送的业务类型，确定对该业务信息内容的表示方法并使之标准化。具体内容包括数据代码、信息格式等方面的标准化。

（四）EDI 在供应链管理过程中的应用

国际物品编码协会（EAN）为了提高整个供应链的运作效率，已在 UN/EDIFACT 标准的基础上制订了流通领域 EDI 标准 EANCOM。EDI 报文是 EDI 传送的载体，它是对传统业务单证中数据的结构化和标准化。比如订购单报文则是对传统业务中数据进行结构化和标准化。在供应链上涉及到的 EDI 报文有参与方信息报文、价格销售目录报文、报价请求报文、报价报文、订购单应答报文、发货通知报文、收货通知报文、发票报文、汇款通知报文等。我们以通常的商业交易为例，说明 EDI 在供应链上的应用。

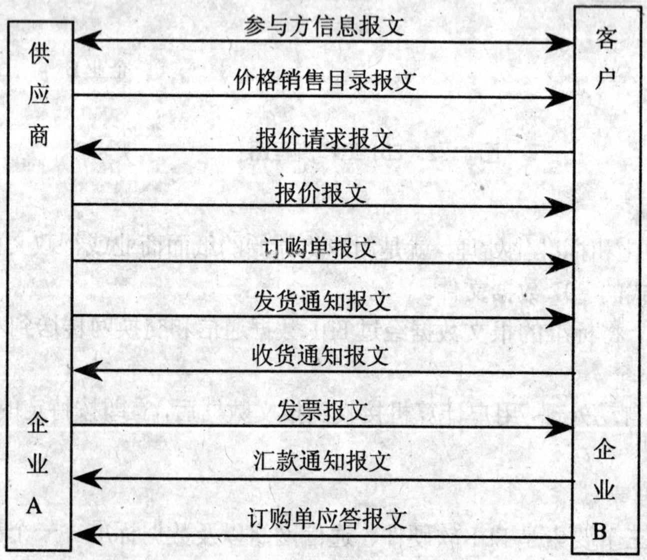

图 11.3 EDI 在供应链上的应用

五、射频技术

1．射频技术的含义

射频技术（Radio Frequency，RF）是一种基于电磁理论的通信技术，适用于物料跟踪、运载工具和货架识别等要求非接触数据采集和交换的场合。

射频系统的优点是不局限于视线，识别距离比光学系统远，射频识别卡可具有读写能力，可携带大量数据、难以伪造和有智能等。

近年来，便携式数据终端（PDT）的应用多了起来，PDT可把那些采集到的有用数据存储起来或传送至一个管理信息系统。便携式数据终端一般包括一个扫描器、一个体积小但功能很强另有存储器的计算机、一个显示器和供人工输入的键盘。在只读存储器中装有常驻内存的操作系统，用于控制数据的采集和传送。

PDT存储器中的数据可随时通过射频通信技术传送到主计算机。操作时先扫描位置标签，货架号码、产品数量就都输入到PDT，再通过RF技术把这些数据传送到计算机管理系统，可以得到客户产品清单、发票、发运标签、该地所存产品代码和数量等。

2．射频技术在物流中的应用

美国和北大西洋公约组织（NATO）在波斯尼亚的“联合作战行动”中，不仅建成了战争史上投入战场最复杂的通信网，还完善了识别跟踪军用物资的新型物流系统，这是吸取了“沙漠风暴”军事行动中大量物资无法跟踪造成重复运输的教训，无论物资是在订购之中、运输途中，还是在某个仓库存储着，通过该系统，各级指挥人员都可以实时掌握所有的信息。该系统途中运输部分的功能都是靠贴在集装箱和装备上的射频识别标签实现的。RF接收转发装置通常安装在运输线的一些检查点上（如门柱上、桥墩旁等），以及仓库、车站、码头、机场等关键地点。接收装置收到RF标签信息后，连通接收地的位置信息，上传至通信卫星，再由卫星传送给运输调度中心，送入中心信息数据库中。

我国RF的应用也已经开始，一些高速公路的收费站口使用RF可以不停车收费。我国铁路系统使用RF记录货车车厢编号的试点已运行了一段时间，一些物流公司也正在准备将RF用于物流管理中。

六、地理信息系统GIS（Geographical Information System）

以地理空间数据为基础，采用地理模型分析方法，适时地提供多种动态的空间地理信息的计算机技术系统。

GIS是多种学科交叉的产物，其基本功能是将表格型数据（无论它来自数据库、电子表格文件或直接在程序中输入）转换为地理型显示，然后对显示结果浏览、操作和分析。其显示范围可以从洲际地图到非常详细的街区地图，显示对象包括人口、销售情况、运输线路以及其他内容。

GIS应用于物流分析，主要是指利用GIS强大的地理数据功能来完善物流分析技术。国外公司已经开发出利用GIS为物流分析提供专门分析的工具软件。完整的GIS物流分析软件集成了车辆路线模型、最短路径模型、网络物流模型、分配集合模型和设施定位模型等。

1. 车辆路线模型。用于解决一个起始点、多个终点的货物运输中，如何降低物流作业费用，并保证服务质量的问题，包括决定使用多少辆车，每辆车的行驶路线等。

2. 网络物流模型。用于解决寻求最有效的分配货物路径问题，也就是物流网点布局问题。如将货物从 N 个仓库运往到 M 个商店，每个商店都有固定的需求量，因此需要确定由哪个仓库提货送给哪个商店，使得运输代价最小。

3. 分配集合模型。可以根据各个要素的相似点把同一层上的所有或部分要素分为几个组，用以解决确定服务范围和销售市场范围等问题。如某一公司要设立 X 个分销点，要求这些分销点要覆盖某一地区，而且要使每个分销点的顾客数目大致相等。

4. 设施定位模型。用于确定一个或多个设施的位置。在物流系统中，仓库和运输线共同组成了物流网络，仓库处于网络的节点上，节点决定着线路，如何根据供求的实际需要并结合经济效益等原则，在既定区域内设立多少个仓库，每个仓库的位置，每个仓库的规模，以及仓库之间的物流关系等，运用此模型均能很容易地得到解决。

当然，我国将 GIS 应用于物流分析和物流研究中，迄今为止还仅处于起步阶段。

七、全球定位系统 GPS（Global Positioning System）

这是一种具有在海、陆、空进行全方位实时三维导航与定位能力的系统。

近 10 年来，我国测绘等部门使用 GPS 的经验表明，GPS 以全天候、高精度、自动化、高效益等显著特点，赢得了广大测绘工作者的信赖，并成功地应用于大地测量、工程测量、航空摄影测量、运载工具导航和管制、地壳运动监测、工程变形监测、资源勘测、地球动力学等多种学科，从而给测绘领域带来一场深刻的技术革命。

近年来，GPS 在物流领域的应用越来越多，主要有：

1. 用于汽车自定位、跟踪调度

据丰田汽车公司的统计和预测，日本车载导航系统的市场在 1995 年至 2000 年间将平均每年增长 35%以上，全世界在车辆导航上的投资将平均每年增长 60.8%。因此，车辆导航将成为未来全球卫星定位系统应用的主要领域之一。我国已有数十家公司在开发和销售车载导航系统。

2. 用于内河及远洋船队最佳航程和安全航线的测定，航向的实时调度、监测及水上救援

在我国，全球卫星定位系统最先应用于远洋运输的船舶导航。我国跨世纪的三峡工程也已规划利用全球卫星定位系统来改善航运条件、提高航运能力。

3. 用于铁路运输管理

我国铁路开发的基于 GPS 的计算机管理信息系统，可以通过 GPS 和计算机网络实时收集全路列车、机车、车辆、集装箱及所运货物的动态信息，可实现列车、货物追踪管理。只要知道货车的车种、车型、车号，就可以立即从近 10 万公里的铁路网上流动着的几十万辆货车中找到该货车，还可得知这辆货车现在何处运行或停在何处，以及所有的车载货物发货信息。铁路部门运用这项技术可大大提高其路网及其运营的透明度，为货主提供更高质量的服务。

4. 用于空中交通管理、精密进场着陆、航路导航和监视

国际民航组织提出，在 21 世纪将用未来导航系统取代现行航行系统。它是一个以卫星技术为基础的航空通信、导航、监视和空中交通管理系统。它利用全球导航卫星系统实现飞机航路、终端和进场导航。目前 GPS 只能作为民用导航的补充手段，待完好性监控报警问题解

决后，将过渡为惟一的导航手段。该系统的使用可降低机场的飞机起降时间间隔，使起降路线灵活多变，使更多的飞机以最佳航线和高度飞行，还可减少飞机误点，增加飞机起降的安全系数。

我国于1996年3月在西安咸阳国际机场进行了世界首例完整的未来空中管理系统（CNS/ATM）演示，并获成功。全球卫星定位系统的应用将使我国航空管制从国际20世纪40年代水平一步跨入21世纪，从而开创了我国空中运输管理的新纪元。

5. 用于军事物流

全球卫星定位系统首先是为军事目的而建立的。在军事物流中，如后勤装备的保障等方面，应用相当普遍，尤其是在美国，其在世界各地驻扎的大量军队无论是在战时还是在平时都对后勤补给提出很高的要求，在战争中，如果不依赖GPS，美军的后勤补给就会变得一团糟。美军在20世纪末的地区冲突中依靠GPS和其他顶尖技术，以强有力的、可见的后勤保障，为"保卫美国的利益"做出了贡献。对此，我国军事部门也在运用GPS。

八、智能交通系统ITS（Intelligent Transportation Systems）

ITS是一个包括信息处理技术、通信技术、控制技术和电子技术，为许多交通问题提供解决方案的计算机管理信息系统。

ITS包含了许多技术，主要有：

1. 先进交通信息服务系统（ATIS）

它是建立在完善的信息网络基础上，交通参与者通过装备在道路上、车上、换乘站上、停车场上以及气象中心的传感器和传输设备，可以向交通信息中心提供各处的交通信息的系统。

先进交通信息服务系统得到交通信息并通过处理后，实时向交通参与者提供道路交通信息、公共交通信息、换乘信息、交通气象信息、停车场信息以及与出行相关的其他信息；出行者根据这些信息确定自已的出行方式、选择路线。更进一步，当车上装备了自动定位和导航系统时，该系统可以帮助驾驶员自动选择行驶路线。

随着信息网络技术的发展，科学家们已经提出将ATIS建在因特网上，并采用多媒体技术，这将使ATIS的服务功能大大增强，汽车将成为移动的信息中心和办公室。

2. 先进交通管理系统（ATMS）

它主要是供交通管理者使用，对道路系统中的交通状况、交通事故、气象状况和交通环境进行实时监视，根据收集到的信息，对交通进行控制的管理系统。ATMS系统有一部分与ATIS共用信息采集、处理和传输系统。

3. 先进公共交通系统（APTS）

它的主要目的是改善公共交通的效率（包括公共汽车、地铁、轻轨交通、城郊铁路和城市间的公共汽车），提供便捷、经济、运量大的公交系统。

4. 先进车辆控制系统（AVCS）

AVCS目前还处于研究试验阶段，从当前的发展看，可以分为两个层次：

① 车辆辅助安全驾驶系统。包括：车载传感器（微波雷达、激光雷达、摄像机、其他形式的传感器等）、车载计算机和控制执行机构等，行驶中的车辆通过车载的传感器测定出与前车、周围车辆以及与道路设施的距离和其他情况，由车载计算机进行处理，对驾驶员提出警

告，在紧急情况下，强制车辆制动。

② 自动驾驶系统。在行驶中可以做到自动导向、自动检测和回避障碍物，在智能公路上，能够在较高的速度下自动保持与前车的距离。智能汽车在智能公路上使用才能发挥出全部功能，如果在普通公路上使用，它仅仅是一辆装备了辅助安全驾驶系统的汽车。

5．货运管理系统

它是以高速道路网和信息管理系统为基础，利用物流理论进行管理的智能化的物流管理系统。综合利用卫星定位、地理信息系统、物流信息及网络技术有效组织货物运输，提高货运能力。

6．电子收费系统（ETC）

公路收取通行费，是公路建设资金回收的重要渠道之一。但是随着交通量的增加，收费站开始成为道路上新的瓶颈。电子收费系统就是为解决这个问题而开发的。使用者可以在高速公路公司或银行预交一笔通行费，领到一张内部装有电子线路的通行卡，将其安装在自己汽车的指定位置，这样当汽车通过收费站的不停车收费车道时，该车道上安装的读取设备与车上的卡进行相互通信，自动在预交账户上将本次通行费扣除。在现有的车道上安装电子不停车收费系统，可以使车道的通行能力提高 3～5 倍。

7．紧急救援系统（EMS）

它是以 ATIS、ATMS 和有关的救援机构和设施为基础，通过 ATIS 和 ATMS 将交通监控中心与职业的救援机构联成有机整体的特殊系统。

九、电子自动订货系统（EOS）

电子自动订货系统（Electric Ordering System，简称 EOS）是零售业与批发业之间通过增值网或互联网和终端设备，以在线联结方式，将各种信息从订货到接单用计算机进行处理的系统。

EOS 系统并非单个的零售店与单个的批发商组成的系统，而是许多零售店与许多批发商组成的大系统的整体运作方式。EOS 系统基本上是在零售的终端利用条形码阅读器获取准备采购的商品条形码，并在终端机上输入订货资料（订货资料来源于各分店销售时点信息系统即 POS 中的库存数据）；利用 EOS 专线传到批发商的计算机中；批发商开出提货传票，并根据传票，同时开出拣货单，实施拣货，然后依据送货传票进行商品发货；送货传票上的资料便成为零售商的应付账款资料及批发商的应收账款资料，并接到应收账款的系统中去；零售商对送到的货物进行检验后，便可以陈列与销售了。

EOS 按应用范围可分为企业内的 EOS（如连锁店经营中各个连锁分店与总部之间建立的 EOS 系统），零售商与批发商之间的 EOS 系统，以及零售商、批发商和生产之间的 EOS 系统。EOS 的运作机制简图如图 11.4 所示。

EOS 系统能及时准确地交换。它在企业物流管理中的作用如下：

（1）对于传统的订货方式，如上门订货，邮寄订货，电话、传真订货等，EOS 系统可以缩短从接到订单到发出订货的时间，缩短订货商品的交货期，减少商品订单的出错率，节省人工费。

（2）有利于减少企业库存水平，提高企业的库存管理效率，同时也能防止商品特别是畅销商品缺货现象的出现。

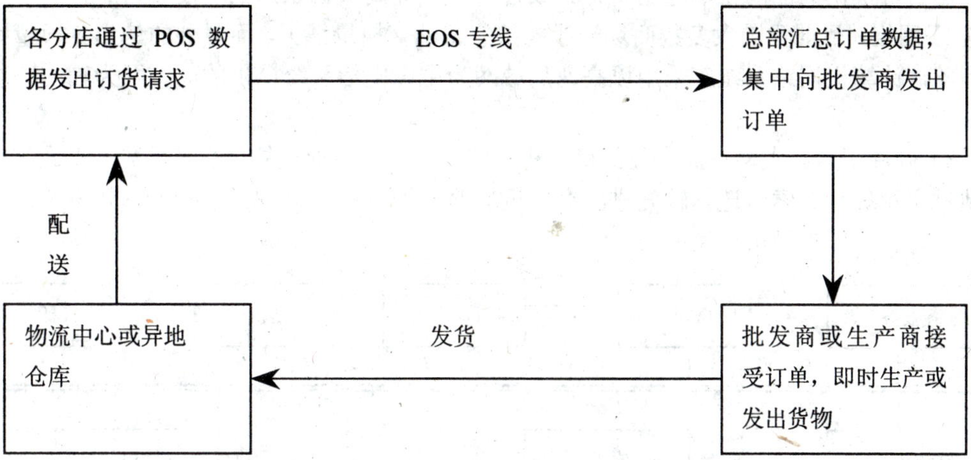

图 11.4 EOS 基本框架

(3) 对于生产厂家和批发商来说，通过分析零售商的商品订货信息，能准确判断畅销商品和滞销商品，有利于企业调整商品生产和销售计划。

(4) 有利于提高企业物流信息系统的效率，使各个业务信息子系统之间的数据交换更加便利和迅速，丰富企业的经营信息。

企业应用 EOS 系统的前提是：

(1) 订货业务作业的标准化。这是有效利用 EOS 系统的前提条件。

(2) 商品代码的设计。在零售行业的单品管理方式中，每一个商品品种对应一个独立的商品代码。商品代码一般采用国家统一规定的标准。对于统一标准中没有规定的商品则采用本企业自己规定的商品代码。商品代码的设计是 EOS 系统的基础条件。

(3) 订货商品目录账册的作成和更新。

订货商品目录账目账册的设计和运用是 EOS 系统成功的重要保证。

(4)计算机以及订货信息输入和输出终端设备的添置以及 EOS 系统设计是应用 EOS 系统的基础条件。

(5) 需要制定 EOS 系统应用手册并协调部门间、企业间的经营活动。

十、销售时点信息系统（POS）

销售时点信息系统（Point of Sale）是指通过自动读取设备（如收银机）在销售商品时直接读取商品销售信息（如商品名、单价、销售数量、销售时间、销售店铺、购买顾客等），并通过通信网络和计算机系统传送至有关部门进行分析加工以提高经营效率的系统。POS 系统最早应用于零售业，以后逐渐扩展至其他（如金融、旅馆等）服务行业。利用 POS 系统的范围也从企业内部扩展到整个供应链。

POS 系统分为硬件和软件两部分。

1. 硬件是一个计算机网络系统，既可以是集中式的大系统，也可以用微型机连成局域网，这要视商场的规模、信息量、处理量和资金投入而定，但大致可分为以下三大组成部分：

(1) 前台收款机。可采用具有顾客显示屏和票据打印机、条形码扫描器的 POS 机型。条形码扫描器可根据商品的特点选用手持式或台式，以提高数据录入的速度和可靠性。

（2）网络。目前我国大多数商场一般内部信息的交换量很大，而对外的信息交换量则很小，因此，计算机网络系统应采用以高速局域网为主、电信系统提供的广域网为辅的整体网络系统。

（3）硬件平台。大型商业企业的商品进、存、调、销的管理复杂，账目数据量大，且需频繁地进行管理和检索，选择较先进的客户机／服务器结构，可大大提高工作效率，保证数据的安全性、实时性及准确性。

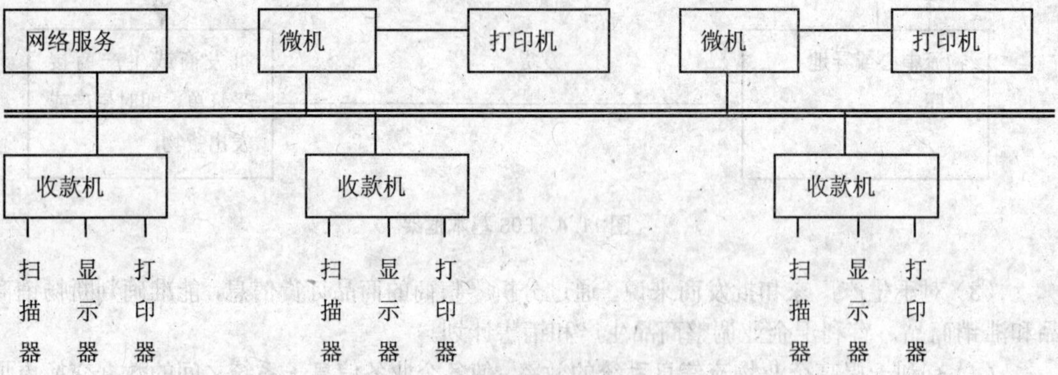

图 11.5　商业 POS 系统硬件组成示意图

2. 软件系统是商业 POS 系统的核心部分，从根本上说，它仍属于管理信息系统（MIS）的范畴。MIS 有三个层次：操作层、管理层、决策层，对于商业 POS 系统同样适用，但人们更习惯于把商业 POS 系统的软件分为前台和后台两个部分。

（1）前台销售系统应具有的功能

① 日常销售。完成日常的售货收款工作，记录每笔交易的时间、数量、金额，进行销售输入操作。如果遇到条形码不识读等现象，系统应允许采用价格或手工输入条形码号进行查询。

② 交班结算。进行交班收款员交班的收款小结、大结等管理工作，计算并显示出本班交班时的现金及销售情况，统计并打印收款机全天的销售金额及各售货员的销售额。

③ 退货。退货功能是日常销售的逆操作。为了提高商场的商业信誉，更好地为顾客服务，在顾客发现商品出现问题时，允许顾客退货。此功能记录退货时的商品种类、数量、金额等，以便于结算管理。

④ 各种付款方式可支持现金、支票、赊账等不同的付款方式，以方便各类不同的顾客要求。

⑤ 即时纠错。在销售过程中出现的错误能够立即修改更正，保证销售数据和记录的准确性。

（2）后台管理软件应具有的功能

① 商品入库管理。对入库的商品进行输入登录，建立商品数据库，以实现对库存的查询、修改、报表及商品入库验收单的打印等功能。

② 商品调价管理。由于有些商品的价格随季节和市场等情况而变动，本系统应能提供对

这些商品所进行的调价管理功能。

③ 商品销售管理。根据商品的销售记录，实现商品的销售、查询、统计、报表等管理，并能对各收款机、收款员、售货员等进行分类统计管理。

④ 单据票证管理。实现商品的内部调拨、残损报告、变价调动、仓库验收、盘点报表等各类单据票证的管理。

⑤ 报表打印管理。实现商品销售过程中各类报表的打印等管理功能。

⑥ 完善的分析功能。POS 系统的后台管理软件应能提供完善的分析功能，分析内容涵盖进、销、调、存过程中的所有主要指标，同时以图形和表格方式提供给管理者。

⑦ 数据维护管理。实现收款机、收款员的编码、口令管理，支持各类权限控制。具有对本系统所涉及的各类数据进行备份、交易断点的恢复功能。

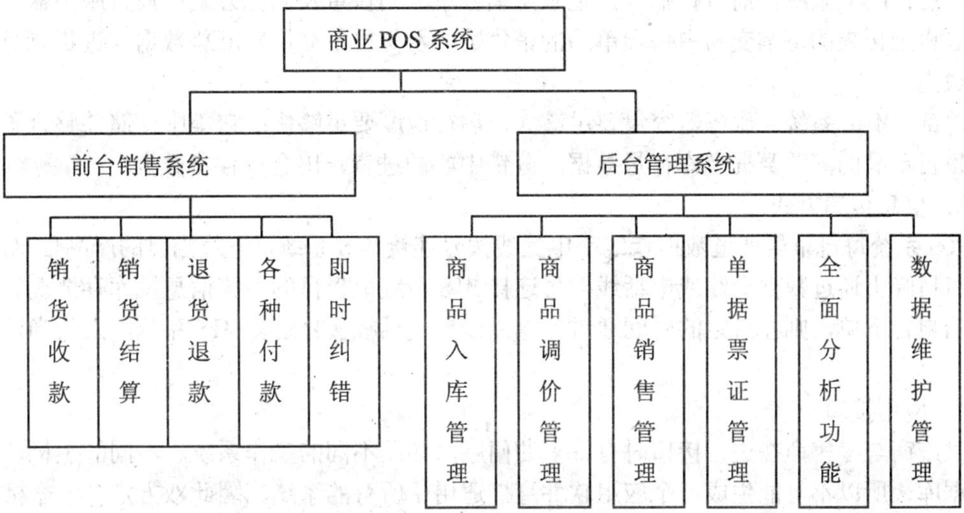

图 11.6 商业 POS 系统软件组成

案例分析 P&G公司与零售商的高效补货系统

P&G 公司一直在探索与零售商和供应商建立供应链的最佳途径。下面以高效补货系统为例，说明 P&G 如何在供应链中对零售商进行补货。

（一）开发高效补货系统的背景

在连锁超市企业中，每日都有大量的销售数据。一个一般商店所拥有的单品数为 3 000～15 000 个。假设商店所拥有的平均单品数是 6 000，则 56 天的销售数据就有：56 天×6 000 个记录 / 天＝336 000 个记录。在订货过程中，为了确定订货数量，还需要销量（各门店销量）、存货（仓库库存和门店库存）、订单周期和送货时间等数据。这样在计算过程中大约要进行几百万个数据的运算。

所以 P&G 公司在订货处理过程中，往往要收集大量的数据、进行复杂的计算、耗费较长的时间、投入过多的人力。为了解决上述问题，P&G公司对不同零售商的订货采取不同的方法。对有先进系统的客户采用高效补货系统（ERS）；对无先进系统的客户采用移动自动补货系统。

（二）高效补货系统的运作

1．功能

高效补货系统的主要功能有：由系统来维护每个单品具体的信息；由系统来设置单品销售的具体实现方式；由系统来记录单品销售的时间及地点（门店）；由系统来管理每个单品的进销存；由系统来自动生成建议订单；由系统来自动传输订单。

2．系统基本配置

高效补货系统对零售商所要求的基本配置如下：

门店：POS 系统。前台扫描仪，记录每笔各单品销售量及销售方式；后台服务器，存储各POS机上传来的每笔交易中每项单品的销售数据及每日单品销售汇总数据，进货量及库存量等数据。

总部：MIS 系统。服务器容量要足够大，运行速度要足够快；它集中存储并整合了各门店的每日单品的汇总数据及库存量数据；分销中心的进货，出仓及存货数据。

3．信息传递方式

POS系统每日早晨通过数据专线或电话线拨号连接MIS系统，下载当日的产品信息。POS系统每日晚上通过数据专线或电话线拨号连接MIS系统上当日的销售信息及库存情况。如果由门店自行下单，则在规定的时间通过数据专线或电话线拨号连接MIS系统，上载当日的订单。

4．应用接口

供应商与零售商在进行接口时有许多的问题，如：不同的操作系统、不同的主机、不同的数据库，所以不可能生成一个应用软件直接适用于所有的系统。因此双方定义一个标准的文件格式，客户方按此标准在自己的系统中生成所需文件，存在本机中，作为应用软件的输入文件，然后将该标准文件输入应用软件，由系统自动生成订单，通过电子传递将订单自动传给供应商。

5．应用软件所含参数

应用软件中所包含的参数有促销指数、季节指数、缺货率、订货周期、送货时间、安全库存等。

高效补货系统的使用大大改善了P&G公司与零售商的工作状况，更好地控制库存，改善了服务水平。由于彼此的共同合作，共建供应链，使双方的工作绩效都得到了提升。

请分析POS系统的组成及运行情况。

思考题与习题

1．什么是物流信息？它有哪些特征？

2．物流信息有哪些作用？物流信息与商流信息的关系是什么？

3．现代物流技术有哪些主要形式?各自的主要功能是什么？

第十二章　国际物流管理

【引导案例】UPS——美国“联合包裹运送服务公司”的物流服务工作

UPS 始建于 1907 年，每天有 1 200 万件包裹和文件的运送量。它每天还需租用 300 多架包机。公司在美国国内和世界各地建立了 18 个空运中转中心，每天开出 1 600 个航班，使用机场 610 个。目前 UPS 的 34 万名工作人员分布在全球 2 400 多个分送中心，他们每天驾驶着 13 万辆运送车，昼夜不停地为 200 多个国家和地区的客户提供门到门的收件、送件服务。UPS 每日上门取件的固定客户已逾 130 万家。

UPS 业务量巨大，经济效益也可观。目前 UPS 的固定资产达 126 亿美元，在全球快递业中可谓独占鳌头。之所以取得巨大的经营成功，与 UPS 富有特色的物流服务是密切相关的。它的物流服务特色主要可以概括为以下几个方面：

一、货物传递快捷

UPS 规定：国际快件三个工作日内送达目的地；国内快件保证在翌日上午八时半以前送达。为了测试 UPS 的快递究竟快不快，UPS 总裁曾于星期三在北京往美国给自己寄一个包裹，星期五当他回到亚特兰大公司总部上班时，包裹已出现在他的办公桌上。而在美国国内接到客户电话后，UPS 可在 1 小时内上门取件，并当场用微型电脑办理好托运手续。

90 年代，UPS 又在 180 多个国家开设了 24 小时服务的“下一航班送达”业务。UPS 坚持“快递、可靠”的服务准则，获得了“物有所值的最佳服务”的声誉。

二、报关代理和信息服务

UPS 从 80 年代末期起投资数亿美元建立起全球网络和技术基础设施，为客户提供报关代理服务。UPS 建立的“报关代理自动化系统”，使其承运的国际包裹的所有资料都进入这个系统，这样，清关手续在货物到达海关之前即已办完。UPS 的电脑化清关为企业节省了时间，提高了效益。UPS 有 6 个清关代理中心，每天办理 2 万个包裹的清关手续。

三、货物即时追踪服务

UPS 的即时追踪系统是目前世界快递业中最大、最先进的信息追踪系统。所有交付货物都能获得一个追踪条码，货物走到哪里，这个系统就跟到哪里。这个追踪系统已经进入全球互联网络，每天有 1.4 万人次通过网络查寻他们的包裹的行踪。非电脑网络客户可以用电话询问“客户服务中心”。路易斯维尔的服务中心昼夜服务，200 多名职员每天用 11 种语言回答世界各地的客户大约 2 万次电话询问。

四、先进的包裹管理服务

UPS 建立的亚特兰大“信息数据中心”可将 UPS 系统的包裹的档案资料从世界各地汇总到这里。包裹送达时，物流员工借助一个类似笔记本电脑的“传递信息读取装置”，摄取客户的签字，再通过邮车上的转换器，将签名直接输送到“信息数据中心”，投递实现了无纸化操作。送达后，有关资料将在数据中心保存 18 个月。这项工作使包裹的管理工作更加科学化，也提高了 UPS 服务的可靠性。

五、包装检验与设计服务

UPS 设在芝加哥的“服务中心”数据库中，抗震的、抗挤压的、防泄漏的等等各种包装案例应有尽有。服务中心还曾设计水晶隔热层的包装方式，为糖果、巧克力的运输提供恒温保护；用坚韧编织袋包装，为 16 万台转换器提供了经得起双程磨损的材料。这类服务为企业节省了材料费和运输费，被誉为超值服务。

请问：什么是国际物流管理？它与国内物流管理有哪些区别？

第一节　国际物流概述

一、国际物流的含义

国际物流是相对国内物流而言的，是不同国家之间的物流，是跨国界的、流通范围扩大了的物品的实体流动，是国内物流的延伸和进一步扩展。国际物流是国际贸易的一个必然组成部分，各国之间的相互贸易最终都将通过国际物流来实现。

（一）国际物流的狭义理解

国际物流指的是当生产和消费分别在两个或两个以上的国家独立进行时，为了克服生产和消费之间的空间隔离和时间距离，对物品进行的物理性移动。

（二）国际物流的基本活动

国际物流的基本活动除了包含与国内物流一样的运输、保管、包装、装卸、流通加工和信息等克服时间和空间阻隔的活动之外，还有全球物流特有的报关（包含检验、检疫等活动）和相关文书单证制成等克服国界阻隔的活动。

二、国际物流的特点

国际物流与国内物流比较有以下明显的特点：

1．物流环境存在差异

各国物流环境的差异是国际物流一个非常显著的特点，尤其是物流软环境的差异。不同国家的物流适用法律不同、不同国家的经济和科技发展水平不同、不同国家的不同的物流标准、不同国家的风俗文化都会使国际物流受到很大限制。由于物流环境的差异，一个物流系统需要在不同法律、人文、习俗、语言、科技、设施的环境下运行，这无疑会大大增加物流的难度和系统的复杂性。

2．采用的主要运输方式多样化

国际物流以远洋运输为主，并由多种运输方式组合。国际物流运输方式有海洋运输、铁路运输、航空运输、公路运输以及由这些运输手段组合而成的国际复合运输方式（国际多式联运）等。国际运输方式的选择和组合不仅关系到国际物流交货周期的长短，还关系到国际物流总成本的大小。运输方式选择和组合的多样性是国际物流一个显著的特征。海运是国际物流运输中最常用的方式，特别是远洋运输是国际物流的重要手段。空运是近年来国际物流运输中发展很快的方式。在国际物流活动中，由于门到门的运输方式越来越受到货主的欢迎，使得能满足这种需求的国际多式联运得到了快速发展，逐渐成为国际物流中运输的主流。全球多式联运的目的是追求整个物流系统的效率化和缩短运输时间。中国远洋运输公司、美国联邦快递（Federal Express）、欧洲敦豪（DHL）、日本邮船公司等世界有名的运输公司在向货主提供门到门运输服务方面走在了前列。

3. 信息沟通方式现代化

国际化信息系统是国际物流，尤其是国际多式联运非常重要的支持手段。国际物流信息系统的建立更为困难，其原因一是管理困难，二是投资巨大，三是国际上地区间物流信息水平不均衡。当前建立国际物流信息系统一个较好的办法是和各国海关的公共信息系统联机，以及时掌握有关各个港口、机场和联运线路、站场的实际状况，为供应或销售物流决策提供支持。国际物流是最早发展 EDI 的领域，以 EDI 为基础的国际物流将会对物流的国际化产生重大影响。

4. 国际物流的标准化要求较高

要使国际间物流畅通起来，统一标准是非常重要的。如果没有统一的标准，国际物流水平将难以提高。目前，美国、欧洲基本实现了物流工具、设施的统一标准，如托盘采用 1000mm×1200mm，集装箱的几种统一规格及条码技术等，这大大降低了物流费用，降低了转运的难度，而不向这一标准靠拢的国家，必然在转运、换车等许多方面多耗费时间和费用，从而降低其国际竞争能力。

5. 面临的风险加大

国际物流的风险主要包括政治风险、经济风险和自然风险。政治风险主要指由于所经过国家的政局动荡，如罢工、战争等原因造成货物可能受到的损害或损失；经济风险又可分为汇率风险和利率风险，主要指从事国际物流必然要发生的资金流动，因而产生汇率风险和利率风险；自然风险则指物流过程中可能因自然因素（如台风、暴雨等）引起的风险。

三、国际物流的发展

国际物流是随着国际分工和国际贸易的产生而产生的，并随着国际贸易的发展而发展。现代国际物流活动的发展经历了以下几个阶段：

第一个阶段：20 世纪 50 年代至 80 年代初。

在这一时期内，物流设施和物流技术得到了极大的发展，广泛运用电子计算机进行管理；建立了配送中心；出现了立体自动化仓库；一些国家建立了本国的物流标准化体系等。物流系统的改善促进了国际贸易的发展，物流活动已经超出了一国范围，但物流国际化的趋势还没有受到人们的重视。具体表现为：

1. 第二次世界大战以后，国际间的经济交往越来越活跃。尤其在 70 年代的石油危机以后，国际间贸易量已非常巨大，交易水平和质量要求也越来越高。在这种新情况下，原有的仅为满足运送必要货物的运输观念已不能适应新的要求，系统物流就是在这个时期进入到国际领域的。

2. 60年代开始形成了国际间的大规模物流，在物流技术上出现了大型物流工具，如20万吨的油轮，10万吨的矿石船等。

3. 70 年代，受石油危机的影响，国际物流不仅在数量上进一步发展，船舶大型化趋势进一步加强，而且有了提高国际物流服务水平的要求；大数量、高服务型物流从石油、矿石等物流领域向物流难度最大的中、小件杂货领域深入，其标志是国际集装箱及国际集装箱船的大发展，国际间各主要航线的定期班轮都投入了集装箱船，一下子把散杂货的物流水平提了上去，使物流服务水平获得很大提高。

4. 70 年代中、后期，国际物流的质量要求和速度要求进一步提高，这个时期在国际物流领域出现了航空物流大幅度增加的新形势，同时出现了更高水平的国际联运。

第二阶段：20世纪的80年代初至90年代初。

1. 80 年代前、中期国际物流的突出特点，是在物流量继续扩大的情况下出现了“精细物流”，物流的机械化、自动化水平提高。同时，伴随新时代人们需求观念的变化，国际物流着力于解决“小批量、高频度、多品种”的物流，出现了不少新技术和新方法，这就使现代物流不仅覆盖了大量货物、集装杂货，而且也覆盖了多品种的货物，基本覆盖了所有物流对象，解决了所有物流对象的现代物流问题。

2. 80 年代在国际物流领域的另一大发展，是伴随国际物流，尤其是伴随国际多式联运物流出现的物流信息系统和电子数据交换（EDI）系统。

第三阶段：20世纪90年代初至今。

1. 90 年代以来，Internet、条码以及卫星定位系统在物流领域得到普遍应用，而且越来越受到人们的重视。这些高科技在国际物流中的应用，极大地提高了物流的信息化和物流服务水平，为此近年来各大物流企业纷纷投巨资于物流信息系统的建设。

2. 国际物流的概念和重要性已为各国政府和外贸企业所普遍接受。贸易伙伴遍布全球，必然要求物流国际化，包括物流设施国际化、物流技术国际化、物流服务国际化、货物运输国际化、包装国际化和流通加工国际化等等。人们已经形成共识：只有广泛开展国际物流合作，才能促进世界经济繁荣。

第二节　国际物流业务

一、国际贸易

国际贸易是指世界各国之间的商品以及服务和技术交换活动，包括出口和进口两个方面。国际贸易与国际物流的关系表现为：

1. 物流是国际贸易的必要条件。在国际贸易中，买卖双方一般相距遥远，因而交易的商品往往要经过长时间、长距离的运输才能从一国境内交付到另一国境内，都要涉及商品的分拣、包装、运输、仓储、分拨、配送等部分或全部物流活动。也就是说，没有国际物流的支持，国际贸易就无法顺利实现。

2. 国际贸易促进物流国际化。国际贸易的发展，要求物流服务商跨越国境，提供全过程、全方位的国际物流服务，以加速国际贸易商品的流转，提高国际贸易作业的效率与效益。

3. 现代国际贸易对物流提出新的要求。根据国际贸易发展的战略趋势，对国际物流从软、硬技术上，物流规模上，物流系统化、标准化和现代化等方面提出了崭新的要求。

二、进出口业务

（一）国际贸易术语

在国际货物买卖运输、交接的过程中，需要办理进出口清关手续，安排运输与保险，支付各项税捐和费用。货物在装卸、运输过程中，还可能遭受自然灾害、意外事故和其他各种外来损害。有关上述事项由谁来承办，费用由谁负担，风险如何划分，买卖双方在磋商交易签订合同时，必须予以明确。为了简化手续和交易过程，并便于双方当事人成交，买卖双方便采用某种专门的用语来表明各自的权利与任务。这种用来表示交易双方所承担的责任、费用与风险的专门用语，称为贸易术语。它们来源于国际贸易惯例，是在国际贸易长期实践的基础上产生的。

国际商会《2000 年国际贸易术语解释通则》共解释了 13 种贸易术语，且将这些术语按卖方责任由小到大、交货地点与卖方所在地距离由近到远进行排列，以及按各种术语的共同特点分别归类，分成 E、F、C、D 四组。见表 12.1 所示。

表 12.1 国际贸易术语

组别	术语	含义
E 组	EXW（ex works）	工厂交货
F 组	FCA（free carrier）	货交承运人
	FAS（free alongside ship）	船边交货
	FOB（free on board）	船上交货
C 组	CFR（cost and freight）	成本加运费
	CIF（cost，insurance and freight）	成本加保险费，加运费
	CPT（carriage paid to）	运费付至（指定目的地）
	CIP（carriage and insurance paid to）	运费、保险费付至（指定目的地）
D 组	DAF（delivered at frontier）	边境交货
	DES（delivered ex ship）	目的港船上交货
	DEQ（delivered ex quay）	目的港码头交货
	DDU（delivered duty unpaid）	未完税交货
	DDP（delivered duty paid）	完税后交货

E 组为启运（department）组术语。按这组贸易术语成交，卖方应在自己的处所将货物提供给买方指定的承运人。

F 组为主运费未付（Main Carriage Unpaid）组术语，按这组贸易术语成交，卖方必须将货物交至买方所指定的承运人。

C 组为主运费已付（main carriage paid）组术语。按这组贸易术语成交，卖方必须订立将货物运往指定目的港或目的地的运输契约，并把货物装上运输工具或交给承运人。但货物中途灭失或损坏的风险和发运后产生的额外费用，卖方不承担责任。

D 组为到达组术语，按这组贸易术语成交，卖方必须承担货物交至目的地国家指定地点所需的一切费用和风险。

（二）进出口业务

进出口业务的基本程序为：

1．交易磋商

买卖双方就国际货物买卖合同的主要交易条件（包括货物品名、品质、数量、包装、装运、价格以及支付等）进行协商，以求达成一致的具体过程。可以采取口头或书面两种形式，以书面磋商为主。

2．签订合同

交易双方经过磋商，一方发盘，另一方表示接受，合同即告成立。根据国际贸易习惯，买卖双方通常还需要照例签订书面的正式合同或成立确认书。

3．进出口合同的履行

进出口合同一经有效达成，就成为约束双方权利和义务的依据，有关当事人必须履行合同规定的义务。只有履行了所订立的合同，才能实现合同双方当事人预期的经济利益。

进出口业务的具体流程见图 12.1 所示。

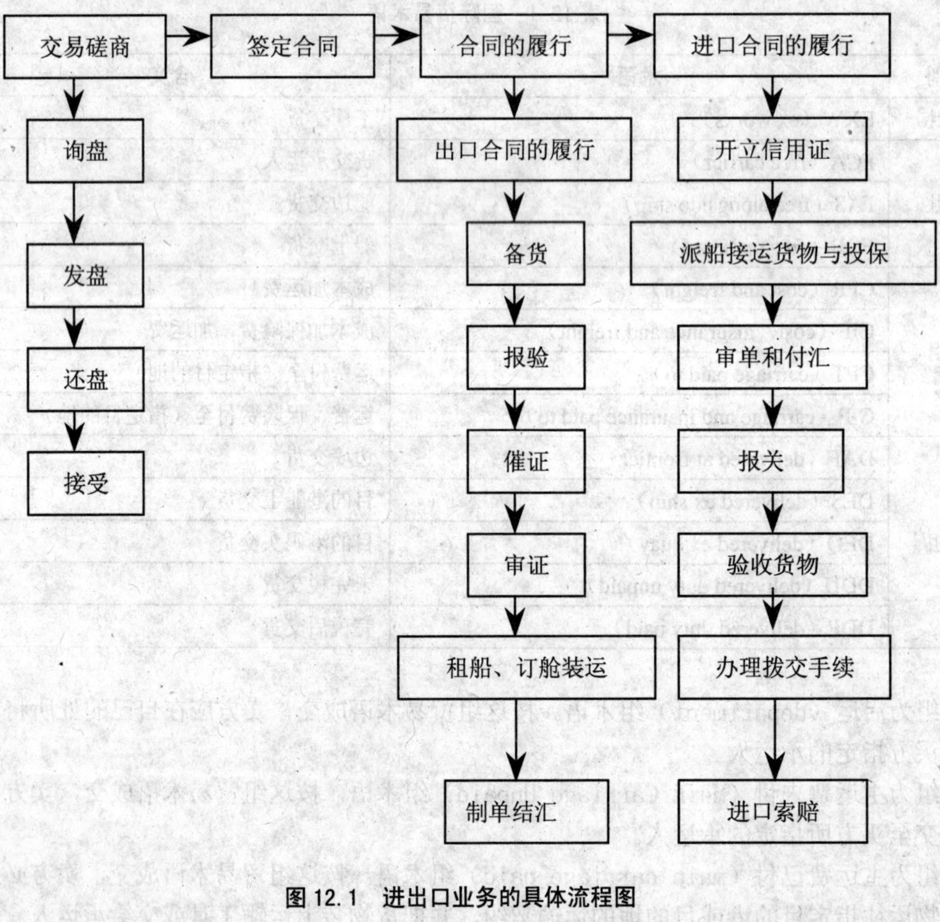

图 12.1 进出口业务的具体流程图

三、商检

（一）商检的含义

商检也称进出口商品检验，就是对进出口商品的品质、规格、重量、数量、包装、安全性能、卫生方面的指标及装运技术和装运条件等项目实施检验和鉴定，以确认其是否与贸易合同、有关标准规定一致，是否符合进出口国有关法律和行政法规的规定。

（二）商检机构的任务

1. 法定检验。对大宗、关系到国计民生、易发生质量问题的商品，涉及安全卫生的商品等，按照国家有关法律法规的规定实施强制性检验或检疫，以维护国家的信誉和利益。具体包括被列入《商检机构实施检验的进出口商品种类表》的商品：出口食品，出口动物产品，装运粮油食品，冷冻食品出口的船舶和集装箱，海运出口危险货物的包装容器等。

2. 公证鉴定。凭对外贸易关系人的申请或国外检验机构的委托，办理进出口商品鉴定业务，出具证明，作为外贸关系人办理进出口商品交接、结算、计费、理算、报关、纳税和处理索赔的有效证明。

3. 监督管理。主要是对进出口商品的质量、数量、重量、包装以及安全、卫生等进行监督管理；对生产加工部门、外贸经营部门、收货和用货部门、仓储运输部门以及商检机构认可的检验部门、检验组织、检验人员、检验设备、检验制度、检验标准、检验方法和检验结果等进行监督管理以及其他与进出口商检有关的工作进行检查，督促有关部门做好进出口商品检验工作。

（三）工作流程

进出口商品检验是对外贸易工作的重要环节，其工作流程是：

1. 接受报验。对外贸易关系人向商检机构报请检验的过程，需填写“报验申请书”，填明申请检验鉴定工作项目要求，同时提交买卖合同、成交小样及其他必要的资料。

2. 抽样。商检机构接受报验后，及时派员赴货物堆存地进行现场检验、鉴定。抽样时，需按照规定的方法和一定比例，在货物的不同部位抽取一定数量的、并能代表整批货物质量的样品（又称标本）供检验之用。

3. 检验。商检机构接受报验后，认真研究申请的检验项目，确定检验内容，仔细审核合同（信用证）对品质、规格、包装等的规定，弄清检验的依据，确定检验标准、方法，然后抽样检查，包括化学分析检验、仪器分析检验、物理性检验、感观检验和微生物检验等。

4. 签发证书。凡被列入《商检机构实施检验的进出口商品种类表》中的进出口商品经商检机构检验合格后，签发放行单，方可进出口。凡由收、用货单位自行验收的进口商品，如发现问题，应及时向商检机构申请复验，复验不合格时，签发商检证书，供对外索赔用。

进出口商品经过商检机构检验后，都要由检验机构发给一定的证明书，以证明商品的品质和数量是否符合合同的规定，这种证件称为商检证书。目前在国际贸易中常见的检验证书主要有以下几种：

（1）检验证明书（inspection certificate）；

（2）品质证明书（quality certificate）；

（3）重量证明书（weight certificate）；

（4）卫生证明书（sanitary certificate）；

（5）兽医证明书（veterinary certificate）；

（6）植物检疫证明书（plant quarantine certificate）；

（7）价值证明书（value certificate）；

（8）产地证明书（origin certificate）。

除上述各种检验证书之外，还有证明其他检验、鉴定工作的“检验证书”，如验舱证书、货载衡量等证书。

四、报关

（一）报关的含义

报关是货物在进出境时，由进出口货物的收、发货人或其代理人，按照海关规定格式填报《进出口货物报关单》，随附海关规定应交验的单证，请求海关办理货物进出境手续。

（二）海关及其主要职责

海关是国家设在进出口口岸的监督机关。在国家对外经济贸易活动和国际交往中，海关代表国家行使监督管理的权利。通过海关的监督管理职能，保证国家进出口政策、法律、法令的有效实施，维护国家的权利。海关的主要职责是：

1. 对进出境的运输工具、货物、行李物品、邮递物品和其他物品进行实际监管；
2. 征收关税和其他税费；
3. 查缉走私；
4. 编制海关统计和办理其他海关业务。

（三）报关工作流程

报关的全过程是：

1. 申报。一切进出境货物、物品和运输工具都必须由收、发货人（或其代理人）在进出境时持海关规定的单证向海关申报。

2. 接受申报。海关接受申报，并审核递交的单证是否齐全、准确、有效、清楚。

3. 查验。进出境货物、物品、运输工具，除经海关总署特准免验的以外，由海关根据情况进行查验确定实际进出口与单证申报的是否相符，检查有无瞒报、伪报和申报不实等走私违规行为。

4. 征税。进出境货物、物品、运输工具经海关查验以后，除海关特准免税的以外，进出口货物、物品必须缴纳税款或提供担保，委托银行代缴。

5. 放行。海关在放行前，要全面审核手续是否办完、办妥。然后，分别情况，作出不同处理。若一切手续完备，情况正常，海关即在单证上签印放行。

6. 后续管理。海关对各类货物包括保税货物、特定减免税货物、暂时进出境货物、转关运输货物等自放行之日起 3 年内进行后续管理，包括查账、稽查、核销、查处补税等。

7. 结关。当进出境运输工具、货物、物品的所有海关手续（包括登记备案、审核报关单证、查验、征税、销案、结案等）全部履行后，方准办理结关手续，解除海关监管。

（四）报关单证和报关期限

经海关审查批准予以注册、可直接或接受委托向海关办理运输工具、货物、物品进出境手续的单位叫“报关单位”。报关单位的报关员需经海关培训和考核认可，发给报关员证件，才能办理报关事宜。报关员需在规定的报关时间内，备有必需的报关单证办理报关手续。

1. 报关单证

海关规定，对一般的进出口货物需交验下列单证：

(1) 进出口货物报关单（一式两份），是海关验货、征税和结关放行的法定单据，也是海关对进出口货物汇总统计的原始资料。为了及时提取货物和加速货物的运送，报关单位应按海关规定的要求准确填写，并需加盖经海关备案的报关单位的“报关专用章”和报关员的印章签字。

(2) 进出口货物许可证或国家规定的其他批准文件。凡国家规定应申领进出口许可证的货物，报关时都必须交验外贸管理部门签发的进出口货物许可证。凡根据国家有关规定需要有关主管部门批准文件的，还应交验有关的批准文件。

(3) 提货单、装货单或运单。这是海关加盖放行章后发还给报关人凭以提取或发运货物的凭证。

(4) 发票。它是海关审定完税价格的重要依据，报关时应递交载明货物真实价格、运费、保险费和其他费用的发票。

(5) 装箱单。单一品种且包装一致的件装货物和散装货物可以免交装箱单。

(6) 减免税或免检证明。

(7) 商品检验证明。

(8) 海关认为必要时应交验的贸易合同及其他有关单证。

2. 报关期限

《海关法》规定，出口货物的发货人或其代理人应当在装货的 24 小时前向海关申报。进口货物的收货人或其代理人应当自运输工具申报进境之日起 14 天内向海关申报。逾期罚款，征收滞报金。如自运输工具申报进境之日起超过三个月未向海关申报，其货物可由海关提取变卖。如确因特殊情况未能按期报关，收货人或其代理人应向海关提供有关证明，海关可视情况酌情处理。

五、保险

（一）保险的含义

以国际运输中的货物作为保险标的物的保险，以使因自然灾害和意外事故而造成的财产损失获得补偿。

在国际贸易中，一笔交易的货物，从卖方转移到买方，一般都要经过长途运输，在这一过程中，可能遇到各种风险，从而使货物遭受损失。为了保障货物受损后能获得经济上的补偿，货主一般都要投保货物运输险。

国际货物运输保险的种类，取决于国际贸易货物运输的方式。因此，国际贸易货物的运输保险，相应有海上货物运输保险、陆上货物运输保险、航空货物运输保险和邮包货物运输保险等。其中以海上货物运输保险起源最早，历史最久。

（二）保险的种类

1. 海上货物运输保险

海上货物运输保险承保的范围：

海上货物运输承保范围包括海上风险、海上损失与费用以及海上风险以外的其他外来原因所造成的风险与损失。

（1）海上风险。海上风险是保险业的专门用语，包括海上发生的自然灾害和意外事故，但并不包括海上的一切危险。

自然灾害是指不以人们意志为转移的自然力量所引起的灾害。但在海上保险业务中．它并不是泛指一切由于自然力量所造成的灾害，而是仅指恶劣气候、雷电、海啸、地震或火山爆发等人力不可抗拒的灾害。

意外事故一般是指由于偶然的非意料中的原因所造成的事故。但在海上保险业务中，所谓意外事故并不是泛指海上意外事故，而是仅指运输工具遭受搁浅、触礁、沉没、船舶与流冰或其他物体碰撞以及失踪、失火、爆炸等。

（2）海上损失与费用。海上损失和费用是指被保险货物在海洋运输中，因遭受海上风险而引起的损失与费用。按照海运保险业务的一般习惯，海上损失还包括与海运相连接的陆上或内河运输中所发生的损失与费用。

① 海上损失。按照海上损失的程度不同，可分为全部损失和部分损失。

② 海上费用。海上费用是指保险人即保险公司承保的费用。保险货物遭遇保险责任范围内的事故，除了能使货物本身受到损毁而导致经济损失外，还会产生费用方面的损失。这种费用，保险人也给予赔偿，主要有施救费用和救助费用。

（3）外来风险。外来风险一般是指海上风险以外的其他外来原因所造成的风险，可分为一般外来风险和特殊外来风险。一般外来风险是指被保险货物在运输途中由于偷窃、短量、雨淋、玷污、渗漏、破碎、受热受潮、串味等外来原因所造成的风险。特殊外来风险是指由于军事、政治、国家政策法令以及行政措施等特殊外来原因造成的风险与损失，例如战争、罢工等。

海上货物运输保险险别：

保险险别是保险人对风险损失的承保范围，它是保险人与被保险人履行权利与义务的基础，也是保险人承保责任大小和被保险人缴付保险费多少的依据。海洋货物运输保险的险别很多，概括起来分为基本险别和附加险别两大类。

（1）基本险别。根据我国现行的《海洋货物运输保险条款》的规定，在基本险别中包括平安险、水渍险和一切险三种。

（2）附加险别。海洋运输货物保险的附加险种类繁多，归纳起来可分为一般附加险和特别附加险。

一般附加险包括：偷窃，提货不着险，淡水雨淋险，短量险，混杂、玷污险，渗漏险，碰撞、破碎险，串味险，受热、受潮险，钩损险，包装破裂险，锈损险。

上述 11 种附加险，不能独立投保，只能在投平安险或水渍险的基础上加保。特别附加险包括战争险、战争险的附加费用和罢工险等。

2. 陆上运输货物保险

陆上运输货物保险的险别分为陆运险和陆运一切险两种，其承保的责任范围如下：

（1）陆运险的责任范围。被保险货物在运输途中遭受暴风、雷电、地震、洪水等自然灾害，或由于陆上运输工具（主要是指火车、汽车）遭受碰撞、倾覆或出轨，如在驳运过程中 驳运工具搁浅、触礁、沉没或由于遭受隧道坍塌、压歪或火灾、爆炸等意外事故所造成的全部损失或部分损失。

（2）陆运一切险的责任范围。除包括上述陆运险的责任外，保险公司对被保险或在运输途中由于一般外来原因造成的短少、偷窃、渗透、碰损、破碎、钩损、雨淋、生锈、受潮、受热、发霉、串味、玷污等全部或部分损失，也负赔偿责任。

3. 航空运输货物保险

航空运输货物保险分为航空运输险和航空运输一切险两种。

航空运输险的承保责任范围与海运水渍险大体相同。

航空运输一切险除包括上述航空运输险的责任外，对被保险货物在运输途中由于一般外来原因所造成的包括被偷窃、短少等全部或部分损失也负赔偿之责。

4. 邮政包裹保险

邮政包裹保险是承保邮包在运输途中因自然灾害、意外事故和外来原因所造成的损失。邮政保险包括邮包险和邮包一切险两种基本险别。

（三）保险的做法

1. 出口货物保险的做法

凡按 CIF 和 CIP 条件成交的出口货物，由出口企业向当地保险公司办理投保手续。在办理时应根据出口合同或信用证规定，在备妥货物并确定装运日期和运输工具后，按规定格式逐笔填写保险单，具体列明被保险人名称，保险货物项目、数量、包装及标志，保险金额，起止地点，运输工具名称，起止日期和投保险别，送保险公司投保，缴纳保险费，并向保险公司领取保险单证。

2. 进口货物保险的做法

按 FOB、CFR 和 CPT 条件成交的进口货物，均由买方办理保险。为了简化保险手续和防止出现漏保或来不及办理保险等情况，我国进口货物一般采取预约保险的做法。各外贸公司同中国人民保险公司签订有海运、空运、邮运、陆运等不同运输方式的进口预约保险合同。按照预约保险合同的规定，各外贸公司对每批进口货物，无需填制投保单，而仅以国外的装运通知代替投保单，当作办理了投保手续，保险公司则对该批货物负自动承保责任。

（四）保险单证

保险单证是保险公司和投保人之间订立的保险合同，也是保险公司出具的承保证明，是被保险人凭以向保险公司索赔和保险公司进行理赔的依据。在国际贸易中，保险单证是可以转让的。常用保险单证有：

1. 保险单，又称大保单。它是一种正规的保险合同，除载明上述投保单上所属各项内容外，还列有保险公司的责任范围以及保险公司和被保险人双方各自的权利、义务等方面的详细条款。

2. 保险凭证，又称小保单。它是一种简化的保险合同，除其背面没有列入详细保险条款外，其余内容与保险单相同，保险凭证也具有同保险单一样的法律效力。

六、国际货运代理

（一）国际货运代理的含义及其性质

1990 年 7 月 13 日对外贸易经济部颁布的《关于国际货物运输代理行业管理的若干规定》规定“国际货物运输代理是介于货主与承运人之间的中间人，是接受货主或承运人委托，在授权范围内办理国际货物运输业务的企业”。

“货运代理”一词具有两种含义：其一是指货运代理人；其二是指货运代理行业。国际货运代理协会联合会的有关文件将货运代理人定义为“根据客户的指示，并为客户的利益而揽取货物运输的人，其本身不是承运人”；《中华人民共和国国际货物运输代理业管理规定》第 2 条规定，“国际货物运输代理业，是指接受进出口货物收货人、发货人的委托，以委托人的名义或者以自己的名义，为委托人办理国际货物运输及相关业务并收取服务报酬的行业”。与此相应，对于国际货运代理的性质，也可以从国际货物运输代理人和国际货物运输代理行业两个角度来理解。

国际货物运输代理人本质上属于货物运输关系的代理人，是联系发货人、收货人和承运人的货物运输中介人。有时代表发货人选择运输路线、运输方式、承运人，向承运人订舱，缮制贸易、运输单据，安排货物的短途运输、仓储、称重、检尺，办理货物的保险、报检、报验和通关手续，向承运人、仓储保管人及有关当局支付有关费用。有时代表收货人接收、检查运输单据，办理货物的报检、报验和通关手续，提取货物，安排仓储和短途运输，支付运费及其他相关费用，协助收货人向责任方索赔。还有时代表承运人揽货、配载、装箱、拼箱、拆箱，签发运输单据。虽然国际货物运输代理人有时也以独立经营人身份从事货物的仓储、短途运输，甚至以缔约承运人身份出具运单、提单，但这只不过是为了适应市场竞争需要，满足某些客户的特殊需求而拓展了服务范围的结果，并不影响其作为运输代理人的本质特征。

国际货物运输代理行业是随着国际经济贸易的发展，国际运输方式的变革，信息科学技术的进步发展起来的一个相对年轻的行业，在社会产业结构中属于第三产业，性质上属于服务行业。

（二）国际货运代理的作用

国际货运代理企业通晓国际贸易环节，精通各种运输业务，熟悉有关法律、法规，业务关系广泛，信息来源准确、及时，与各种承运人、仓储经营人、保险人、港口、机场、车站、堆场、银行等相关企业，海关、商检、卫检、动植检、进出口管制等有关政府部门存在着密切的业务关系，不论对于进出口货物的收、发货人，还是对于承运人和港口、机场、车站、仓库经营人都有重要的桥梁和纽带作用。不仅可以促进国际贸易和国际运输事业发展，而且可以为国家创造外汇来源，对于本国国民经济发展和世界经济的全球化都有重要的推动作用。仅对委托人而言，至少可以发挥以下作用：

1. 组织协调作用

国际货运代理人历来被称为“运输的设计师”，“门到门”运输的组织者和协调者。凭借其拥有的运输知识及其他相关知识，组织运输活动，设计运输路线，选择运输方式和承运人，协调货主、承运人及其与仓储保管人、保险人、银行、港口、机场、车站、堆场经营人和海关、商检、卫检、动植检、进出口管制等有关当局的关系，可以省却委托人时间，减少许多不必要的麻烦，专心致力于主营业务。

2. 专业服务作用

国际货运代理人的本职工作是利用自身专业知识和经验，为委托人提供货物的承揽、交运、拼装、集运、接卸、交付服务，接受委托人的委托，办理货物的保险、海关、商检、卫检、动植检、进出口管制等手续，甚至有时要代理委托人支付、收取运费，垫付税金和政府规费。国际货运代理人通过向委托人提供各种专业服务，可以使委托人不必在自己不够熟悉的业务领域花费更多的心思和精力，使不便或难以依靠自己力量办理的事宜得到恰当、有效的处理，有助于提高委托人的工作效率。

3．沟通控制作用

国际货运代理人拥有广泛的业务关系，发达的服务网络，先进的信息技术手段，可以随时保持货物运输关系人之间、货物运输关系人与其他有关企业、部门的有效沟通，对货物运输的全过程进行准确跟踪和控制，保证货物安全、及时地运抵目的地，顺利办理相关手续，准确送达收货人，并应委托人的要求提供全过程的信息服务及其他相关服务。

4．咨询顾问作用

国际货运代理人通晓国际贸易环节，精通各种运输业务，熟悉有关法律、法规，了解世界各地有关情况，信息来源准确、及时，可以就货物的包装、储存、装卸和照管，货物的运输方式、运输路线和运输费用，货物的保险、进出口单证和价款的结算，领事、海关、商检、卫检、动植检、进出口管制等有关当局的要求等向委托人提出明确、具体的咨询意见，协助委托人设计、选择适当处理方案，避免、减少不必要的风险、周折和浪费。

5．降低成本作用

国际货运代理人掌握货物的运输、仓储、装卸、保险市场行情，与货物的运输关系人、仓储保管人、港口、机场、车站、堆场经营人和保险人有着长期、密切的友好合作关系，拥有丰富的专业知识和业务经验，有利的谈判地位，娴熟的谈判技巧，通过国际货运代理人的努力，可以选择货物的最佳运输路线、运输方式，最佳仓储保管人、装卸作业人和保险人，争取公平、合理的费率，甚至可以通过集运效应使所有相关各方受益，从而降低货物运输关系人的业务成本，提高其主营业务效益。

6．资金融通作用

国际货运代理人与货物的运输关系人、仓储保管人、装卸作业人及银行、海关当局等相互了解，关系密切，长期合作，彼此信任，国际货运代理人可以代替收、发货人支付有关费用、税金，提前与承运人、仓储保管人、装卸作业人结算有关费用，凭借自己的实力和信誉向承运人、仓储保管人、装卸作业人及银行、海关当局提供费用、税金担保或风险担保，可以帮助委托人融通资金，减少资金占压，提高资金利用效率。

（三）国际货运代理具备的条件

《中华人民共和国国际货物运输代理业管理规定》明确规定：国务院对外贸易经济合作主管部门负责对全国的国际货运代理业实施监督管理。在我国从事国际货物运输代理的企业必须具备以下条件：

（1）必须依法取得中华人民共和国企业法人资格；

（2）有与其从事的国际货物运输代理业务相适应的专业人员；

（3）有固定的营业场所和必要的营业设施；

（4）有稳定的进出口货源市场；

（5）注册资本最低限额应符合下列要求：经营海上国际货物运输代理业务的，注册资本最低限额为 500 万元人民币；经营航空国际货物运输代理业务的，注册资本最低限额为 300 万元人民币；经营陆路国际货物运输代理业务或国际快递业务的，注册资本最低限额为 200 万元人民币；经营前述两项以上业务的，注册资本最高限额为其中最高一项的限额；国际货物运输代理企业每设立一个从事国际货物运输代理业务的分支机构，应当增加注册资本 50 万元。

七、理货

（一）理货的概念和意义

理货是随着水上贸易运输的出现而产生的，其含义为计数用的筹码。最早的理货工作就是计数。现在，理货的工作范围已经发生变化。理货是指船方或货主根据运输合同在装运港和卸货港收受和交付货物时，委托港口的理货机构代理完成的在港口对货物进行计数、检查货物残损、指导装舱积载、制作有关单证等工作。

理货工作的意义表现为：外轮理货是对外贸易和国际海上货物运输中不可缺少的一项工作；外轮理货在一定程度上能够影响到船舶和货物的安全；外轮理货是国家对外的一个窗口；外轮理货在一定程度上能够影响到国家对外贸易的顺利进行和发展。

（二）理货工作的内容

1．理货单证

理货单证是指理货机构在理货业务中使用和出具的单证。

理货单证是反映船舶载运货物在港口交接当时的数量和状态的实际情况的原始记录，因此它具有凭证和证据的性质。理货机构一般是公正性或证明型的机构，理货人员编制的理货单证，其凭据或证据就具有法律效力。

理货单证的作用：

（1）承运人与托运人或提单持有人之间办理货物数字和外表状态交接的证明。

（2）承运人、托运人、提单持有人以及港方、保险人之间处理货物索赔案件的凭证。

（3）船舶发生海事时，处理海事案件的主要资料。这里主要是指货物积载图的作用。

（4）港口安排作业，收货人安排提货的主要依据。这里主要是指货物实际积载图和分舱单的作用。

（5）船舶在航行途中，保管照料货物的主要依据。

（6）买卖双方履行合同情况的主要凭证。

（7）理货机构处理日常业务往来的主要依据。

理货单证的种类有：

理货委托书、计数单、现场记录、日报单、待时记录、货物溢短单、货物残损单、货物积载图（是出口货物实际装舱部位的示意图）；还有分港卸货单、货物分舱单、复查单、更正单、分标志单、查询单、货物丈量单等单证。

2．分票和理数

（1）分票。分票是理货员的一项基本工作。分票就是依据出口装货单或进口舱单分清货物的主标志或归属，分清混票和隔票不清货物的归属。分票是理货工作的起点，理货员在理数之前，首先要按出口装货单或进口舱单分清货物的主标志，以明确货物的归属，然后才能根据理货数字，确定货物是否有溢短、残损，进行处理。分票也是提高货物运输质量的重要保障。

卸船时，如理货人员发现舱内货物混票或隔票不清应及时通知船方人员验看，并编制现场记录取得船方签认，然后指导装卸工组按票分批装卸。

（2）理数。理数是理货员的一项最基本的工作，是理货工作的核心内容，也是鉴定理货质量的主要尺度。理数就是在船舶装卸货物过程中，记录起吊货物的钩数，点清钩内货物细数，计算装卸货物的数字，称之为理数（Count），亦称计数。

（3）溢短货物。溢短货物是指船舶承运的货物，在装运港以装货单数字为准，在卸货港以进口舱单数字为准。当理货数字比装货单或进口舱单数字溢出时，称为溢货（over），短少时，称为短货（short）。在船舶装卸货物时，装货单和进口舱单是理货的唯一凭证和依据，也是船舶承运货物的凭证和依据。理货结果就是通过与装货单和进口舱单进行对照，来确定货物是否溢出或短少。货物装卸船后，由理货长根据计数单核对装货单或进口舱单，确定实际装卸货物是否有溢短。

3．理残

凡货物包装或外表出现破损、污损、水湿、锈蚀、异常变化等现象，可能危及货物的质量或数量时，称为残损。理残是理货人员的一项主要工作。其工作内容主要是对船舶承运货物在装卸时，检查货物包装或外表是否有异常状况。理货人员为了确保出口货物完整无损，进口货物分清原残和工残，在船舶装卸过程中，剔除残损货物，记载原残货物的积载部位、残损情况和数字的工作叫理残，亦称分残。

意外事故残损指在装卸船过程中，因各种潜在因素造成意外事故导致货物残损。这类残损责任比较难以判断，容易发生争执，对此理货人员就不要轻易判断责任方。

自然灾害事故残损指在装卸船过程中，由于不可抗拒因素造成自然灾害给货物带来的残损。如突降暴雨，水湿货物，对此理货人员要慎重判断责任方。

4．绘制实际货物积载图

装船前，理货机构从船方或其代理人取得配载图，理货人员根据配载图来指导和监督工人装舱积载。但是由于各种原因，在装船过程中经常会发生调整和变更配载。理货长必须参与配载图的调整和变更事宜，在装船结束时，理货长还要绘制实际装船位置的示意图，即实际货物积载图。

5．签证和批注

理货机构为船方办理货物交接手续，一般是要取得船方签认的，同时，承运人也有义务对托运人和收货人履行货物收受和交付的签证责任。

在理货或货运单证上书写对货物数字或状态的意见，称为批注。批注的目的和作用，一是为了说明货物的数字和状态情况，二是为了说明货物的责任关系。

6．复查和查询

（1）复查。处理卸港理货数字与舱单记载的货物数字不一致，国际航运习惯做法是船方在理货单上批注“复查”方面的内容，即要求理货机构对理货数字进行重新核查。所以，理货机构采取各种方式对所理货物数字进行核查，以证实其准确性，称为复查。复查的另一个含义，还包括理货机构主动进行的复查，即当理货数字与舱单记载的货物数字差异比较大时，为确保理货数字的准确性，在提请船方签证之前，往往要对所理货物进行复核。复查的方式有重理、复查、查单、查账、调查、询问。

（2）查询。船舶卸货发生溢出或短少，理货机构为查清货物溢短情况，向装港理货机构发出查询文件或电报，请求进行调查，且予以答复；或在船舶装货后，发现理货、装舱、制单有误，或有疑问，理货机构向卸港理货机构发出查询文件或电报，请求卸货时予以注意、澄清，且予以答复；或船公司向理货机构发出查询文件或电报，请求予以澄清货物有关情况，且予以答复。以上统称为查询。

第三节　国际物流系统

一、国际物流系统的组成

（一）国际货物运输子系统

运输的作用是将商品使用价值进行空间移动。物流系统依靠运输作业克服商品生产地和需要地之间的空间距离，创造商品的时空效益。国际货物运输是国际物流系统的核心，有时就用运输代表物流全体。通过国际货物运输作业使商品在交易前提下，由卖方转移给买方。在非贸易物流过程中，通过运输作业将物品由发货人转移到收货人。这种国际货物运输具有路线长、环节多、涉及面广、手续繁杂、风险性大、时间性强、内外运两段性（出口货物的国内运输段、国际货物运输段）和联合运输等特点。

（二）外贸商品储存子系统

外贸商品的储存、保管使商品在其流通过程中处于一种或长或短的相对停滞状态，这种停滞是完全必要的。因为外贸商品流通是一个由分散到集中、再由集中到分散的源源不断的流通过程。国际贸易和跨国经营中的商品从生产厂或供应部门被集中运送到装运港口前，有时需要整理、组装、再加工、再包装或换装形成一定的贸易前的准备储存。有时为了解决出口商品在产销时间上的背离的矛盾等等，须临时存放一段时间，再装运出口。这是一个集和散的过程。储存保管是克服外贸商品使用价值在时间上的差异，物流部门依靠储存保管创造商品的时间价值。

外贸商品一般在生产厂家的仓库存放，或者在收购供应单位的仓库存放；必需时再运达港口仓库存放，在港口仓库存放的时间取决于港口装运与国际运输作业的有机衔接；也有在国际转运站点存放的。

从物流角度讲，希望外贸商品不要太长时间停留在仓库内，要尽量减少储存时间、储存数量，加速物资和资金周转，实现国际贸易系统的良性循环。

（三）进出口商品装卸与搬运子系统

进出口商品的装卸与搬运作业，相对于商品运输来讲，是短距离的商品搬移，是仓库作业和运输作业的纽带和桥梁，实现的也是物流的空间效益。它是保证商品运输和保管连续性的一种物流活动。搞好商品的装船、卸船、商品进库、出库以及在库内的搬运清点、查库、转运转装等，对加速国际物流十分重要，而且节省装搬费用也是物流成本降低的重要环节。有效地搞好装卸搬运作业，可以减少运输和保管之间的摩擦，充分发挥商品的储运效率。

（四）进出口商品的流通加工与检验子系统

流通加工与检验是随着科技进步特别是物流业的发展而不断发展的。它是具有一定特殊意义的物流形式。

流通加工的具体内容包括：袋装、定量小包装（多用于超级市场）、贴标签、配装、挑选、混装、刷标记等出口贸易商品服务；另一种是生产性外延加工，如剪断、平整、套裁、打孔、折弯、拉拔、组装、改装、服装的检验、烫熨等。这种出口加工或流通加工，不仅能最大限度地满足客户的多元化需求，同时，由于是比较集中的加工，因而它还能比没有加工的原材料出口赚取更多的外汇。

由于国际贸易和跨国经营具有投资大、风险高、周期长等特点，使得商品检验成为国际物流系统中重要的子系统。通过商品检验，确定交货品质、数量和包装条件是否符合合同规定。如发现问题，可分清责任，向有关方面索赔。在买卖合同中，一般都订有商品检验条款，其主要内容有检验时间与地点、检验机构与检验证明、检验标准与检验方法等。

根据国际贸易惯例，商品检验时间与地点的规定可概括为在出口国检验、在进口国检验、在出口国检验而在进口国复验等三种方法。

（五）外贸商品包装子系统

美国杜邦化学公司提出的“杜邦定律”认为：63%的消费者是根据商品的包装装潢进行购买的。国际市场和消费者是通过商品来认识企业的，而商品的商标和包装就是企业的面孔，它反映了一个国家的综合科技文化水平。

在考虑出口商品包装设计和具体作业过程时，应把包装、储存、装搬和运输有机联系起来统筹考虑，全面规划，实现现代国际物流系统所要求的“包、储、运一体化”。即从商品一开始包装，就要考虑储存的方便、运输的快速，以加速物流，方便储运，减少物流费用等现代物流系统设计的各种要求。

（六）国际物流信息子系统

国际物流信息子系统的主要功能是采集、处理和传递国际物流和商流的信息情报。没有功能完善的信息系统，国际贸易和跨国经营将寸步难行。国际物流信息的主要内容包括进出口单证的作业过程、支付方式信息、客户资料信息、市场行情信息和供求信息等。

国际物流信息系统的特点是信息量大、交换频繁；传递量大、时间性强；环节多、点多、线长，所以要建立技术先进的国际物流信息系统。国际贸易中 EDI 的发展是一个重要趋势。

二、国际物流系统模式

系统的一般模式包括：系统的输入部分、系统的输出部分以及将系统的输入转换成输出的转换部分。在系统运行过程中或一个系统循环周期结束时，有外界信息反馈回来，为原系统的完善提供改进信息，使下一次的系统运行有所改进，如此循环往复，使系统逐渐达到有序的良性循环。国际物流系统遵循一般系统模式的原理，构成自己独特的物流系统模式。见图 12.2。

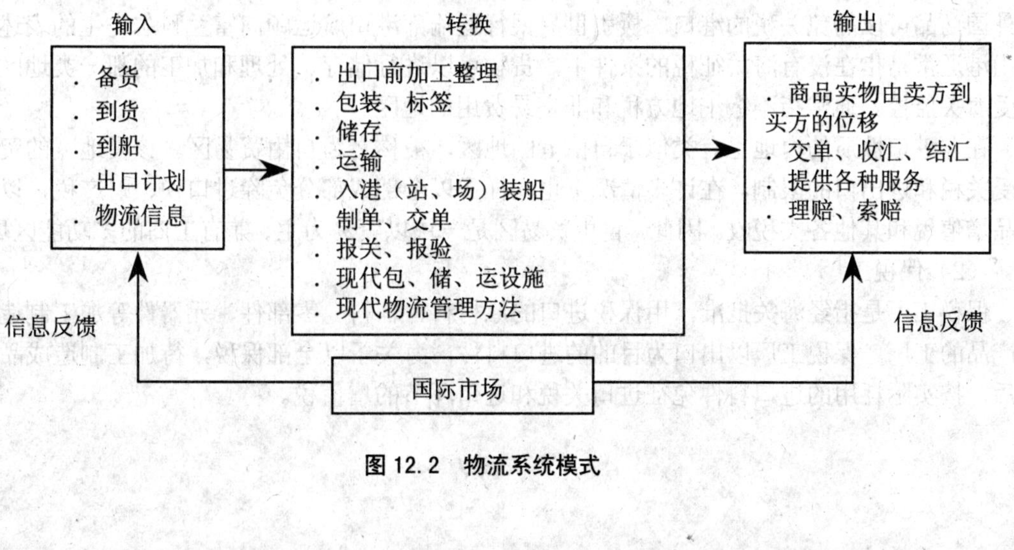

图 12.2　物流系统模式

第四节　国际物流中心

一、国际物流中心的含义

国际物流中心是指国际物流活动中商品、物资等集散的场所，就大范围国际物流而言，某些小国家或地区可能成为物流中心，如香港、新加坡等就具有国际物流中心的地位。其次，自由贸易区、保税区等具有一般意义上的物流中心的功能。就小范围而言，港口码头、保税库、外贸仓库或者超级市场等都可以成为物流中心。当前人们所说的国际物流中心多指由政府部门和物流服务企业共同筹建的具有现代化仓库、先进的分拨管理系统和计算机信息处理系统的外向型物流集散地。

二、保税仓库

（一）保税制度及其主要类型

1．保税制度的含义

保税制度是指经海关批准的境内企业所进口的货物，在海关监督下在境内指定的场所储存、加工、装配，并暂缓缴纳各种进口税费的一种海关监管业务制度。

保税制度是基于国际经济贸易发展的需要而产生的。随着各国之间经济贸易的增长，从事国际间商品转口的贸易商，在进口某些货物时，往往在短时间内难以确定其销售的最终流向。若销往其他国家而复运出口，为降低成本，商家希望能允许将货物置于免缴进口关税的状态下储存；若准备进入国内市场，也希望能将纳税时间推迟到货物实际进入本国市场销售时，为了适应国际贸易的需要，照顾贸易商的利益，产生了“保税”这样一种不同于一般贸易的海关监管制度。

2．保税制度的主要类型

（1）自由港和自由贸易区

自由港是指一国划定的置于关境以外的特别区域，外国商船可以自由进出全部或绝大多数外国商品可以豁免关税的港口。援引世界银行运输部港口航运顾问富兰科尔先生的表述：自由港通常是指在没有海关征税的条件下，货物可以进行储存、处理和加工的那一类地区，不受海关监控。通常指不缴纳地方税和非交易费用的地区。

在非港口性质的内地也有类似于自由港的地区，被称之为自由贸易区。该类地区的贸易不受关税和进出口的限制，在许多情况下也同样予以全部或部分免除进口税、财产税，以及产品增值税和其他各类税收。因此，自由贸易区是一块以贸易为主、兼有工商的多功能区域。

（2）保税工厂

保税工厂是指经海关批准，用保税进口的原材料、辅料、零部件、元器件等加工制造出口产品的工厂。保税工厂以出口为目的的进口料件，海关予以全部保税，待加工制造成品出口后，按实际耗用的进口料件免征进口关税和进口环节的增值税。

（3）保税集团

保税集团的全称是“进料加工保税集团”，它是指经海关批准，由一个具有进出口经营权的企业牵头，组织关区内同行业若干个加工企业，联合对进口料件进行多层次、多工序连续加工，直至最终产品出口并享受全额保税的企业联合体。

（4）出口加工区

出口加工区是设在一国划有一定范围的、交通便利的并提供相应设施的区域。在该区域内，提供免征关税等一系列优惠政策，以良好的投资环境吸引外商投资，主要发展面向国际市场的外贸出口加工业。

（5）保税区

保税区是指国家为鼓励出口而实行特殊关税政策和管理手段，在一国境内设置的、封闭及综合性的由海关监管的特定区域。保税区的特点是关税豁免、自由进出，属于海关监管区，而在区内实行保税制度。

（二）保税货物

1. 保税货物的定义

我国《海关法》定义：“保税货物，是指经海关批准未办理纳税手续进境，在境内储存、加工、装配后复运出境的货物。”

根据此定义，具体包括来料加工进口的料件和设备；进料加工进口的料件；补偿贸易进口的设备；寄售维修零配件；供应国际航行船舶的燃料、零配件；外商寄存、暂存的货物；我国贸易商的转口贸易货物；免税品商店进口的商品；保税区内进口的货物，以及其他一些经海关批准进口时暂未办理纳税手续的货物。

2. 保税货物的特征

（1）特定目的货物

我国《海关法》将保税货物限定于为两种特定目的而进口的货物：一是为进行贸易活动而储存的货物；二是为加工制造活动或加工贸易的货物。这样将保税货物与为其他目的进口的货物区别开来。

（2）暂时免纳关税

保税货物未办理纳税手续进境，属于暂时免纳，而不是免税，待货物最终流向确定后，视货物的出口情况，海关再决定征税或免税。

（3）复运出境货物

保税货物没有办理进口纳税手续，必须以原状或加工成成品复运出境。这是构成保税货物的重要前提，否则，将按一般货物征收关税。

（三）保税仓库

1. 保税仓库的含义

经海关批准，在海关监管下，专供存放为办理关税手续而入境或过境货物的场所。

保税仓库的设立需要专门批准，外国货物的保税期一般最长为两年。在这个时期内，经营者可以找到最适当的销售时机，待销售实现，再办理缴纳关税等通关手续。如果两年之内未能销售完毕，则可运往其他国家或地区，保税仓库所在国不收取关税。

2. 保税仓库允许存放的货物范围

（1）缓办纳税手续的进口货物。

（2）需做进口技术处置的货物。

（3）来料加工后复出的货物。

（4）不内销而过境转口的货物。

3. 保税仓库的类型

（1）公共保税仓库

公共保税仓库是具有法人资格的经济实体，一般是由该仓库的经营人按规定程序申请，经海关批准建立的综合性保税仓库。这类保税仓库的经营人一般不经营进出口商品，但仓库可供各类进口商共同存放保税货物，是为国内外保税货物持有者服务的，不论谁的货物，只要符合海关的法令规定，而仓库又有条件储存的，都可以接受储存。

（2）专用保税仓库

专用保税仓库是由有外经贸经营权的国际贸易商，经海关批准而建立的自管自用性质的保税仓库。仓库内只储存本企业经营的保税货物，并多设在其所属的区域内，除海关有监管权外，该类保税仓库是根据生产和贸易的需要而设立的，它又受地点限制。这种类型的保税仓库可分为两大类：第一类是加工贸易备料保税仓库，是专为来料加工、进料加工等加工贸易储备进口原材料的保税仓库。第二类是寄售、维修、免税商品保税仓库，是为外国产品在我国国内寄售及维修进口机器设备所需零部件和进口外汇免税商品服务的。外国商品进境时存入保税仓库，待销售、维修或供应时，海关按规定予以征税或免税。

（3）海关监管仓库

海关监管仓库也是保税储存的一种类型，主要存放已进境而无人提取的货物，或者无证到货、单证不齐、手续不全以及违反海关规定等而海关不予放行，需要暂存海关监管仓库等候海关处理的货物。这种仓库有的由海关自行管理，有的则因进出口业务的增多，海关自行管理不便，交由专营仓储企业经营管理，而海关仅行使行政监管职能。

4. 设立保税仓库必须具备的条件

（1）有专门储存对方进出口货物的安全措施。

（2）建立健全仓库管理制度和详细的仓库账册。

（3）配备经海关培训认可的专职管理人员。

（4）保税仓库的经理人须具有法人资格，向海关缴纳税款。

具备条件的经营单位向主管海关申请设立保税仓库，对符合条件的，予以批准设立保税仓库，并颁发“保税仓库等级证书”。

5. 保税仓库进出货物办理程序

①保税仓库货物进口。

②保税仓库货物出库。

③保税仓库货物核销。

6. 保税仓库进出口货物的通关手续

(1)保税货物在保税仓库所在地海关入境时货主或其代理人应填制进口货物报关单一式三份，加盖“保税仓库货物”印章并注明此货物系存入某保税仓库，向海关申报。

(2) 保税货物复运出口时，货主或其代理人应填制出口货物报关单一式三份，并交验进口地海关签印的报关单，向当地海关办理复运出口手续。

(3)保税货物经海关核准转为进入国内市场销售时，由货主或其代理人向海关递交进口货物许可证件、进口货物报关单和海关需要的其他单证，在缴纳关税和进口环节税后，由海关签印发行，将原进口货物报关单注销。

三、保税区

（一）保税区的含义

保税区是指一国海关所设置的或经海关注册的特定地区。在海关监管下，外国商品可暂时不缴纳进口关税存入保税区的保税仓库内。如再出口则不需缴纳出口税，但如输入国内市场则必须缴纳进口税。

中国保税区从其性质、功能以及运作方式来看，基本上类同于国外的自由贸易区。中国现有13个保税区（不包括香港、澳门特别行政区和台湾省），英文名字都译为“Free trade zone”。这表明，中国保税区与国际上通行的促进对外贸易发展的自由贸易区具有本质上的共同性，是借鉴国际通行惯例，利用特殊关税政策促进外贸发展的自由经济区形式之一。

（二）保税区与境外之间货物的进出口

在保税区内，对与境外之间的进出口货物，海关实施简便、有效的监管；进出口的货物由其发货人或代理人向海关备注。

保税区和境外之间进出口的货物，除实行出口自动配额管理之外，不实行进出口配额和许可证管理。

从境外进入保税区的货物，其进出口关税和进口环节税，除法律法规有关规定外，按照下列规定办理：

① 区内生产性的基础设施建设项目所需的机器、设备和其他基建物资，予以免税。

② 区内企业自用的生产、管理设备和自用合理数量的办公用品以及所需的维修零配件，生产用燃料，建设生产厂房、仓储设施所需的物资、设备，予以免税。

③ 保税区行政管理机构自用合理数量的管理设备和办公用品及其所需的维修零配件，予以免税。

④ 区内企业为加工出口产品所需的原材料、零部件、元器件、包装物件，予以免税。

除上述以外的货物、物品从境外进入保税区，应当依法纳税。转口货物和在保税区内储存的货物按照保税货物管理。

（三）保税区与非保税区之间货物的进出口

① 货物从保税区进入非保税区，按照进口货物办理；非保税区进入保税区的货物，按照出口货物办理手续。海关对保税区与非保税区之间进出的货物，按照国家有关进出口管理的规定实施监督。

② 从非保税区进入保税区供区内使用的机器、设备、基建物资和物品，使用单位应当向海关提供上述货物、物品的清单，经海关查验后放行。

③ 保税区的货物需从非保税区口岸进出口或者保税区内的货物运往另一保税区的，应当事先向海关提出书面申请，经海关批准后，按照海关转关运输及有关规定办理。

（四）进出保税区运输工具和个人物品

运输工具和人员进出保税区，应当经由海关制定的专用通道，并接受海关检查。

退出保税区的运输工具的负责人，应当持保税区主管机关批准的证件连同运输工具的名称、数量、牌照号码及驾驶员姓名等清单，向海关办理登记备案手续。未经海关批准，从保税区到非保税区的运输工具和人员不得运输、携带保税区内的免税货物、物品、保税货物，以及用保税料件生产的产品。

（五）保税区货物通关

① 保税区货物进口

区内单位从境外进口机器设备等享受保税区税收优惠的物资，应由区内单位事先向保税区海关办理免税手续，海关对符合优惠政策范围的予以签发免税证明。

区内外贸企业开展转口贸易进口的转口货物，在抵达进口口岸之后，外贸企业或其代理人应向进境地海关申请办理进口货物转关手续，将货物监管运至保税区。外贸企业或其代理人持合同及有关单证向保税区海关机构申报进口，并按规定缴纳监管手续费。海关审核验放后，应将转口货物存入保税区内海关制定的保税仓库、场所。转口货物入库时，保税仓库经理人应在进口报关单上签章验收。

② 保税区货物出口

区内生产企业加工生产的产品出口时，应由企业或其代理人向保税区海关申报，填写出口货物报关单，并提供《登记手册》、出口合同等有关单证。保税区海关审核无误后，对有关出口货物按转关运输管理办法监督运至出境地，由出境地海关核放出境。

区内生产企业以进口料件加工产品，并在海关办理合同登记备案手续的，应在加工产品出口后海关规定期限内持《登记手册》、海关单等有关单证向保税区海关办理合同核销手续。

区内生产企业以进口料件加工成半成品后，转让给区内其他承接加工复出口的生产企业进行再加工的，双方企业应到海关办理备案、结转手续。

区内的转口货物复运出口时，外贸企业或其代理人应向保税区海关申报，填写出口货物报关单，并提供有关合同及单证，保税区海关审核无误后，在出口报关单上签印，外贸企业凭此从存放货物的保税仓库提取货物，海关按转关运输管理办法将有关货物监管运至出境地，由出境地海关核放出境。

四、自由经济区

（一）自由经济区的含义

自由经济区是一国设置在口岸或国际机场附近的特定区域，进入该区域的外国商品可以不办理任何海关手续。

1972 年 5 月 18 日，海关合作理事会在日本京都通过了《关于简化和协调海关业务制度》的国际公约，其中关于自由经济区的定义是：“一国的部分领土，在这部分领土内运入的任何货物，就进口税及其他各种税而言，被认为在关境之外，并且可以免于实施惯常的海关监管制度。”

1975 年，联合国贸发大会将自由经济区定义为：“本国海关关境中，一般设在口岸或国际机场附近的一片地域，进入该地域的外国生产资料、原材料可以不办理任何海关手续，进口产品可以在该地区内进行加工后复出口，海关对此不加以任何干预。”

（二）自由经济区的分类

1．按地理位置分

（1）港口型自由贸易区。在港口内划出一个封闭式的隔离区将其辟为自由经济区。它或直接与专用码头联为一体，或通过专用通道与码头相连。这种类型的自由经济区数量最多，国际上许多成功的自由经济区都紧靠国际运输港。

（2）机场型自由经济区。国际上有一些自由经济区是以邻近的国际机场为依托的，例如爱尔兰香农自由贸易区、美国肯尼迪国际机场对外贸易区等。

（3）内陆边缘口岸型自由贸易区。这类自由经济区利用其地处两国（或多国）边境的特殊地理位置发展边境贸易、转口贸易和出口加工。

2．按功能分类

（1）自由港。自由港是指划在本国边境以外的、不属于任何一国海关管辖的港口或海港地区。在这里外国商品可以免税进口，可以在此装卸、储存、加工、包装、再出口，也能供自由港内的居民消费。这种自由港凭借自身所具有的良好的码头港口条件，有利的地理位置，先进的运输装卸设施，以及豁免进出口货物关税，免受海关监督等优惠条件，发挥国际商品集散地和转运中心的作用，达到促进本国和本地区经济发展的目的。

（2）自由贸易区。又称为免税贸易区、自由关税区、保税区。它以国际贸易为主要职能。外国商品可以免税进入，在该区内自由储存、分类、包装和简单再加工，然后免税出口。目前，自由贸易区也准许经营出口加工，开设工厂企业，乃至经营房地产、金融、商务、信息咨询等各项业务。

（3）出口加工区。又称为工业型自由贸易区。它是指一个国家或地区划出某一区域，准许外国厂商在区内办企业，享受关税优惠待遇，外资企业可以免税进口原材料、机械设备及其他零部件，制成品出口也享受免税待遇。它以开拓远洋市场为目标，利用外资和外国技术进行产品加工出口，以促进本国（或地区）工业和经济的发展。

（4）科学工业园区。科学工业园区是指在科研机构和名牌科技大学比较集中、居住环境和教育环境比较优越的大城市或城市近郊辟出一块地方，提供比出口加工区更大的租税优惠，吸引外国资金和高技术人才，研究和开发尖端技术产品，促进科技和经济发展，将智力、资金高度积聚的特定区域，是从事高科技研究，并对其成果进行测试、生产的新型开发区。世界上较著名的科学工业园区有美国的“硅谷”、日本的“筑波科学城”及我国台湾的“新竹科学工业园区”等。

随着垄断资本的发展和经济危机的加剧，国际经济贸易日益显出其侵略性质，贸易保护主义也开始猖獗起来。国际贸易日益受到关税和国界等诸多限制。而世界各地的自由经济区却能作为世界经济的据点，绕过关税壁垒，使货畅其流，直接或间接地推动国际贸易向前发展。

案例分析　UPS如何运作

1．取件

每天，全世界的客户依靠UPS（美国联合包裹运送服务公司）来运输1 150万的包裹和文件。无论是送到城市的另一端，还是地球的另一端，每个通过UPS网络的包裹均会得到快速、可靠、有效且非常仔细的处理。处理的第一步是取件。UPS 递送员沿着指定的特定路线行进，并在这条线路上固定安排好停车。通常，驾驶员在早上递送包裹，下午提取包裹。大宗客户，或许每天要运输成千上万的包裹，UPS 的拖车可以在现场完成。小客户，或许一个星期才运输2～5个包裹，也可由您已熟悉的UPS包裹车来完成。有次日递送信或包裹等紧急货件的客户可以打电话给 UPS，要求电话取件。使用顶尖的通信技术，电话航空分派员寻找到最近的包裹车并电子化地将它派遣到客户所在处来进行“适时”取件。临时客户可在便利的UPS 信件中心和服务柜台处投递包裹。

2. 集散中心

为了更有效地运送包裹，UPS 开发了一个精心制作的“集散中心”电子网络或遍布全世界的中央分拣设备。每个集散中心由本地操作中心“喂养”，它作为UPS取件和递送工具的基地。每天下午，来自本地操作中心的包裹通常是由拖车运进集散中心。在集散中心内，同时来自许多拖车的成千上万的包裹被仔细地卸载。通过这项宏大但却快速的操作，包裹按 ZIP 码排序并集中到各条传送带上。到某一个特定地区的所有包裹都集中到同一条传送带上。在集散中心的另一端，包裹经过仔细地排序，或发送到要出行的拖车，或是装入用于邻近地区的包裹车，进行本地递送。装载前，最后一次检查每个包裹，以确保它们是正确排序的。

3. 支流网络

为了在集散中心之间运输包裹，UPS 使用地面支流网络。每天，进料器或拖车从包裹来源地的集散中心将成千上万的包裹运送到离包裹目的地最近的集散中心。依赖于典型的装载，许多类型的拖车可同时作业。它们的长度从24到45英尺都有，可装载多达1 800个包裹。拖车是为最大限度地保证包裹安全和方便装载、卸载而专门设计的。这些独特的特点包括“滚筒”(允许包裹前后方便移动的滚筒)和“放置框架”(可使小包裹被保险地存储在拖车底部)。有了这些创新，一个熟练的 UPS 装运工仅需1小时就可把一个 24 英尺的拖车装满包裹！

4. 递送

每个UPS驾驶员一天递送多达500个包裹，包括必须在上午10:30前递送的特快包裹。为了统一处理如此大的数量，处理过程需要仔细地计划和协同工作。在集散中心内，当将包裹装到用于本地递送的包裹车时，包裹按要运送到的地区以同样的顺序被装载。这个过程称为“预装”。按顺序递送包裹，从一个地址到下一个最近的地址，驾驶员尽可能最快、最有效地完成他们的路线。每个驾驶员分配一条特定的路线，或“环路”。为了优化驾驶员的效力，UPS 的工业工程师一直在研究和分析每条路线的递送趋势和交通模式。当递送包裹时，技术确保了包裹准确到达，并向客户提供有用的信息。使用称为DIAD（递送信息获取设备）的手持式电脑设备，驾驶员电子化地捕捉关于每个包裹的信息，包括递送时间甚至是接受包裹者的签名。这种信息通过蜂窝电话从包裹车传送到UPS计算机，那里可以为客户货物追踪或递送签收的验证。

5. UPS航空

伴随着地面货件的运送，UPS 每天平均处理 130 万件航空包裹，包括隔日和次日递送包裹和文件。为适应如此大的数量，UPS 使用了一个位于全球的“空中集散中心”系统。在肯塔基州的路易斯维尔市，UPS的主要航空中心，每晚有超过60架次的飞机着陆、起飞。在下午10点钟到上午2:20间，成千上万的包裹必须从飞机上卸载、分拣，然后发送到正确的地面或空中进料器。午夜时分，处理正常进行，UPS 飞机开始以每两秒的的频率快速起飞。UPS 机队由波音 727，747，757，767 和 DC-8 飞机组成，它们每日载着包裹飞过 390 个国内机场和超过 219 个国际机场。757/767 包裹运输机，依照 UPS 规范定制，是迄今建造的技术最精良、噪音最小的商用飞机之一。其他的 UPS 飞机上也安装了高效发动机，这样，UPS 机队便成了空中最能干的机队之一。

6. 国际性递送

由于全球市场中各行业进行着日益激烈的竞争，于是 UPS 就承担起帮助提供递送和信息服务的角色来加速国际运输并简化管理海外业务的过程。例如，有了 UPS 全球信息网络和 UPS 警报系统，美国和其他许多国家的海关官员能知道仍在途中将要入关的货件。并且，很多情况下，包裹在到达时已获得通关授权。另一项 UPS 服务是合并通关，即允许国际货件由海关成批合并、通关，然后发送给单个收件人。UPS 客户可以从多种国际服务中挑选，包括两日国际特快，三到五日加速服务和昼夜快送服务。并且，UPS 国际客户服务代表一天 24 小时帮助追踪全球的货件并确认递送。

思考题与习题

1. 什么是国际物流？
2. 国际物流的业务有哪些?
3. 国际物流系统包括哪些内容?
4. 什么是国际物流系统模式?
5. 什么是国际物流中心?
6. 保税制度含义及类型是什么?
7. 保税货物的主要特征是什么?
8. 保税仓库的含义是什么?说明保税仓库的类型及主要特点。
9. 保税区的含义是什么?
10. 什么是自由经济区?

参考文献

1．李苏剑，游战清，胡波．企业物流管理理论与案例．北京：机械工业出版社，2003
2．王明智．物流管理案例与实训．北京：机械工业出版社，2003
3．钱延山．现代物流管理．江苏：东南大学出版社，2003
4．崔介何．企业物流．北京：中国物资出版社，2002
5．陈荣．物流供应链管理．东北财经大学出版社，2001
6．刘志学．现代物流手册．北京：中国物资出版社，2001
7．现代物流管理课题组．供应链管理．广州：广东经济出版社，2002
8．郎会成，蔡连侨．物流经理业务手册．北京：机械工业出版社，2002
9．王晓东，胡瑞娟．现代物流管理．北京：对外贸易大学出版社，2001
10．丁立言，张铎．国际物流学．北京：清华大学出版社，2000
11．丁立言，张铎．物流管理．北京：清华大学出版社，2000
12．丁立言，张铎．物流基础．北京：清华大学出版社，2000
13．王之泰．现代物流学．北京：中国物资出版社，1995
14．肖胜萍，萧鹏．现代物流经典．北京：中国纺织出版社，2002
15．陈洋．国际物流实务．北京：中国高等教育出版社，2003
16．中国国际货运代理协会．国际多式联运与现代物流理论与实务．北京：中国对外经济贸易出版社，2003
17．现代物流管理课题组．运输与配送管理．广州：广东经济出版社，2002
18．王槐林，刘明菲．物流管理学．湖北：武汉大学出版社，2001
19．孙健．海尔物流．广州：广东经济出版社，2003